[美] **南希·贡琳**　　[美] **梅根·E.斯特朗**　　等 著　　邹丽　刘杰 ｜ 译
（Nancy Gonlin）　　（Meghan E. Strong）

古文明之夜

探秘古代人类的城市夜间生活

中国友谊出版公司

图书在版编目（CIP）数据

古文明之夜：探秘古代人类的城市夜间生活 / （美）南希·贡琳等著；邹丽，刘杰译 . -- 北京：中国友谊出版公司 , 2025. 1. -- ISBN 978-7-5057-5982-4

Ⅰ . K86-53

中国国家版本馆 CIP 数据核字第 2024US5995 号

著作权合同登记号　图字：01-2024-6000

After Dark: The Nocturnal Urban Landscape and Lightscape of Ancient Cities
by Nancy Gonlin and Meghan E. Strong
Copyright ©2022 by University Press of Colorado
Published by University Press of Colorado
through Rightol Media Limited
Simplified Chinese translation copyright © 2025
by Hangzhou Blue Lion Cultural & Creative Co.,Ltd.
ALL RIGHTS RESERVED

书名	古文明之夜：探秘古代人类的城市夜间生活
作者	[美]南希·贡琳 等
译者	邹丽　刘杰
出版	中国友谊出版公司
策划	杭州蓝狮子文化创意股份有限公司
发行	杭州飞阅图书有限公司
经销	新华书店
制版	杭州真凯文化艺术有限公司
印刷	杭州钱江彩色印务有限公司
规格	710 毫米 × 1000 毫米　16 开 18.75 印张　284 千字
版次	2025 年 1 月第 1 版
印次	2025 年 1 月第 1 次印刷
书号	ISBN 978-7-5057-5982-4
定价	98.00 元
地址	北京市朝阳区西坝河南里 17 号楼
邮编	100028
电话	（010）64678009

南[1]（Nan）：

致敬贝尔维尤学院（Bellevue College）的人类学家们，既往的，现今的。多年来，他们为我的研究和思想提供了融洽的合作氛围、友谊与支持，还有激情。他们是：约翰·奥斯蒙森（John Osmundson）、劳伦斯·爱泼斯坦（Lawrence Epstein）、马努切赫·希瓦（Manouchehr Shiva）、过世了的莱昂·利兹（Leon Leeds）、凯瑟琳·亨特（Katharine Hunt）、苏珊·考克斯（Susan Cox）、安东尼·特萨多里（Anthony Tessandori）、艾丽卡·玛德琳·阿奎勒-特萨多里（Erica Madeleine Aguilar-Tessandori）、克里斯汀·C.迪克森-翰瑞德马克（Christine C.Dixon-Hundredmark）、杰米·霍图森（Jamie Holthuysen）、斯蒂芬妮·布罗莫（Stephanie Brommer）。

梅根：

献给我的祖父母，我曾在他们身边度过了许多个夜晚：追逐萤火虫，玩游戏，吃冰淇淋，开怀大笑。是他们让夜晚于我而言与众不同，如今，夜晚总让我想起他们。

---

1 南是南希·贡琳（Nancy Gonlin）的昵称。——译者注

以此纪念约翰·韦恩·雅努塞克（John Wayne Janusek）

目 录
CONTENTS

目录 / 1
  参考文献 / 2

1 城市的夜晚：对夜晚、黑暗及古代城市环境亮度的考古 / 1
南希·贡琳 梅根·E.斯特朗

  城市环境和行为 / 8

  古代照明学、明亮度、光亮 / 12

  城市夜晚的生活和工作 / 14

  夜之神圣 / 15

  夜间的权力与黑暗 / 17

  城市环境中的黑暗 / 19

  结论 / 22

  致谢 / 23

  参考文献 / 24

2 觅光：于古代埃及的城市仪式中 / 34

梅根·E. 斯特朗

除夕之夜 / 38

人工照明的价值 / 41

灯光、夜晚和文化记忆 / 45

结论 / 47

参考文献 / 48

3 美索不达米亚夜晚的危机：减轻城市中心地带的险情 / 52

蒂凡尼·尔利-思帕多尼

建构出来的黑夜 / 55

观念之夜 / 59

讨论和结论 / 66

参考文献 / 68

4 照亮希腊萨莫色雷斯岛上的众神之谜 / 73

麦琪·L. 波普金

光与众神 / 76

诸神圣殿中人工照明的考古证据 / 80

夜间照明的体验性影响 / 84

神殿与城市：夜间的联系 / 90

结论 / 92

致谢 / 93

参考文献 / 93

5 生灵之地：夜色中的玻利维亚蒂亚瓦纳科古城 / 99

约翰·韦恩·雅努塞克　安娜·根格里奇

蒂亚瓦纳科的地缘政治和生态背景 / 101

夜晚是另一个本体论领域：艾马拉世界 / 104

烟与雾：蒂亚瓦纳科的夜间城市生态 / 108

走进蒂亚瓦纳科的居住空间 / 113

步入蒂亚瓦纳科的下沉式广场 / 117

结论 / 121

致谢（安娜·根格里奇）/ 122

参考文献 / 123

6 古玛雅城市的月亮神力 / 128

克里斯廷·V.兰道　克里斯托弗·埃尔南德斯　南希·贡琳

古典期玛雅人对月相周期的理解 / 130

王权模式 / 134

古玛雅的月亮神力 / 136

中美洲月亮神力的记述：

来自后古典期和殖民时期的历史和民族志文献 / 147

讨论 / 150

结论 / 151

致谢 / 152

参考文献 / 152

7 日夜交替：秘鲁瓦里帝国的夜生活和宗教 / 159

玛莎·卡布雷拉·罗梅罗　J.安东尼奥·奥查托马·卡布雷拉

安第斯古人之夜 / 162

瓦里帝国的主要城市：瓦里和康乔帕塔 / 165

瓦里人的仪式和圣地 / 169

火祭仪式 / 174

天文观测台 / 175

夜神和冥神 / 177

结论 / 180

致谢 / 182

参考文献 / 182

8 入夜之后的卡霍基亚：情感、水和月亮 / 188

苏珊·M.阿尔特

卡霍基亚的城市聚合体 / 190

翡翠山遗址关于夜与水的考古证据 / 193

口述历史 / 194

转向夜晚的影响和情感 / 197

建造通向黑夜的通道 / 204

结语：城市聚合体的聚合体 / 205

参考文献 / 206

9　查科人的夜景笔记：天文、火与赌博　/　216

罗伯特·S.韦纳

　　查科峡谷的背景介绍　/　217

　　查科与古代北美地区的另类城市化　/　220

　　查科人的夜空天文学　/　222

　　查科路边的火池及其仪式活动　/　227

　　查科峡谷的赌博游戏　/　234

　　结论　/　237

　　致谢　/　238

　　参考文献　/　239

10　阿兹特克新火仪式及夜间照明　/　247

柯比·法拉　苏珊·托比·埃文斯

　　历法的深层根源：太阳纪　/　250

　　肇始于特奥蒂瓦坎的第五太阳纪　/　252

　　1507年的新火仪式：形式和功能　/　256

　　黑夜的戏剧性　/　260

　　结论　/　262

　　致谢　/　263

　　参考文献　/　263

11　夜间城市景观：谈古论今　/ 267

莫妮卡·L. 史密斯

　　人类对夜晚的情感　/ 267

　　城市里不一样的黑暗　/ 271

　　结论：朦胧的夜色　/ 277

　　致谢　/ 280

　　参考文献　/ 280

撰稿人简介　/ 283

序 言

南希·贡琳

比较之下，古代的许多城市与现代城市具有一些共同特点：人口众多、分布密集、人员混杂；有集中而复杂的经济政治功能；是宗教中心，也是新型意识形态的枢纽；还有其他许多特征。但是，古代城市又存在一个明显的不同点；它们没有夜间的常规照明。直到19世纪，电气照明才照亮了世界各地的大小城市，从此再无倒退。现代都市的夜晚灯火通明，考古学家在重建历史的时候可能会忽略，曾经的城市之夜晦暗无光。

本书是探索研究历史新维度系列的第三本："对夜晚的考古"（Gonlin and Nowell 2018; Gonlin and Reed 2021）。另一个与本研究在逻辑上呈现一致性的视角来自古代照明学，即对"前现代照明设备"和光的研究[1]（International Lychnological Association 2021）。在关注城市生活的夜间维度的同时，对城市居民如何照亮夜晚的考量同样至关重要。黑暗伴随着夜晚，也伴随着由自然（例如洞穴）和文化构建的或神圣或世俗的聚集场所，例如寺庙和小酒馆的内部空间。在分析城市生活时，夜晚、黑暗和照明这几个主题不仅构成了一个全面的框架，还为考古学家提供了更多视角，以加深我们对建筑环境、人工遗迹、图像学及古代文献所呈现出的复杂性和非对称性的审视。

本书的作者们以不同的维度探索着这些主题，也给我们带来关于城市生活的新颖洞见，以增进我们对古人的理解，他们是如何从城市生活的物质和精神两个层面适应黑夜的。本书由论文组成，它们首次发表于2019年在新墨西哥州阿尔伯克基（Albuquerque）举行的第84届美国考古学会（the Society for

---

[1] 原文为"lychnology, the study of 'pre-modern lighting devices' and light"。国内尚未见lychnology的学术译名，译者暂译作"古代照明学"。——译者注

American Archaeology）年会。考古学界悲闻一位与会者，著名的安第斯学家约翰·W. 雅努塞克博士（Dr. John W. Janusek）去世的消息。安娜·根格里奇博士（Dr. Anna Guengerich）说，夜晚是约翰最喜欢的时间。安娜告诉我们，约翰在世前已完成一篇关于夜晚主题的文章，由是本书才能如此幸运地获得约翰和安娜撰写的一个章节，关于蒂亚瓦纳科（Tiwanaku）及其夜晚。本书旨在纪念约翰和他对夜晚的钟爱。

其他古城和文化也各有特色（卡霍基亚、查科峡谷、古典玛雅、埃及、美索不达米亚、萨莫色雷斯、特诺奇蒂特兰和瓦里），尽管我们并不认为本书提供了对夜晚主题的全方位讨论。众多学者曾受到邀请为此主题做出贡献，但只有少数勇者响应了号召。还有许多工作等待着我们，本书仅仅是一个开始。

我们感谢安德鲁·贝德纳尔斯基（Andrew Bednarski）编写了索引，这是一项琐碎又艰难的任务，但他欣然承担。也非常感谢科罗拉多大学出版社（University Press of Colorado），我有幸在许多项目上与他们的工作人员展开合作。感谢我们优秀的匿名审稿人，是他们提供了批判性意见和建设性反馈。还有我们的作者，他们对修订工作反应及时，对出版过程保持耐心，这些都值得称赞。

参考文献

[1] Gonlin, Nancy, and April Nowell, eds. 2018. *Archaeology of the Night: Life After Dark in the Ancient World*. Boulder: University Press of Colorado.

[2] Gonlin, Nancy, and David M. Reed, eds. 2021. *Night and Darkness in Ancient Mesoamerica*. Louisville: University Press of Colorado.

[3] International Lychnological Association.2021. http://www.lychnology.org/. Accessed February 14, 2021.

1 城市的夜晚：
对夜晚、黑暗及古代城市环境亮度的考古

南希·贡琳

梅根·E. 斯特朗

夜晚既卓越又平凡，既神圣又世俗。夜晚自然降临，人类无权阻止它的到来。将夜晚这一维度纳入人类学和考古学分析的范畴后，研究者们大大拓展了人们对于完整的昼夜循环（而不仅仅是"白昼"的生活）在文化内涵和感观上的理解。昼夜循环是地球自转的结果，也是值得探究的文化构成，不能被简单地归因为环境决定论[1]的结果（Wright and Garrett 2018，287）。在本书中，学者们采取了多种方式将夜晚这个维度纳入古代城市的研究中。通过纵览时空中的不同文化，穿梭于不同的古代世界，一条内容丰富的"夜晚地带"（Reed and Gonlin 2021，7）由此被呈现了出来。众所周知，古代城市年代久远、遗存密集、断代复杂，因此发掘困难（McAtackney and Ryzewski 2017），要研究它们，需要获得诸多资源，以对古代城市的生活信息进行梳理。但是，将夜晚这一维度纳入之后，考古学家们可以获得更加深入和鲜活的理解。一旦进入夜晚的概念框架，学者们便注意到了存在于黄昏和拂晓之间的大量活动、行为和信仰，以及它们之间的考古学相关性。

沿着莫妮卡·L. 史密斯（Monica L. Smith）（2010a，33）的研究基础，让我们思考时间/时间性的分类，以便将夜晚对个人、群体和社会的影响涵盖其中。

---

[1] 环境决定论（environmental determinism）认为人类的体质特征、心理特征、民族特性、文化发展、社会进程等受地理环境，特别是气候条件支配。——译者注

莫妮卡在2010年出版的《普通人的史前史》（A Prehistory of Ordinary People）一书给了我们灵感，引领着我们对夜间考古学（Gonlin and Nowell 2018a; Gonlin and Reed 2021）进行深入研究。在重建历史的过程中，我们两人慎重地考虑了夜晚这一因素：贡琳负责古典玛雅时期（Gonlin and Dixon Hundredmark 2018，2021）、斯特朗负责古埃及时期（2018，2021）。这里，我们在史密斯对人类认知发展的研究基础上更进一步，我们认为，夜晚和黑暗也是认知过程的一部分。个人和群体征服并塑造着夜晚。夜晚一直影响着人类这个种群，比如在进化过程中我们逐渐能够适应夜晚。灵长类动物的基因深植于我们的睡眠中（Nunn et al. 2010），尽管"相对而言，人类睡眠的独特之处在于能比其他灵长类动物睡得更短促、深沉，并有更多的快速眼动睡眠（REM）（Samson and Nunn 2015）。另外，有一种观点认为，在后工业化国家，人们的睡眠模式与古老的祖先人亚族的睡眠模式迥然不同（Worthman and Melby 2002; Worthman 2008）"（Samson et al. 2017，91）。大卫·萨姆森（David Samson）及其同事（2017，97）对当代哈扎狩猎采集者及其睡眠模式进行研究后，报告称，他们发现，影响一个人睡眠时长和质量的因素包括睡眠地点（在帐篷里往往比在帐篷外睡得好）、噪声级别（声音越少睡得越好）。如果将此类模式作为我们采集食物的祖先如何睡眠的代表，当快进到城市化的黎明时期，噪声因素对人类睡眠的干扰就很容易理解了。古代城市的夜晚既像现代城市的，又不太像。夜间的人工照明对人类及其他物种的负面影响是不言而喻的（https://www.darksky.org/）。

同样，黑暗在人类的进化中也发挥了作用，虽然黑暗并不等同于夜晚，但两者都常常被用作多种事物的隐喻，如越轨、功能障碍，还有死亡。然而，有时出于人类的特定目的，黑暗会被刻意地寻求、期待或依赖，例如睡眠、仪式、巫术（Coltman and Pohl 2021）、天文学、庆典及摄影。黑暗的程度在人类活动中具有重要意义：从觅食群体（与朱洪西人[1]的炉边谈话研究［Wiessner 2014］），到哈

1　朱洪西人（Ju/'hoansi），布须曼人中的一支，居住于非洲纳米比亚和博茨瓦纳边境地带米比亚卡拉哈利沙漠的纳纳保护区。被19世纪西方学者称为"活化石"，亦被称作古老采集狩猎文明存在的最后见证。——译者注

1 城市的夜晚：对夜晚、黑暗及古代城市环境亮度的考古

扎人的依披密（epeme）舞蹈研究（Marlowe 2010），再到后工业时代的夜班工作者。人类无法创造自然的夜晚，但他们可以制造黑暗，或者寻找光线不受欢迎或不必要的所在，例如洞穴的内部、封闭的庙宇。

无论过去还是现在，没有任何其他物种能像人类这样处理夜晚和黑暗。借助人类的创造力，我们改变了城市的夜间环境，本书展示的正是这一行为在考古记录中的诸多具体表现。证据一直在场，但是考古学家并非总能从这一角度切入，对夜晚进行具体探究，在考古学中，这相对而言是个全新的领域（Gonlin and Nowell 2018a; Gonlin and Reed 2021），即便在普通社会学范畴内也是如此（Palmer 2000; Ekirch 2005; Galinier et al.2010; Koslofsky 2011; Edensor 2017; Dunn and Edensor 2021）。在本书中，我们研究夜晚，并将此研究作为具有解释功能的镜头，以期回答关于文化演变，尤其是城市转型等更为宏大的问题。黎明或日出也需要得到研究人员的关注，我们希望更多的研究者能解决一些问题，正如艾娅泽克赛尔·柯吉提·仁（Iyaxel Cojti Ren）（2020）所研究的黎明传统在古代卡奇克尔玛雅政体（Kaqchikel Maya polity）中的重要性那样。

自古以来便众所周知，过去的人们不一定像我们现代人一样，把一天划分为标准的24个小时，也不考虑季节性，还对白天、夜晚的吉时赋予称呼（例如Laurence 2007; Martínez 2012）。雷·劳伦斯（Ray Laurence，2007，154-166）就"空间的时间逻辑"进行写作时，描述了公元1世纪时，庞贝的古罗马人每天分时段地使用城市的不同空间——无论公共领域还是私人领域。白昼和夜晚决定了罗马人的时间概念：尽管白天和夜晚各分为12个小时，每个小时的时长却因季节的不同而有显著不同（Laurence 2007，156）。例如，"在夏至，白天要比冬至多出6小时"。研究那些有明确空间位置的活动是在什么时间和什么季节进行的，可以让我们对从日常生活到国家层面的活动有更深入的了解。尽管房子内部没有明确地划分男女空间，但男人和女人使用频繁的房屋的部分往往是不同的。对于精英来说，家庭空间存在按时间划分的情况，男性主导着一天的开始和结束，女性则负责一天里的中间时段（Laurence 2007，162）。如果一个人是庞贝社会的男性精英分子，"这种规则模式意味着精英们每天都在特定的时间和地点出现"。比如，

3

早餐后，他们会奔赴公共集会场所开始自己的工作（Laurence 2007，163）。男性精英对城市的程序化使用与其余人口的无序形成了鲜明的对比。这些受雇佣者的工作多种多样，且以任务为导向，与现代概念中的8小时工作制形成鲜明的对比。把对夜晚的研究放进这更广阔框架的同时，我们也鼓励那些有兴趣将日常实践扩展到全天时间的研究。

对城市环境的研究历史悠久（Pirenne [1925] 1969; Childe 1950; Adams 1960; M. L. Smith 2010b; Creekmore and Fisher 2014; Hutson 2016）。作为社会科学家，我们想讨论的是：城市意味着什么；城市化过程是如何发生的；城市由什么构成以及该如何定义城市（Wirth 1940）。尽管新近的定义不再仅关注人口数量（Alt and Pauketat 2019）。不管怎样，只要听到"城市"一词，立刻勾连起无数感官体验。在人类熙熙攘攘的喧嚣里，城市生活的场景、声音和气味主宰了人们的感官。至关重要的是，大多数城市环境早在电气发明之前就被人类占据、使用，于是这就又增加了一层额外的感官体验：黑暗。黑暗能唤醒属于它的知觉，再与城市环境相结合，便创造出了独特的夜间景观，即城市夜景。考虑到以上方面，我们着手描绘太阳落山后、明亮的电灯普及之前，生活在古代城市中的情景。

城市化进程已在全球不同的时间、地域及环境中铺展开来。无数理论关注着这一过程，从经典著作（Childe 1950; Adams 1960）到新近研究（Bietak et al. 2010; Harmanşah 2013; Cowgill 2015; Moeller 2016; M. E. Smith 2019; M. L. Smith 2019）。然而，夜晚在城市化进程中的作用尚未被常态化地纳入到研究视野当中。不过，安第斯考古学家阿列克谢·弗拉尼奇（Alexei Vranich）和斯科特·C.史密斯（Scott C. Smith）（2018，134）的一项研究表示："蒂亚瓦纳科[1]最初的选址，之所以能持续地作为农牧民互通的场所，可以归因到它基于夜空观察的生命周期"。在其他领域，当考察建筑环境和天空景观时，月亮的作用正是中美洲研究的一个主题（Šprajc 2016）。

---

1 蒂亚瓦纳科，也称作蒂瓦纳科。位于玻利维亚，以它为代表的蒂亚瓦纳科文化是早于南美洲印第安帝国的文化，分布在玻利维亚、秘鲁，扩及厄瓜多尔南部、智利和阿根廷北部。——译者注

1 城市的夜晚：对夜晚、黑暗及古代城市环境亮度的考古

大量的考古证据显示，古人既能做到基本应对黑暗的城市环境，还能在这种环境中繁衍生存。在（重新）审视具有夜晚特征的物质文化时，考古学家能更好地了解古代城市环境，同时推进黑暗和夜间考古学，还有古代照明学，即对古代人工照明的研究。聚焦于夜间环境的多感官体验，以及城市居民中不同人群在夜间所经历的刺激，其过程也有助于感官考古学（例如Skeates and Day 2019）的发展。

继迈克尔·E.史密斯（2007，2011，169，171）之后，考古学中的中层理论[1]对于填补数据与宏大理论之间的鸿沟至关重要。史密斯（Smith 2011，173）在他研究历史的经验方法中专注于"城市的布局或形式、城市规划和城市生活的社会动态"。考古学家可以思考城市环境如何在夜间的黑暗中得到使用，建筑环境的方方面面如何与黑暗和夜晚产生关系。

我们可能会关注生态位构建理论（Laland and O'Brien 2010; O'Brien and Laland 2012）以帮助理解城市现象，一种由人类专门创造的情境，也是我们擅长的情境。早在我们的祖先建造能遮风挡雨的建筑时，我们的生物模式就开始受到影响，比如睡眠（Samson et al. 2017）。城市景观是一个高度活跃的、由文化构建的生态位，它仅由我们这个独一无二的物种创造，人类也不太可能在短时间内舍弃它，因为万千城市仍然存在于世间（M.L.Smith 2019，262）。今天，全球历史上第一次出现了生活在城市里的人比生活在城外的人还多的局面。城市环境的开发创造吸引了更多的人，城市居民人口日益增长。历史上人口向城市的大规模迁移受到推拉因素[2]的影响（Anthony 1990; Gonlin and Landau 2021），那些因素要么吸引人们进入城市，要么将人们排斥出这种生活方式。

我们可以用夜间角度来重新审视城市建筑和基础设施等城市环境。在这种复

---

1 中层理论（middle-range theories），美国社会学家罗伯特·金·默顿（Robert King Merton）提出的一种社会学理论范式，理论主要是为解决在这之前社会学理论在宏观与微观方面极端化发展的困境。——译者注

2 推拉因素（push-pull factors）。来自推拉理论，解释人口迁移的原因。该理论认为，人口迁移的动力由迁出地的推力（排斥力）与迁入地的拉力（吸引力）共同构成。迁入地的一种或多种有利因素所形成的拉力，促使人们迁入。——译者注

合视角上，阿莫斯·拉普卜特（Amos Rapoport）的作品具有伟大的启发性。研究城市环境的考古学家们采用了他的建筑学视角，且受益匪浅（例如M.E.Smith 2007）。这让我们能关注到考古学家们希望研究的多个方面，同时又不失整体格局。拉普卜特（Rapoport 1990，15）的分析包含4个变量："空间、时间、意义和交流"。在这里，我们引用拉普卜特的一段话，其中就将夜晚作为时间变量的一重维度（添加下划线处）：

> （活动）各不相同，按时间组织；存在一种不可避免的**时间要素**。一方面，这涉及时间和空间里各项活动的不同顺序、它们的速度（即每单位时间里的活动数量）和节奏（即与不同周期相关的活动的周期性：一生、一年、四季、世俗时间／神圣时间、节日、工作日与周末、<u>白天和夜晚</u>，等等）。另一方面，这个时间要素引入了一种可能性，这种可能性让时间中的活动有可能被替换成空间里的活动（Rapoport 1977）。（Rapoport 1990，15）

正是基于拉普卜特（1990，13）的研究，我们得以利用时间元素把建筑环境与夜晚联系起来："把环境定义为由固定景观元素[1]（建筑物、地面、墙壁等）、半固定景观元素（各种"陈设"、内部和外部空间），以及非固定景观元素（人及其活动、举止行为）三部分构成，是有裨益的。"建筑和基础设施属于"固定景观元素"，从考古学角度讲，它们是最坚固持久的。拉普卜特（1990，13）告诫说：

> 半固定景观和空间占有／使用者的不同活动一经变化，相同的空间也可以变为不同的环境。但空间占有／使用者的这一重要作用并不能用

---

[1] 固定景观元素（fixed-feature elements）。本书里的feature多数指景观、地理地貌等能看到的景物。目前还未见此术语对应的中文。根据语境，书中的"features"翻译成"景观""地貌""地貌特征"。——译者注

1 城市的夜晚：对夜晚、黑暗及古代城市环境亮度的考古

于涉及既往环境的研究。人会不可避免地缺席，这使得从环境推断活动变得更加困难；这也使半固定线索分析变得至关重要。

除去个例（Sheets 2006; G.R.Storey 2018），极少有重要的半固定景观能历经时间而不湮灭，于是只剩下固定景观元素能成为考古学家解码古代生活的依据。

建筑和基础设施的确与夜间活动直接相关。例如，站岗和进行交易一类的经济活动（如墨西卡［或阿兹特克］社会的pochteca，或者说商人［Nichols 2013，56］通过大门、道路、记账，还有仓库等场景与夜晚紧紧联系在一起。同样，埃及祭司们的夜空观测成果对皇家墓葬群的设计来说至关重要）（Magli 2013）。夜晚可以被用来突显社会的不平等：一些人耽于夜晚带来的休闲和松弛；而另有一些人，例如宫殿和仆人的住所呈现出忙碌的景象，奴仆们在黄昏时需要伺候、照料那些心血来潮、放纵不羁的客人。精英们则在夜晚肆无忌惮地挥霍燃料和食物，通宵达旦地聚会，丝毫不用担心需要早起趁着日光照料家务。废弃堆积和照明相关的文物证明了这些活动的存在，也丰富了建筑和基础设施的遗迹。

现代世界，城市中的人类被自然且稳定的人造光所包围。人造光模糊了白天和黑夜。于是，昼与夜，以及与昼夜相关的活动的差异在我们当代人的生活中变得不再明显。今天，自然光照的变化规则已被取代，我们改造自然生物的节奏已经到了危及自身和其他物种的地步（Chepesiuk 2009; Naiman 2014）。如果要书写一本关于现代城市夜晚的书，显然已经不能简单地称之为"天黑之后"[1]了，因为，灯光永不熄灭。这也是巴黎作为最早拥抱瓦斯路灯的欧洲城市之一，被称为La Ville Lumière（光之城）的原因。白天和黑夜的融合也渗透到我们对过去城市的审视习惯中。即使100年前，无论是低密度还是高密度的城市环境也与我们现代的城市体验显著不同。我们应该从多个角度审视不断变化的城市夜景，关注夜晚和黑暗的考古活动，这能让我们借助想象拼凑暗夜里的城市面貌——那里的城市居民曾在其中设法从事某些特定的活动，当然还包括与活动相关的物品和意义（拉普

---

[1] 本书的英文书名是After Dark。——译者注

卜特所说的"非固定景观"元素）。古人如何在城市里体验黑暗？与此息息相关的考古材料往往以文物、地貌、建筑、基础设施和遗址的形式出现。

城市环境和行为

夜晚早已被编码到人造的环境中。本书的研究涉及拉普卜特在其大量著作中提出的"环境行为理论"（2006；转引自M.E.Smith 2011）。古人为了从事夜间活动而对城市景观或面貌进行规划，想到这个，我们的视角便能从白天重新定位到黑夜，从光明重新定位到黑暗，空间和建筑布局在内的地貌特征也进入了考量范围之内。一些研究人员把这个学术方向称为空间句法（Baumanova 2020）；M.L.史密斯（2016）和达里尔·威尔金森（Daryl Wilkinson）（2019）把这个方向中的一些内容划分为"基础设施"或者"中央发起结构……景观连通性"（M.L.Smith 2016，2）。基础设施在景观中赫然突出，比起单幢住宅，它们会耗费更多的资源、时间和能量。正如人类学家用全球性比较的方式来研究城市化一样，基础设施的研究也可以采取比较研究的方式。在这里，我们借鉴威尔金森（Wilkinson 2019，1216）的分类法，将他所分类的基础设施应用于夜间考古研究，并在夜间城市环境中重新想象它们的形态：①静态型基础设施（如梯田、港口和仓库）；②回环型基础设施（如道路、运河、高架渠和下水道）；③分界型基础设施（如栅栏、沟渠和畜栏）；④信号型基础设施（如灯塔和烽火台）。相比起来，有几类基础设施与夜晚和黑暗更容易自然地产生关联，例如灯塔和烽火台，它们建造的初衷就是抵御黑暗及其他危险。又如栅栏，可以捍卫自己的领地免受偷袭，而偷袭可能发生在夜间，大多会在黑暗的掩护下，或者专挑对方的睡眠时间突然发起。所有城市都有基础设施，所有达到城邦规模的社会也是如此；但是，在没有城市或城邦的情况下，基础设施也可以独立存在（Wilkinson 2019）。

威尔金森（2019，1220–1221）列举了基础设施与建筑的不同之处。基础设施不包括家庭建筑，因为大多数房屋不需要耗费众多的劳力（宫殿除外）；基础设施通常是开放式建筑而非封闭式。威尔金森（2019，1222）认为"基础设施通常是能在地形地貌（道路、运河、桥梁、高架渠）上延伸的结构"，并且"基础设施是那些专供容纳事物、资源和废物的建筑环境的一部分"。应当指出的是，如何区分建筑和基础设施并没有严格的规定，两者在概念上存在重叠是不可避免的。建筑和基础设施有很多关联，还能延伸涉及公共机构与私产拥有者之间的互动（Müller 2015）。例如，古城摩亨佐-达罗（Mohenjo-Daro）的城内建筑群就是基于民居用于清洁的管道和水井这些基础设施而建造的（Wright and Garrett 2018）。

建筑和基础设施会影响人们在夜间的视野，正如莫妮卡·鲍马诺娃（Monika Baumanova）（2020，137）所说：

> 可以说，一方面是长视线受限，另一方面是视觉中断或转换，这都对移动观察者的感知具有重要影响。因此，基础设施对采用空间句法来分析建筑环境的动觉/触觉潜力具有重要意义。通过这种方法，选定的某些视觉和触觉感知就可以合成在一起，对单个建筑物和整个城市聚落区进行研究。

类似的观察包括针对古埃及家庭的研究，例如观察人工建造的环境在主人与外来客人的会面交流中起到怎样的作用（Spence 2004，2015）。人们会好奇，古代城市的设计师们能在多大程度上考虑夜间环境对建筑的影响，因为白天和黑夜里的视域（从同一个位置观看同一个区域的景观）会有很大的不同（例如Kamp and Whittaker 2018）。

古代有围墙的城市不胜枚举，从中东的苏美尔古城，到墨西哥古典玛雅时期的贝坎（Becan）遗址和玛雅潘（Mayapán）遗址、北美中西部的卡霍基亚围栏、津巴布韦的大津巴布韦遗址，再到法国阿维尼翁（Avignon）等中世纪欧洲城市。城墙阻挡了外来的危险和不速之客，但也可能将危险和不速之客留在城内。围墙限制并圈定了所有权和控制区域的界限（Ekirch 2005; Koslofsky 2011）。司各特·哈桑（Scott Hutson）（2016）谈到过"隐私技术"，例如，墙壁可以用于应对城市化带来的负面情况，规避"拥挤、失范，（和）健康问题"（51–52）。此外，社区的形成是管控拥挤的一种方式，在居民住宅周围建造围墙能为私人房屋划定边界。城墙也区分了地位，居住在城墙围绕之内的城里人往往比城外居民地位更高。"构筑围墙、建造大门是一种规划行为，带围墙院落的规模、排他性和形制可以彰显规划的级别"（M. E. Smith 2007, 24）。

规模不等的围墙，从围绕房屋的到环绕寺庙的，再到城市本身的城墙，它们的大门都受到严密的监控，作为通往安全的门户。大门本身的形式可能与白天和黑夜的相互作用有关。像在古埃及，神庙的塔门象征着地平线，也是Akhet——环境中白天结束夜晚开始的物理分界点（图1-1）（R.Wilkinson 2000, 79）。就像地平线是昼夜循环当中的一个重要过渡点，在神圣的建筑中，大门或者入口是两个空间的重要交界所在。跨过门槛即标志着进入了一个神圣领域，将世俗世界抛在神庙的墙壁之外。自愿进入此空间的人会经历各种感官冲击——眼睛可能得适应瞬间从强光到黑暗的巨大落差，暑热会消退，浓烈的熏香弥漫在空气中。

总体来说，针对道路的人类学研究不在少数（Snead et al. 2009）。其中广为人知的是对美国西南部查科峡谷区（Chaco Canyon）的居民道路网络的研究。罗伯特·S.韦纳（Robert S. Weiner）研究了道路这种基础设施及其在夜间活动中的作用（第9章）。在古典玛雅城市中，若干条道路，或称之为sacbeob[1]，将神圣区域和世俗区域连接在一起（Chase and Chase 2001; Keller 2009, 2010）。这些道路向上隆起，地表涂有白色的石灰泥，在夜间闪闪发光，方便城市内部和城市之间的交通运输。享有盛名的神庙通过sacbeob通道相互连接；沿着这些道路，还构筑有花哨的专用宽步道，供部队行军和夜间仪式使用（Ardren 2014）。这些道路也服务于政治、社会和经济目的。墨西哥尤卡坦半岛科巴（Cobá）和亚克苏纳（Yaxuna）地区的居民使用的堤道是迄今所见最长的sacbeob通道，这条通道用于

---

[1] "sacbeob"是玛雅语单词，意为"白色之路"，来自sacbe（有时拼写为zac be，复数为sacbeob或zac beob）。sacbe译作"石板路"或"白路"。Sacbeob是高出地面的灰泥堤道，内部用碎石填充，表面为白色的石灰黏合剂，镶饰着粗糙的石块，用作道路、人行道、堤道，连接玛雅各地，也是朝圣途径。——译者注

1 城市的夜晚：对夜晚、黑暗及古代城市环境亮度的考古

图1-1　表现在埃及卢克索神庙入口塔门上的象形文字Akhet，即"地平线"。照片来源：Meghan E. Strong

货物（例如竞技场红陶瓷［Loya González and Stanton 2013］）交换。晚期的古典玛雅人借助这条100千米长的道路将许多居民区串连起来（Hutson et al. 2012; Loya González and Stanton 2013），也将沿途的人们联系在一起。

研究城市不平等现象的学者对民居建筑进行了大量的分析（Hutson and Welch 2019; M.E.Smith et al. 2019）。在这里，我们可以通过夜晚这一镜头重新审视房屋。贡琳和艾普丽尔·诺威尔（April Nowell）（2018b，11）曾经探索夜间家庭的考古概念（Gonlin 2020，398–399）。对于大多数人来说，夜晚是私人时间，也是休息时间，这就使房屋及周边环境成为考古学家收集夜间活动证据的理想场所。从

城市中心宏伟壮观的宫殿，到分布在城市边缘的肮脏住所，其间的差异为研究提供了数据，在此基础上，我们可以进一步对夜晚的社会经济参数进行评估。城市居民的生活体验也会在每个夜晚出现巨大变化。

房屋遗存也与"投射性身份"相关。M.L.史密斯（2010a，32）曾恰当地指出："物质文化首先在私人场合被个人精心制作，用来宣誓自我，然后这种自我身份才在公共场合加以投射。"自我身份当中的一部分可能要到晚上才表达得最好。比如，从家中散发出的光亮可能是财富和地位的有力象征，因为屋主显然拥有更多的燃料。无论一个人白天如何与他人往来互动，夜晚住所中透出的亮光是很难隐藏的。

古代照明学、明亮度、光亮

黑夜具有神圣性。在黑暗和闪烁的火焰、阴影和光亮的交相作用中，这种神圣性又得到了增强；本书中许多作者都对夜晚的特殊气氛做出评论。现代人工照明的盛行和过度使用已经到了模糊我们对夜晚和黑暗的看法的地步。不少现代人想当然地认为照明一直存在，以及古人对照明的需求是理所应当的；他们还想象着建筑、物品和人总是全然可见的。因此，古人面对黑暗和阴影的经验、黑暗和阴影的重要意义，以及如何感知可见的和不可见的事物，所有此类问题从未受人关注。不过，现在已有多位研究人员开展了对古代照明技术lychnology的正式研究（例如Parisinou 2000; Eckardt 2002; Moyes and Papadopoulos 2017; Gonlin and Dixon-Hundredmark 2021; Strong 2021）。

关注照明的不同类型——蜡烛、火把、煤气灯、灯、壁炉、火池和月光，是分析古代城市居民夜间习惯的重要组成部分。据M.L.史密斯（2010a，113）的研究，以上一些照明器物常用来与黑夜互动，也许还有一些被用来与超自然互动。与超自然互动的一个例子，是梅根·E.斯特朗所讨论的光在古埃及城市仪式中的作用（第2章），尤其是祭奠亡者和祖先的仪式。在这类仪式中，游行的队伍会举着火炬穿行于城市和坟场，这成为纪念逝去亲属的一种方式。一年一度的庆祝活

1 城市的夜晚：对夜晚、黑暗及古代城市环境亮度的考古

动是建立社会集体记忆的重要手段，也是在他人面前彰显个人身份和虔诚态度的重要方式。

早期城市居民如何照亮空间以参与夜生活、值夜班、举办夜间仪式以及组织其他夜间活动，探讨这些需要涉及技术、时间掌控和丰富程度等维度，而研究照明技术更彰显了这些维度的重要性。从所采用的照明设备类型可以深入了解照明工具的成本以及照明被赋予的社会声望。M.L.史密斯（2010a，41-42）在"技术"类别下指出，"对简单技术的掌控也是一种方法，我们可以据此看到个人作为自主认知的实体，是如何做出日常决策，从而有选择地改变周围世界的"。无论是在简陋的房屋，还是在宏伟的宫殿，抑或是在城市的世俗与宗教空间、街道，还有其他在实用之外兼具某种意义象征的基础设施里，都可以看到照明技术的遗存。经过M.L.史密斯（2010a，55）的启示，我们应当思考：资源可使用性的变化如何影响了人类应对夜晚的方式。对采购照明物资所花费的时间和精力的估算，可以帮助描述文化习俗以及人造光在表达身份方面所起的作用。

关于照明技术的力量，本书呈现了更多的案例。其中一个案例至少可以追溯到公元前3000年的美索不达米亚。蒂凡尼·尔利-思帕多尼（Tiffany Earley-Spadoni）利用考古和历史数据证明，烽火台和夜间仪式为古代美索不达米亚人创造了统治权，他们力图抵御夜晚的危险，无论入侵的是人、鬼魂还是女巫（第3章）。在古希腊，爱琴海的萨莫色雷斯岛上，从公元前7世纪到公元前4世纪，存在着一个秘密的宗教团体，其新入教徒会在夜晚的黑暗中完成他们的入教仪式。在伟大诸神圣殿[1]，文物遗存、地貌和建筑的存在有力地支持了人工照明在此类仪式中发挥了核心作用这一观点。麦琪·L.波普金对这个神秘宗教团体进行了研究，并反复述及新入教徒对光亮的感官体验（第4章）。韦纳介绍了查科西南部的火池遗存，其中一些火池被用作跨越数千米的信号进行传递，但其中大部分被放置在神圣的道路和建筑的交叉口，因而反映出仪式意义（第9章）。没有了必要的照明，在那些相互重叠、相互交织的领域里，无论是神圣活动还是世俗活动都无法

---

1 The Sanctuary of the Great Gods，中文译名还有"大神圣殿""大神圣所""神庙群"等。——译者注

13

举行。下一节，我们将对古代世界中城市里发生的夜间活动进行概述。

城市夜晚的生活和工作

  古代城市的夜间生活与白天大不相同，每座城市都有自己独特的夜间足迹。城市多以其丰富的夜生活及夜间经济生产力而闻名。天黑后，一些城市居民进入梦乡，另一些人则继续参与社交直到凌晨。狂吠的狗、吵闹的邻居、趁黑牟利的暴徒、返家途中跌跌撞撞的宴饮者、缓慢行进的队伍、研究到夜深的科学家、安抚神灵的圣徒、诵念超自然咒语的巫师、制作面包的面包师、运送垃圾的垃圾搬运工——这些或颠覆或宗教或民事的活动，无差别地在一天中的黑暗时间里接踵而至，有时会出现一些不光彩的人物（Gonlin，2021）。城市环境中独特的夜景会为任何一位城市居民带来机遇和挑战，也为城市居民创造出不同的表现空间，供其使用和操纵。由于工作周期受到夜的影响，人们会想办法增加夜间提供的功能和便利（Nowell and Gonlin 2021）。无论过去还是现在，人体精力的时间性分配及对睡眠的需求都与工作任务穿插在一起（M.L.Smith 2010a，145）。夜间城市会有大量的工作产生，有几个例子能显示其中的部分。

  夜间工作，或在黑暗中工作，可能会更危险；但有一个好处：黑暗能提供掩护。墨西哥中部的墨西卡（Mexica）商人会在夜间赶路，以此掩护他们价值不菲的货物。黛博拉·尼科尔斯（Deborah Nichols）（2013，56）写道：

> 也许既是为了隐瞒交易通道，也是为了在公众视野中隐藏他们的财富，商人会在黑暗的笼罩下开启、结束他们的旅程："当他们房屋里的物品被安排得井井有条，当所有人即将出发，当黑暗降临，当夜幕到来，所有的船只都会满载启程。"（Sahagun 1950-1982，9:15）

  在宗教仪式上，墨西卡贵族和商人会收到许多物品，其中之一就是木柴，这无疑是非常珍贵的物品，也是与夜晚有关的物品。由于中美洲缺乏负重动物，对商人来说，搬运工是必不可少的。M.L.史密斯（2010a，166）述及搬运工所需的体力和知识，比如正确的路线、途中的食物来源、天气预测和社交技巧。搬运工和商人一起在阿兹特克帝国中运送货物，黑暗为他们提供了庇护。

各式各样的面包，过去是（现在依然是）生活中的主食。在一些社会中，面包是在家庭里制作的；而在另一些社会，它们经由面包店批量生产。历史学家布莱恩·帕尔默（Bryan Palmer）（2000，141–142）把面包店与中世纪的欧洲城市联系起来，他评论说："资本主义夜间工作的经典场所其实是面包店；这意味着许多生产部门得以在大量工人的血汗中崛起。面包师成就卓著，作为职业历史悠久，在传统手工制作、工会源起和为社会提供生活必需品方面发挥了不可替代的作用。"

在查科峡谷，富于活力的夜生活还包括赌博，这项活动将那些在赌博场合交换信息和商品的人们聚集在了一起。韦纳详细介绍了800年至1200年间查科居民的宗教和政治生活（第9章）。一些研究者可能不会给查科或其他古代北美地区那样的低密度城市化地区贴上"城市"这个标签，韦纳却将其作为城市进行了研究。例如古代城市中的赌博娱乐问题，在各种类型的遗址中发现了许多骨头骰子和大麻香烟，足以说明赌博的流行。

帕尔默（Palme，2000）撰写有一本关于夜晚犯罪的著作，很有启发性。书中，他深入研究了城市环境中的许多黑暗行为，这些行为为我们提供了生动的猜想，从巫术、阴谋、放荡行为，到海盗、社交、性等等。建筑物也可能与其中的一些行为有关，例如庞贝古城的lupinares，即妓院（G.R.Storey，2018）。神圣的、世俗的、天赐的、魔鬼的，都是夜间城市的一部分。接下来，我们将对"神圣"这个话题进行明确的探讨。

夜之神圣

夜间仪式的相关器物，在夜间如何使用建筑环境，研究这些为了解宗教和建筑空间的昼夜差异提供了线索。目前发现的许多神庙都位于城市中心，例如墨西

古文明之夜

卡帝国首都特诺奇蒂特兰（Tenochtitlan）的阿兹特克大神庙（Templo Mayor）、底比斯的卡纳克建筑群（the Karnak complex）或乌尔大塔庙建筑群（the ziggurat of Urt）；同时一些最重要和阴暗的事件都发生在夜晚的至暗时刻。从白天到黑夜、从黑夜到白天，昼夜的过渡被高度神圣化和仪式化。日落往往意味着生命消逝，混乱降临；而日出与战胜死亡和邪恶的力量相关，却不一定如期而至。因此，这些昼夜交接的时间也可能是不祥的。虽然黑夜与死亡有关，但它也可能与神秘力量和重生概念有关联。因此，对夜的体验是一种带有些许两面性的行为——对其既恐惧又尊重，既拥抱又疏远。

空间和空间性，是M. L. 史密斯的另一组分类概念（2010a，35–36），它们指的是对于内部和外部空间的区分，这一划分由来已久。它们关乎夜间在自己房屋内的安全和外部的危险，尤其在城市环境中。因此，如果不触及黑暗那些危险和曲折的层面，那么我们对古代城市夜晚考量就一定是有所缺失的。例如，位于南美洲安第斯山脉高处的的喀喀湖盆地（the Lake Titicaca Basin）的玻利维亚蒂亚瓦纳科古城在天黑后会一下子变得活跃起来。约翰·韦恩·雅努塞克和安娜·根格里奇将民族志和民族历史文献与考古学相结合，确认占据中央巨大空间的雕刻巨石以及危险的非人类在天黑后会"被唤醒"（第5章）。另外，那些掌握黑暗天空天文知识的人比其他不掌握的人更有权力。在古代美索不达米亚，亚述人和乌拉尔人（Urartians）对夜间入侵的敌人和潜伏在夜间的超自然力量——多是女巫和鬼魂——一样保持警觉（蒂凡尼·尔利-思帕多尼，第3章）。所有危险都可以通过祈求黑暗势力息怒而得到缓解。

M. L. 史密斯（2010a，150）讨论了工作的空间性，因为工作在空间和时间这两个维度上都会出现。有些空间专为夜晚工作而生，具有重要的文化意义。值得一提的是天文工作，它可以在天文台、开阔区域（如广场、下沉式庭院或田野）以及自然环境中进行。玛莎·卡布雷拉·罗梅罗（Martha Cabrera Romero）和J.安东尼奥·奥查托马·卡布雷拉（J.Antonio Ochatoma Cabrera）提供了秘鲁瓦里帝国（Wari Empire）夜间仪式的证据（第7章）。瓦里人对天文学有非常广泛的了解，这表明许多从事天文观测的人会工作到深夜。夜间神灵是夜景的一部分，他们掌控着生与死。同样，在美国西南部的查科峡谷，居民依据自己掌握的天文知识建造巨屋[1]、民居建筑、道路、岩画和其他建筑（韦纳，本书第9章）。

夜晚也是有性别的，一个人在城市环境中的体验正是通过这种身份滤镜过滤而来，而这种身份又与许多其他身份交织在一起。M. L. 史密斯（2010a，38）观察指出："民族志研究表明，男性和女性经常在不同的社会领域活动，性别结构甚至会影响个体对'客观'层面的感知，比如他们所处的物理环境。"我们将这种观察应用于夜间城市环境，就会看到不同性别的人在夜晚这一"客观"物理环境中的不同行为。许多学科都对夜晚和性别差异进行了深入研究（Rotenberg et al.2001; Meyer and Grollman 2014）。考古学家可以将这一研究途径视为富有成效的途径，以扩展既往的、已经产生影响的性别研究（Conkey and Spector 1984; Gero and Conkey 1991）。这一方向也与我们的下一个主题相关，即权力如何在夜间彰显。

夜间的权力与黑暗

有权势的人操纵黑暗为己谋利，这在文字、建筑和城市建筑环境中都有体现。这里，我们以墨西哥和中美洲的古典玛雅人（250—900年）以及北美洲卡霍基亚的密西西比人（800—1400年）为例来说明。在第6章，克里斯廷·V. 兰道、克里斯托弗·埃尔南德斯和南希·贡琳的结论是，古典玛雅国王把他们的登基时间安排在新月或满月时。这一结论是基于玛雅低地（the Maya Lowlands）11个遗址中的84个登基日期得出的，这些铭文都记录在例如石头这样具有持久性的材料上。王室及其追随者都深谙月光与权力之间的紧密联系。巨大的金字塔和露天聚会广场被纳入玛雅城市的景观之中，并作为表演和宗教仪式的场所。无论月亮处于最亮还是最暗状态，国王们都会捕捉并记录下这一永恒时刻。

玛雅城市里还有一些建筑与王权有关。那时许多中美洲民族都会玩一种橡皮

1　Great Houses是查科文明中有特点的一种建筑，也叫"查科结构"或"城房"。——译者注

古文明之夜

球游戏，他们把球运送到球门内或者斜着的篮筐之中（Whittington 2001），该游戏的历史跨越了许多古代文化和时期（Blomster and Salazar Chávez 2020）。古典玛雅人在大城市里建造专门的球场，以最荣耀的方式进行球赛表演（图1-2）。"比赛地点显然与权力和王权有关。"托克维奈（Tokovinine n.d.）指出，因为玛雅国王在球赛中的英勇表现会得到认可，他们经常称自己为神灵化身："出现最多的神是所谓的'老鹿神'，其人鹿合体的特征极易辨识。这是一个狩猎宴饮之神"；他"与冥界以及诸如L和N等'元老'神密切相关"。狩猎野鹿有时也会在夜间进行，那是玛雅月亮女神（the Maya Moon Goddess）的值守时期。将狩猎、黑暗的冥界、古老的鹿神和球赛联系在一起，人们不禁会好奇，有些球赛是否会刻意选在夜间举行，以便将所有力量汇聚起来，形成一场更显孔武有力的表演。对墨西哥米却肯州（Michoacán）的普雷佩查（Purépecha）进行田野考察的民族志工作者们找到了一个夜间球类游戏的案例（García Mora 2016，7）。在记录中，这一球类游戏在夜间举行，球由一种龙舌兰植物的草根制成。游戏过程中，球会被放在火上慢慢炙烤。两个队伍争夺胜利，而这代表了白昼与夜晚、太阳与月亮之间的典型冲突（García Mora 2016，27）。尽管这类游戏的历史有多深远尚不可知，但它肯定深植于过去。

图1-2　古典玛雅时期科潘古城的A-Ⅲ球场，位于洪都拉斯。照片来源：Nancy Gonlin

1 城市的夜晚：对夜晚、黑暗及古代城市环境亮度的考古

此外，苏珊·M.阿尔特在第8章中也讨论了夜晚、月亮和水对于卡霍基亚居民的作用（Alt 2018）。卡霍基亚这座原住民城市，是北美格兰德河（the Rio Grande）以北最大的中心城市，成千上万的居民在这里安家落户，并建造了不朽的土方建筑。10世纪50年代的卡霍基亚正值鼎盛时期，影响力甚广，吸引了众多居民。这种吸引力部分源于一种新宗教，它将夜晚和月亮视为重要力量，这种宗教在城市化进程中占据着重要地位。对卡霍基亚人而言，夜间的体验与白天的体验同样重要。

城市环境中的黑暗

如今，黑暗的夜晚在城市中已经十分罕见。由于大量的光污染，我们大多数人已无法欣赏到星星散发的绚烂光芒。城市居民甚至认为夜空被淹没是再自然不过的事，于是他们既不会对夜空的性质产生任何质疑，也不会对夜空能见度的降低感到忧虑。但是，照明总是和社会经济相关的，能否在夜间照亮一座古城，这个问题值得思索。从照明、烹饪、石灰生产和陶器制造、冶炼以及取暖等竞争性用途上讲，木柴当然奇货可居。城市居民不是从市场上购买，就是要到城外树林里捡寻。坐落于墨西哥中部高地的特奥蒂瓦坎城（the city of Teotihuacan）始建于公元前100年左右的中美洲前古典晚期（Cowgill 2015，9），繁盛于古典时期早期（250—600年）（Manzanilla 2017）。这座巨大的城市中心聚居有10万多居民，他们的木柴需求量十分可观。据路易斯·巴尔巴·平加荣和何塞·路易斯·科多瓦·弗伦兹（Luis Barba Pingarrón and José Luis Córdova Frunz 2010）估计，总共需要1220万平方米的木材才能将石灰岩烧制成足够多的石灰泥，供特奥蒂瓦坎城使用。伦道夫·维德默（Randolph Widmer）（2021）在对该城市燃料消耗的研究中推测，较富裕的家庭可以获得质量更高、数量更多的燃料供应。

远超10万人曾被吸引到特奥蒂瓦坎这座大都会居住，然而，并非所有人都能远离疾病。古病理学研究揭示了疾病的黑暗面。丽贝卡·斯托里（Rebecca Storey，1992）及其同事R.斯托里等人（R.Storey et al. 2019）揭示了生活在工业化

之前的城市中，居民们通常会经受各类压力，如牙釉质发育不全和骨质疏松症。我们不妨再把夜晚这个因素考虑进来，从感官角度看看那些整夜遭受病痛折磨的人，他们的样子就会变得愈加生动却又更加糟糕——黑暗增加了痛苦。古埃及和美索不达米亚人尤其担心邪恶和疾病会在黑暗的掩护下悄然而至。人们通过祈祷，点燃火焰，使用魔法人偶来驱除夜间邪恶，以求保全平安（Ritner 1990，1993，224n1042; Wee 2014）。全球各地的古代城市都曾爆发过疫病。对古人健康状况和疾病的研究主要基于考古遗存和文本材料。根据M. L. 史密斯（2010a，27）的研究，"文字一经创造，医学就成为最早被书写的内容之一"（28）。与城市的各种状况产生联系是件很容易的事；众所周知，传染病多发生于宿主（即城市居民）相对密集的地方（Gibbons 2009）。

人们在晚上从事的活动远不止睡觉，即便是看似不活跃的沉睡状态也是一种受文化制约的活动（Glaskin and Chenhall，2013）。在M.L.史密斯（2010a，34）称为"可预测持续时间的行为"中，睡眠就是其中之一。她提到了睡眠以及"睡眠方式"如何"构建了流行文化模式之间的关系，并通过每一个日常的沉睡行为确认了这种关系。睡眠结束了日常活动的循环"。如果将这一维度添加到对古代城市的研究中，我们就可以更好地了解过去的生活。在玛雅古民居遗存中发现的长凳，其用途远不止睡眠，因为它们曾被用作工作台、临时架子，以及用于权力场所。历史研究者可以基于考古数据、民族历史学，以及民族志叙述，重新审视那些再造景观，以修正对古代夜晚的看法。城市环境为其居民提供了许多机遇和挑战，其中一些与今天的城市居民所面临的非常相似，而另一些则明显只与过去的城市有关。

再把我们的讨论拉回到时间和时间性上。作为城市夜晚的一部分，经济活动、宗教仪式、社会活动，还有犯罪，都会受到季节性的影响。贡琳在贝尔维尤学院刑事司法部门的同事查琳·弗雷伯格（Charlene Freyberg）就使用了美国

1 城市的夜晚：对夜晚、黑暗及古代城市环境亮度的考古

联邦调查局网站上发布的《统一犯罪报告》[1]中的统计数据。我们了解到大多数凶杀案发生在夏季，部分原因是白天更长，光线更充足——这能增加人们出门在外的时间，也使得公共场所的人数有所增加。古代遗留的谋杀证据是存在的（Livius n.d.18），因此我们推测，也许更多的谋杀发生在夜晚较短的时候。犯罪学家发现，现代美国城市的凶杀案和袭击案呈现季节性波动（McDowall and Curtis 2014）。

城市基础设施的一部分包括地下区域，这个区域可能被认为属于神话或宇宙学研究的领域。有的重要建筑建立在（天然或人工的）洞穴之上（例如，Brown 2005，391），这证实了它作为通往地下世界的门户的寓意，或与创世神话的关联。洞穴可以作为整个城市或城镇的奠基之所（Aguilar et al. 2005，84）。在墨西哥特奥蒂瓦坎古城，黛博拉·尼科尔斯（2016）评估了宏伟的太阳金字塔的位置及其位于一个与宇宙和神灵相关的人工洞穴上的布局。最近，利用电阻率法[2]，有人还发现了月亮金字塔下面可能存在天然洞穴的证据（Argote et al. 2020）。特奥蒂瓦坎人建造了隧道与运河，将城市的某些区域进行分割，这改变了溪流的方向（Nichols 2016）。

在对城市地表以下的领域做世俗性研究时，帕尔默（Palmer 2000，147）写道："在这样的视角下，建造下水道、地下通道和矿井等地下劳动占据了显著位置。在富庶文明的社会底下，隧道好似迷宫，洞穴如同海绵，它们真实又具有象征性地穿行在阶层关系的虚幻和现实中。"早在巴黎和纽约的下水道被建造之前，5000多年前印度河流域的城市居民已经使用城市共享的基础设施来处理人类垃圾了。丽塔·耐特（Rita Wright）和泽诺比·加奈特（Zenobie Garrett）（2018）

---

1 Uniform Crime Report/U.C.R.即美国《统一犯罪报告》（2018），简称UCR，是对由联邦调查局编纂的系列年度犯罪学研究报告的统称，其中每一期的标题都是《美国的刑事犯罪》（Crime in the United States）——译者注

2 电阻率法是地球物理勘测的一种方法。它利用地壳中不同岩石间导电性（以电阻率表示）的差异来识别地下物质，是电法勘探中研究应用最早、使用最广泛的方法。早在20世纪20年代，法国C.施伦贝格和M.施伦贝格（C.& M.Schlum-berger）兄弟首先研究和试验了这一方法。——译者注

报告了摩亨佐-达罗[1]古城供水和排污系统的维护情况。对于供水和排污系统的维护工人，虽然没有古籍记载，大多也为现代研究人员所忽视，但他们对于维护印度河流域城市的卫生是必不可少的："从城市所需要的工种，他们清理的垃圾堆的恶臭性质，以及主干道沿线存在的许多便利设施，可以推断他们是在夜间工作"（289）。无论何种规模的居住群落，人们首要关心的是饮用水的获取，这也是城市规划者必须考虑的因素。用于建造水井的楔形砖是古人获取饮用水的考古证据之一。水井这种基础设施是共享的，甚至建造在单独的房屋中（295）。

城市居民面临的另一个挑战是垃圾的处理。大量被丢弃的有机物和无机物也是当今世界主要关注的问题。M.L.史密斯指出（2010a，126），"丢弃物件的行为具有时间和空间性"，并且，"废弃物件的举动也可能大规模发生，这与社会和精神的净化及更新有关"。阿兹特克新火仪式就与这两个结论不谋而合。柯比·法拉（Kirby Farah）和苏珊·托比·埃文斯（Susan Toby Evans）在第10章中描述了这一事件的戏剧性，仪式每52年举行一次，并与帝国权力紧密相连。从宫殿的享用者到简屋陋室的住户，清除掉哲学意义和物理层面的碎屑残渣，就为生活新周期的开启提供了一块干净的里程碑。新火为新的循环赋予了生命。

结论

在世界范围内，各个历史时期的人们在城市环境中构造建筑，成就卓著。现在，**智人**也可以被视为一种"城市"物种（或者可以叫作Homo sapiens urbanus，智人城市人），因为全球有一半以上的人生活在城市中。为了让考古学家更好地了解城市化进程和城市生活，我们需要将夜晚这一时间因素带入考量的范畴。夜晚时光曾是人类进化和发展的关键时刻，也继续对人类福祉发挥着重要作用。如

---

[1] Mohenjo-Daro，有"死丘"或"死亡之丘"之称，印度河流域文明的重要城市，建成于约公元前2600年，位于今天的巴基斯坦信德省。学者多认为它是古印度的达罗毗荼人所缔造的。1980年联合国教科文组织将摩亨佐-达罗考古遗址列入《世界遗产名录》。——译者注

1 城市的夜晚：对夜晚、黑暗及古代城市环境亮度的考古

果没有夜晚，我们对过去的解释终究只会是片面的，对过去的理解也只会是残缺的。夜间活动构建了城市居民的白天和黑夜，为黑暗时光而筹谋准备是建筑环境不可或缺的一部分。

一些聚落，如提瓦纳库和查科峡谷都是根据夜晚进行规划而形成的。某些星座对这些地方的布局、设计和导航有重大影响。黑暗拓宽了超自然的领域。夜晚对许多人来说都是神圣的，无论他们生活在乡村还是城市。有些仪式专门针对夜晚，并且只在夜幕降临之后才会举行。夜晚的力量无可置疑。古典时期玛雅的统治者精心安排自己的登基时间，使之与不祥的月相吻合，以此加强自己至高无上的地位。在黑夜这张大幕前上演的政治剧目充满了戏剧意味。

城市的建筑、基础设施、地貌和文物反映了夜晚因素，这已是文化天文学家充分研究后确认的事实（Aveni 2008）。那些城市规划者需要从夜间视角考虑建筑环境的方方面面，以确保城市在黑暗时段里安全无虞、功能完备。一些人喜欢在夜间工作，例如天文学家、面包师和维修工人。一些人依靠黑暗以掩盖或助力他们的活动，例如巫师；而其余的人则依靠人工照明照亮夜晚，以实现自己的目标。

关于夜晚和黑暗在新兴的复杂社会和城市化中的作用，考古学家们的研究还未经完善，其理论化程度并不高，正如城市每天都要经历24小时的生活节奏，同样应当纳入针对夜晚的研究中。通过结合黑暗的不同维度，本书中的各个章节所属的研究取得了长足的进步。通过场所、实物还有表现，黑夜和白天都呈现出了不平等的现象。城市夜间的生活节奏曾受到无数事物的影响，它们刚刚开始获得认可和欣赏。我们期待看到更多的考古学家和其他研究人员从事对夜晚的研究，将24小时这一维度纳入到研究的惯例中，并将黎明和黄昏视为关键的阈限时刻。这些时刻在我们祖先的生活中意义重大，在现代也将继续影响我们的生活，我们研究这些时刻的旅程刚刚开始。

致谢

本章的灵感源于与众多考古学家的合作，他们将夜晚纳入研究视野。其中最

重要的是艾普丽尔·诺威尔和大卫·M.里德（David M. Reed），以及莫妮卡·L.史密斯2010年出版的《普通人的史前史》。大卫对这份手稿的早期版本进行了温和的评论，并以他敏锐的编辑能力、洞见和参考资料对其进行了较大程度的修改。莫妮卡·史密斯提供了建设性的编辑意见和见解，让我们的想法变得更加清晰。她关于古代城市和普通人的鸿篇巨制成为本章的起点。莫妮卡还指出了相关文献来源，在需要的地方进行语言润色，并推动我们朝着正确的方向前进；对此，我们深表感谢。杰里·摩尔（Jerry Moore）慷慨地提供了反馈，我们非常认可欢迎，也衷心地感谢他。匿名审稿人同样提出了建设性意见，帮助我们打造了更为周全的一个章节；尤其致谢雷·劳伦斯，我们征引了他的作品。

参考文献

[1] Adams, Robert McCormick. 1960. "The Origin of Cities." *Scientific American*, September, 3–10.

[2] Aguilar, Manuel, Miguel Medina Jaen, Tim M. Tucker, and James E. Brady. 2005. "Constructing Mythic Space:The Significance of a Chicomoztoc Complex at Acatzingo Viejo." In *In the Maw of the Earth Monster: Mesoamerican Ritual Cave Use*, edited by James E. Brady and Keith M. Prufer, 69–87. Austin: University of Texas Press.

[3] Alt, Susan M. 2018. "The Emerald Site, Mississippian Women, and the Moon."In *Archaeology of the Night: Life after Dark in the Ancient World*, edited by Nancy Gonlin and April Nowell, 223–246. Boulder: University Press of Colorado.

[4] Alt, Susan M., and Timothy R. Pauketat, eds. 2019. *New Materialisms, Ancient Urbanisms*. New York: Routledge.

[5] Anthony, David. 1990. "Migration in Archaeology: The Baby and the Bath Water."*American Anthropologist* 92 (4) : 895–914.

[6] Ardren, Traci. 2014. "Sacbe Processions and Classic Maya Urban Culture." In *Processions in the Ancient Americas;Approaches and Perspectives*.A symposium presented at Dumbarton Oaks,PreColumbian Studies, Washington, DC.

[7] Argote, Denisse L., Andrés Tejero-Andrade, Martín Cárdenas-Soto, Gerardo Cifuentes-Nava, RenéE. Chávez, Esteban Hernández-Quintero, Alejandro García-Serrano, and Verónica Ortega. 2020. "Designing the Underworld in Teotihuacan: Cave Detection beneath the Moon Pyramid by ERT and ANT Surveys." *Journal of Archaeological Science* 118: 1–9.

[8] Aveni, Anthony F., ed. 2008. *Foundations of New World Cultural Astronomy*. Boulder: University Press of Colorado.

[9] Barba Pingarrón, Luis, and José Luis Córdova Frunz. 2010. *Materiales y energía en la arquitectura de Teotihuacan*. Mexico City: UNAM, Instituto de Investigaciones Antropológicas.

[10] Baumanova, Monika. 2020."Sensory Synaesthesia: Combined Analyses Based on Space Syntax in African Urban Contexts." *African Archaeological Review* 37 (1) : 125–141.

[11] Bietak, Manfred, Ernst Czerny, and Irene Forstner-Müller, eds. 2010. *Cities and Urbanism in Ancient Egypt: Papers from a Workshop in November 2006 at the Austrian Academy of Sciences*. Vienna: Verlag der Österreichischen Akademie der Wissenschaften.

[12] Blomster, Jeffrey P., and Victor E. Salazar Chávez. 2020."Origins of the Mesoamerican Ballgame: Earliest Ballcourt from the Highlands Found at Etlatongo, Oaxaca, Mexico."*Science Advances* 6 (11) : 1–9.

[13] Brown, Clifford. 2005. "Caves, Karst, and Settlement in Mayapán, Yucatán."In *In the Maw of the Earth Monster: Mesoamerican Ritual Cave Use*, edited by James E. Brady and Keith M. Prufer, 373–402. Austin: University of Texas Press.

[14] Chase, Arlen F., and Diane Z. Chase. 2001. "Ancient Maya Causeways and Site Organization at Caracol, Belize."*Ancient Mesoamerica* 12 (2) : 273–281.

[15] Chepesiuk, Ron. 2009. "Missing the Dark: Health Effects of Light Pollution." *Environmental Health Perspectives* 117 (1) : A20–A27.

[16] Childe,V.Gordon. 1950."The Urban Revolution."*Town Planning Review* 21 (1) : 3–17.

[17] Cojti Ren, Iyaxel. 2020."The Emergence of the Kaqquikel Polity as Explained through the Dawn Tradition of the Guatemala Highlands." *Mayanist* 2 (1) : 21–38.

[18] Coltman, Jeremy D., and John M. D. Pohl, eds. 2021. *Sorcery in Mesoamerica*. Louisville: University Press of Colorado.

[19] Conkey, Margaret W., and Janet D. Spector. 1984."Archaeology and the Study of Gender."*Advances in Archaeological Method and Theory* 7:1–38.

[20] Cowgill, George L.2015. *Ancient Teotihuacan: Early Urbanism in Early Mexico*. New York: Cambridge University Press.

[21] Creekmore, Andrew T., and Kevin D. Fisher, eds. 2014. *Making Ancient Cities: Space and Place in Early Urban Societies*. New York: Cambridge University Press.

[22] Dunn, Nicholas, and Timothy Edensor,eds. 2021 *Rethinking Darkness: Histories, Cultures, Practices*. London: Taylor and Francis.

[23] Eckardt, Hella. 2002.*Illuminating Roman Britain*. Montagnac, France: Instrumentum.

[24] Edensor, Tim. 2017. *From Light to Dark: Daylight, Illumination, and Gloom*. Minneapolis: University of Minnesota Press.

[25] Ekirch, A. Roger. 2005. *At Day's Close: Night in Times Past*. New York: W. W. Norton. Galinier, Jacques, Aurore Monod Becquelin, Guy Bordin, Laurent Fontaine, Francine Fourmaux, Juliette Roullet Ponce, Piero Salzarulo, Philippe Simonnot, Michèle Therrien, and Iole Zilli. 2010."Anthropology of the Night: Cross–Disciplinary Investigations."*Current Anthropology* 51 (6) :819–847.

[26] García Mora, Carlos. 2016. *El Combate Purépecha con La Pelota: Raigambre Guerrera*. Mexico City: Tsimárhu Estudio de Etnólogos.

[27] Gero, Joan J., and Margaret W. Conkey, eds. 1991.*Engendering Archaeology: Women and Prehistory*. Oxford: Basil Blackwell.

[28] Gibbons, A. 2009."Civilization's Cost: The Decline and Fall of Human Health." *Science* 324: 588.

[29] Glaskin, Katie, and Richard Chenhall, eds. 2013. *Sleep around the World: Anthropological Perspectives*. New York: Palgrave MacMillan. https://doi.org/10.1057/9781137315731.

[30] Gonlin, Nancy. 2020. "Household Archaeology of the Classic Period Lowland Maya." In *The Maya World*,edited by Scott R. Hutson and Traci Ardren, 389–406. London: Routledge.

[31] Gonlin, Nancy.2021."Dangers in the Night: Archaeological Case Studies of the Ancient Mayas of Mesoamerica."*Proceedings: II International Conference on Night Studies*, edited by Manuel Garcia–Ruiz and Jordi Nofre, 170–191. Lisboa: ISCTE, Instituto Universitário de Lisboa.

[32] Gonlin, Nancy, and Christine C. Dixon. 2018. "Classic Maya Nights at Copan, Honduras and El Cerén, El Salvador."In *Archaeology of the Night: Life after Dark in the Ancient World*, edited by Nancy Gonlin and April Nowell, 45–76. Boulder: University Press of Colorado.

[33]　Gonlin, Nancy, and Christine C. Dixon-Hundredmark. 2021. "Illuminating Darkness in the Ancient Maya World: Nocturnal Case Studies from Copan, Honduras, and Joya de Cerén, El Salvador." In *Night and Darkness in Ancient Mesoamerica*, edited by Nancy Gonlin and David M. Reed, 103–140. Louisville: University Press of Colorado.

[34]　Gonlin, Nancy, and Kristin V. Landau. 2021. "Maya on the Move: Population Mobility in the Classic Maya Kingdom of Copan, Honduras." In *Ancient Mesoamerican Cities: Populations on the Move*, edited by M. Charlotte Arnauld, Gregory Pereira, and Christopher Beekman, 131–147. Louisville: University Press of Colorado.

[35]　Gonlin, Nancy, and April Nowell, eds. 2018a. *Archaeology of the Night: Life after Dark in the Ancient World*. Boulder: University Press of Colorado.

[36]　Gonlin, Nancy, and April Nowell. 2018b. "Introduction to the Archaeology of the Night." In *Archaeology of the Night: Life after Dark in the Ancient World*, edited by Nancy Gonlin and April Nowell, 5–24. Boulder: University Press of Colorado.

[37]　Gonlin, Nancy, and David M. Reed, eds. 2021. *Night and Darkness in Ancient Mesoamerica*. Louisville: University Press of Colorado.

[38]　Harmanşah, Omur. 2013. *Cities and the Shaping of Memory in the Ancient Near East*. New York: Cambridge University Press.

[39]　Hutson, Scott R. 2016. *The Ancient Urban Maya: Neighborhoods, Inequality, and Built Form*. Tallahassee: University Press of Florida.

[40]　Hutson, Scott R., Aline Magnoni, and Travis W. Stanton. 2012. "'All That is Solid...': Sacbes, Settlement, and Semiotics at Tzacauil, Yucatan." *Ancient Mesoamerica* 23 (2): 297–311.

[41]　Hutson, Scott R., and Jacob Welch. 2019. "Old Urbanites as New Urbanists? Mixing at an Ancient Maya City." *Journal of Urban History* 47 (4): 812–831.

[42]　Kamp, Kathryn, and John Whittaker. 2018. "The Night Is Different: Sensescapes and Affordances in Ancient Arizona." In *Archaeology of the Night: Life after Dark in the Ancient World*, edited by Nancy Gonlin and April Nowell, 77–94. Boulder: University Press of Colorado.

[43]　Keller, Angela H. 2009. "A Road by Any Other Name: Trails, Paths, and Roads in Maya Language and Thought." In *Landscapes of Movement: Trails, Paths, and Roads in Anthropological Perspective*, edited by James E. Snead, Clark L. Erickson, and J. Andrew Darling, 133–157. Philadelphia: University of Pennsylvania Museum of Archaeology and Anthropology.

[44] Keller, Angela H. 2010."The Social Construction of Roads at Xunantunich: From Design to Abandonment."In *Classic Maya Provincial Politics: Xunantunich and Its Hinterlands*, edited by Lisa J. LeCount and Jason Yaeger, 184–208. Tucson: University of Arizona Press.

[45] Koslofsky, Craig.2011.*Evening's Empire: A History of the Night in Early Modern Europe*. Cambridge:Cambridge University Press.

[46] Laland, Kevin N.,and Michael J.O'Brien. 2010."Niche Construction Theory and Archaeology."*Journal of Archaeological Method and Theory* 17 (4) : 303–322.

[47] Laurence, Ray. 2007. *Roman Pompeii: Space and Society*. London: Routledge. Livius, Titus. Benjamin Oliver Foster, ed. n.d. *The History of Rome Book 8*. Cambridge, MA: Harvard University Press.

[48] Loya González, Tatiana, and Travis W. Stanton. 2013."Impacts of Politics on Material Culture: Evaluating the Yaxuna–Coba Sacbe."*Ancient Mesoamerica* 24 (1) : 25–42.

[49] Magli, Giulio. 2013. *Architecture, Astronomy and Sacred Landscape in Ancient Egypt*. Cambridge: Cambridge University Press.

[50] Manzanilla,Linda R.2017.*Teotihuacan: Ciudad excepcional de Mesoamérica*. Serie Opúsculos. Mexico City: El Colegio Nacional.

[51] Marlowe, Frank. 2010.*The Hadza: Hunter-Gatherers of Tanzania*. Berkeley: University of California Press.

[52] Martínez, David Gil. 2012."La distinta naturaleza del día y de la noche en la antigüedad, y sus divisiones en horas." *El Futuro del Pasado* 3 (3) : 285–316.

[53] McAtackney, Laura, and Krysta Ryzewski, eds. 2017. *Contemporary Archaeology and the City: Creativity, Ruination, and Political Action*. Oxford: University of Oxford Press.

[54] McDowall, David, and Karise M. Curtis. 2014."Seasonal Variation in Homicide and Assault Across Large U.S. Cities." *Homicide Studies* 19 (4) : 303–325.

[55] Meyer, David, and Eric Anthony Grollman. 2014. "Sexual Orientation and Fear at Night: Gender Differences among Sexual minorities and Heterosexuals." *Journal of Homosexuality* 61 (4) : 453–470.

[56] Moeller, Nadine. 2016. *The Archaeology of Urbanism in Ancient Egypt: From the Predynastic Period to the End of the Middle Kingdom*. Cambridge: Cambridge University Press.

[57] Rotenberg Lúcia, Luciana Fernandes Portela, Willer Baumgartem Marcondes, Cláudia

Moreno, and Cristiano de Paula Nascimento. 2001. "Gênero e trabalho noturno: Sono, cotidiano e vivências de quem troca a noite pelo dia" [Gender and night work: Sleep, daily life and the experiences of night shift workers]. *Cad Saúde Pública* 17 (3) : 639–649. https://doi.org/10.1590/s0102-311x2001000300018.

[58] Moyes, Holley, and Costas Papadopoulos, eds. 2017. *The Oxford Handbook of Light in Archaeology*. Oxford: Oxford University Press.

[59] Müller, Miriam, ed. 2015. *Household Studies in Complex Societies: (Micro) Archaeological and Textual Approaches*. Chicago: University of Chicago.

[60] Naiman, Rubin R. 2014. *Healing Night: The Science and Spirit of Sleeping, Dreaming, and Awakening*. 2nd ed. Tucson, AZ: NewMoon Media.

[61] Nichols, Deborah L. 2013. "Merchants and Merchandise: The Archaeology of Aztec Commerce at Otumba, Mexico." In *Merchants, Markets, and Exchange in the Pre-Columbian World*, edited by Kenneth G. Hirth and Joanne Pillsbury, 49–83. Washington, DC: Dumbarton Oaks.

[62] Nichols, Deborah L. 2016. "Teotihuacan." *Journal of Archaeological Research* 24 (1) : 1–74.

[63] Nowell, April, and Nancy Gonlin. 2021 "Affordances of the Night: Work after Dark in the Ancient World." In *Rethinking Darkness: Histories, Cultures, Practices*, edited by Nick Dunn and Tim Edensor, 27–37. London: Routledge.

[64] Nunn, C. L., P. McNamara, I. Capellini, B. T. Preston, and R. A. Barton. 2010. "Primate Sleep in Phylogenetic Perspective." In *Evolution and Sleep: Phylogenetic and Functional Perspectives*, edited by Patrick McNamara, Robert A. Barton, and Charles L. Nunn, 123–145. New York: Cambridge University Press.

[65] O'Brien, Michael J., and Kevin N. Laland. 2012. "Genes, Culture, and Agriculture: An Example of Human Niche Construction." *Current Anthropology* 53 (4) : 434–470. Palmer, Bryan D. 2000. *Cultures of Darkness: Night Travels in the Histories of Transgression [From Medieval to Modern]*. New York: Monthly Review Press. Parisinou, Eva. 2000. *The Light of the Gods: The Role of Light in Archaic and Classical Greek Cult*. London: Duckworth.

[66] Pirenne, Henri. (1925) 1969. *Medieval Cities: Their Origins and the Revival of Trade*. Princeton, NJ: Princeton University Press.

[67] Rapoport, Amos. 1990. "Systems of Activities, Systems of Settings." In *Domestic Architecture and the Use of Space*, edited by Susan Kent, 9–20. New York: Cambridge University Press.

[68] Rapoport, Amos. 2006. "Archaeology and Environment–Behavior Studies." In *Integrating the Diversity of Twenty-First-Century Anthropology: The Life and Intellectual Legacies of Susan Kent*, edited by Wendy Ashmore, Marcia–Ann Dobres, Sarah Milledge Nelson, and Arlene M. Rosen, 59–70. Washington, DC: American Anthropological Association.

[69] Reed, David M., and Nancy Gonlin. 2021."Introduction to Night and Darkness in Ancient Mesoamerica."In *Night and Darkness in Ancient Mesoamerica*, edited by Nancy Gonlin and David M. Reed,3–38. Louisville: University Press of Colorado.

[70] Ritner, Robert K. 1990."O. Gardiner 363: A Spell against Night Terrors."*Journal of the American Research Center in Egypt* 27: 25–41.

[71] Ritner, Robert K. 1993. *Mechanics of Magical Practice*. Studies in Ancient Oriental Civilization (SAOC) 54. Chicago: University of Chicago.

[72] Samson, David R., Alyssa N. Crittenden, Ibrahim A. Mabulla, and Audax Z.P. Mabulla. 2017."The Evolution of Human–Sleep: Technological and Cultural Innovation Associated with Sleep–Wake Regulation among Hadza Hunter–Gatherers."*Journal of Human Evolution* 113 (December) : 91–102.

[73] Samson, David R., and C. L. Nunn. 2015."Sleep Intensity and the Evolution of Human Cognition."*Evolutionary Anthropology* 24 (6) : 225–237.

[74] Sheets, Payson. 2006. *The Cerén Site: An Ancient Village Buried by Volcanic Ash in Central America*. 2nd ed. Belmont, CA: Thomson Wadsworth.

[75] Skeates, Robin, and Jo Day, eds. 2019. *The Routledge Handbook of Sensory Archaeology*. London: Routledge.

[76] Smith, Michael E. 2007. "Form and Meaning in the Earliest Cities: A New Approach to Ancient Urban Planning." *Journal of Planning History* 6 (1) : 3–47. Smith, Michael E. 2011. "Empirical Urban Theory for Archaeologists." *Journal of Archaeological Method and Theory* 18: 167–192.

[77] Smith, Michael E. 2019. "The Generative Role of Settlement Aggregation and Urbanization." In *Coming Together: Comparative Approaches to Population Aggregation and*

Early Urbanization, edited by Atilla Gyucha, 37–58. Albany: State University of New York Press.

[78]　Smith, Michael E., Abhishek Chatterjee, Angela C. Huster, Sierra Stewart, and Marion Forest. 2019."Apartment Compounds, Households, and Population in the Ancient City of Teotihuacan, Mexico." *Ancient Mesoamerica* 30 (3) : 399–418.

[79]　Smith, Monica L.2010a.*A Prehistory of Ordinary People*. Tucson: University of Arizona Press.

[80]　Smith, Monica L., ed. 2010b. *The Social Construction of Ancient Cities*. Washington, DC: Smithsonian Institution Press.

[81]　Smith, Monica, L. 2016."Urban Infrastructure as Materialized Consensus."*World Archaeology* 48 (1) : 164–178. https://doi.org/10.1080/00438243.2015.1124804.

[82]　Smith, Monica L. 2019. *Cities: The First 6,000 Years*. New York: Viking.

[83]　Snead, James E., Clark L. Erickson, and J. Andrew Darling. 2009. "Making Human Space: The Archaeology of Trails, Paths, and Roads."In *Landscapes of Movement: Trails, Paths, and Roads in Anthropological Perspective*, edited by James E.Snead, Clark L.Erickson, J.Andrew Darling, 1–19. Philadelphia: University of Pennsylvania Museum of Archaeology and Anthropology.

[84]　Spence, Kate. 2004."The Three-Dimensional Form of the Amarna house."*Journal of Egyptian Archaeology* 90: 123–152.

[85]　Spence, Kate. 2015. "Ancient Egyptian Houses and Households: Architecture, Artifacts, Conceptualization, and Interpretation."In *Household Studies in Complex Societies: (Micro) Archaeological and Textual Approaches*, edited by Miriam Müller, 83–100. Chicago: University of Chicago.

[86]　Šprajc, Ivan. 2016. "Lunar Alignments in Mesoamerican Architecture." *Anthropological Notebooks* 22 (3) : 61–85.

[87]　Storey, Glenn Reed. 2018. "All Rome Is at My Bedside: Nightlife in the Roman Empire." In *Archaeology of the Night: Life after Dark in the Ancient World*, edited by Nancy Gonlin and April Nowell, 307–331. Boulder: University Press of Colorado.

[88]　Storey, Rebecca. 1992. *Life and Death in the Ancient City of Teotihuacan*. Tuscaloosa: University of Alabama Press.

[89]　Storey, Rebecca, Gina M. Buckley, and Douglass J. Kennett. 2019. "Residential Burial

along the Southern Street of the Dead: Skeletons and Isotopes."*Ancient Mesoamerica* 30 (1) : 147–161.

[90] Strong, Meghan E.2018."A Great Secret of the West: Transformative Aspects of Artificial Light in New Kingdom, Egypt."In *Archaeology of the Night: Life after Dark in the Ancient World*, edited by Nancy Gonlin and April Nowell, 249–264. Boulder: University Press of Colorado.

[91] Strong, Meghan E. 2021. *Sacred Flames: The Power of Artificial Light in Ancient Egypt.* Cairo: American University in Cairo Press.

[92] Tokovinine, Alexandre. n.d."The Royal Ball Game of the Ancient Maya." Mayavase.com Research Material.Accessed June 4, 2020. http://www.mayavase.com/alex/alexballgame.html.

[93] Uniform Crime Report. 2018. Accessed June 4, 2020. https://www.fbi.gov/services/cjis/ucr.

[94] Vranich, Alexei, and Scott C.Smith.2018."Nighttime Sky and Early Urbanism in the High Andes."In *Archaeology of the Night: Life after Dark in the Ancient World*, edited by Nancy Gonlin and April Nowell, 121–138. Boulder: University Press of Colorado.

[95] Wee,John Z.2014."Lugalbanda under the Night Sky: Scenes of Celestial Healing in Ancient Mesopotamia."*Journal of Near Eastern Studies* 73 (1) : 23–42.

[96] Wiessner, Polly W.2014."Embers of Society: Firelight Talk among the Ju/'hoansi Bushmen."*Proceedings of the National Academy of Sciences of the United States of America* 111 (39) : 14027–14035.

[97] Whittington, E.Michael, ed.2001.*The Sport of Life and Death: The Mesoamerican*

[98] *Ballgame*. London: Thames and Hudson.

[99] Widmer, Randolph J.2021."Teotihuacan at Night: A Classic Period Urban Nocturnal Landscape in the Basin of Mexico."In *Night and Darkness in Ancient Mesoamerica*, edited by Nancy Gonlin and David M.Reed, 141–157.Louisville: University Press of Colorado.

[100] Wilkinson,Darryl.2019."Towards an Archaeological Theory of Infrastructure."*Journal of Archaeological Method and Theory* 26:1216–1241. https://doi.org/10.1007/s10816-018-9410-2.

[101] Wilkinson, Richard H. 2000. *The Complete Temples of Ancient Egypt*. London: Thames and Hudson.

[102] Wirth,Louis.1940."The Urban Society and Civilization."*American Journal of Sociology* 45 (5) :743–755.

[103] Worthman, Carol M.2008."After Dark: The Evolutionary Ecology of Human Sleep."In

Evolutionary Medicine and Health: New Perspectives, edited by Wenda R.Trevathan, E.O.Smith,and James J.McKenna, 291–313. Oxford: Oxford University Press.

[104]　Worthman, Carol M.,and Melissa K. Melby.2002."Toward a Comparative Developmental Ecology of Human Sleep."In *Adolescent Sleep Patterns: Biological,Social,and Psychological Influences*,edited by Mary A. Carskadon, 69–117. Cambridge: Cambridge University Press.

[105]　Wright, Rita P.,and Zenobie S.Garrett. 2018."Engineering Feats and Consequences: Workers in the Night and the Indus Civilization."In *Archaeology of the Night: Life after Dark in the Ancient World*, edited by Nancy Gonlin and April Nowell, 287–306. Boulder: University Press of Colorado.

2 觅光：
于古代埃及的城市仪式中

梅根·E. 斯特朗

> 挥动斧头的木匠比农民更疲惫；木材是他的耕地，扁斧是他的铁犁。夜晚也无从将他拯救，他要比自己的臂膀更勤劳；夜晚，他必须点燃一盏明灯。
>
> ——阿芙特·里奇海姆（After Lichtheim）（2006）、黑尔克（Helck）（1970）

在古埃及，夜晚虽被看作休憩时光，但总有一些人需要工作到很晚，真正地做到挑"灯"夜战。开头的引文让我们得以窥见古埃及某个聚居地的夜生活场景，这也引发了一系列疑问：每家每户的照明是点灯还是烧火？埃及人如何使用灯火来延长白昼？存在仅限晚上进行的活动或仪规吗？本章我将探讨人工照明对城市夜间景观/面貌的影响。古埃及文化的诸多方面表明，埃及人眼里的夜晚具有双重属性——它既是强大又充满神奇色彩的休憩与再生时光，又是邪恶力量趁人放松警惕而悄然来袭的危险时刻。似乎每个人都可能受到黑暗险境带来的影响：据

《阿蒙涅姆赫特一世教谕》[1]所载,法老阿蒙涅姆赫特一世就是因为"夜黑无壮汉"[2]而遭暗杀。

  现存文献语料库中涉及夜晚的信息稀少,仅存的只言片语仍能帮助我们推导出一些基本结论。比如,目前已知的是,埃及人将夜晚分作12小时,作为Hrw(白天12小时)的补充(Spalinger 1992,147)。表示"夜晚"的单词grH(Erman and Grapow 1931,183.12-185.9)意指"终点"(Erman and Grapow 1931,183.5-9)或者"完成"(Erman and Grapow 1931,182.4-183.3)。因此,相较于白昼时间,grH意味着白昼12小时的终点或完结。跟现代社会一样,古埃及人认为傍晚是放下工作,然后放松、休息的时间。比如,有记载说抄写员必须"日间抄写,夜晚阅读"(Blackman and Peet 1925,285)。然而,把夜晚当作重新蓄能的时间是一种奢侈,并非每个人都能享有。于是,那些仍然需要工作到傍晚时分的人就必然需要光源。

  本章力图研究古代埃及城市的照明,比起计划,这一目的要真正达成还是很不容易的。部分原因在于既往的研究偏好:大多数考古探测都是围绕着保存良好的墓葬结构展开的。同样,古埃及城市复杂的社会结构及城市发展主要通过墓葬遗物、殡葬习惯和墓地分析等多个侧面的研究体现(Moeller 2016,1)。然而,就算想要聚焦丧葬文化的研究,现实情况是,很多埃及古代聚居地的保存状况实在堪忧,因此,它们很少被研究,而能被仔细研究并出版报告、闻达于众的就更是凤毛麟角了。城市中心、乡村村落都少有考古遗存,个中原因很多(Moeller 2016,9)。其建筑结构基本都是泥砖建成,且位置靠近尼罗河冲积平原,经过年复一年的河水冲击,大多建筑就此湮灭于千百年时光的长河之中,难觅踪迹。而现今,情形依然如故,大约95%的人口仍然居住在丰饶的尼罗河附近及尼罗河三

---

  1 《阿蒙涅姆赫特一世教谕》(*Instructions of Amenemhet I*)是以埃及法老阿蒙涅姆赫特一世(约公元前1991年—公元前1962年在位)的名义写的,给自己儿子的箴言体家训,其中还描述了其本人在宫廷政变中被谋杀的经过。——译者注

  2 关于米林根纸莎草(Papyrus Millingen)的翻译及其评论,详见利希特海姆(Lichtheim)(2006,135-139)。

角洲内（图2-1）。此外，长久以来，尼罗河似乎一直在不断改道。新近研究表明，埃及文明发展进程中，无数的聚居地可能因此而消失（Jeffreys 2008; Toonen et al. 2018）。而那些未被水患带走的地区则有可能掩埋在数英尺的冲积层之下，这种情形在1960年至1970年修建阿斯旺大坝之前就存在。然而，日益扩张的现代都市又覆盖了许多古代聚居地遗址。只有那些保护情况较好的城市和村落，才有较好的研究及成果出版，比如：卡宏[1]、埃利潘蒂尼岛[2]、阿玛纳（Amarna）、戴尔麦地那（Deir el-Medina）。它们要么在尼罗河水泛滥范围以外，要么在高处洪水最高水位的岛屿上[3]。至此，现存聚居地遗址何以不足就不难理解了。

图2-1　太空俯瞰尼罗河。可以看到聚居地沿尼罗河河道分布并充满尼罗河三角洲。这种分布模式从古持续至今。照片来源：美国航空航天局（National Aeronautics and Space Administration，NASA）

1　Lahun，该地英文名也作Kahun，中文译名有卡宏、卡罕、拉洪。——译者注

2　Elephantine，该地名中文译名还有厄勒芬廷。——译者注

3　出于种种原因，对古埃及聚落进行分类是困难的。我不会使用city（城市）或town（城镇）等笼统的术语，因为它们可能无法捕捉到埃及城市环境的真正含义，我将主要使用settlement（聚落）一词。有关这些问题及埃及城市遗址与非城市遗址参数的完整描述，请参见莫依勒（Moeller）（2016，14-26）

然而，事实证明，对照明的研究的匮乏更难以解释。一种普遍看法是，现代埃及学家还不能识别埃及的照明设备，某种程度上讲，这种看法似乎是正确的（N.de G.Davies 1924; Robins 1939）。还有一点必须考量：与古地中海的其他文化（如希腊和罗马）相比，照明的使用是否受到更多的限制。有趣的是，在文字记录中可以清楚地看到，照明是某些夜间节日庆祝活动不可或缺的一部分，例如献灯仪式。如果一天里有什么时间是专门用来举行一种燃灯庆典的，最常用的短语是m grH，即"在晚上"。更具体地说，这个短语用来表示某个节日的前一个夜晚，比如grH n wpt-rnpt就是指"新年的前一晚"。灯火在夜幕下被点燃，这是最重要的时刻，既庆祝一年的逝去、新年的诞生，也象征着人们纪念整个埃及的"荣耀的逝者"。中王国时期（约公元前2025—公元前1700年）的文献和新王国时期（约公元前1550—公元前1069年）（表2-1）的墓葬场景表明，要正确地举行这种燃灯仪式，必须在神庙购买灯具，在神庙里点燃，然后从神庙大门抬到城市或村庄的墓地（有关美洲的比较，参见第10章"阿兹特克新火仪式及夜间照明"）。与其他大多数在白天举行的埃及仪式不同，除夕的庆祝活动是在完全黑暗的夜晚进行的。鉴于光和夜晚在这一仪式中的重要性，可以将这一借助除夕纪念逝者的活动作为研究城市环境中人工照明使用的案例。除此以外，还可以研究城市环境中夜晚如何被用作仪式的表演空间，当然还有照明设备和亮度在纪念活动中的作用。

表2-1 古埃及年表：从早王朝到后王朝时期

年份	时期	与本章相关的人物/事件
公元前3100年—公元前2686年	早王朝时期	卡塞凯姆威（Khasekhemwy）在位期
公元前2686年—公元前2181年	古王国时期	佩赫奈弗（Pehernefer）担任屠夫长（master butcher）
公元前2181年—公元前2025年	第一中间期	——

古文明之夜

（续表）

年份	时期	与本章相关的人物/事件
公元前2025年—公元前1700年	中王国时期	阿蒙涅姆赫特一世（Amenemhet I）在位期；辛努塞尔特一世（Senusret I）在位期；赫普杰法（Hepdjefa）担任艾斯尤特（Asyut）省长
公元前1700年—公元前1550年	第二中间期	——
公元前1550年—公元前1069年	新王国时期	建在卢克索西岸的底比斯陵墓；戴尔麦地那：作为建造帝王谷（the Valley of the Kings）陵墓的工匠们的家园
公元前1069年—公元前664年	第三中间期	——
公元前664年—公元前332年	后王朝时期	——

除夕之夜

关于除夕仪式最详尽的说明见于位于艾斯尤特的中王国时期赫普杰法一世墓（1号墓）（Griffith 1889；Reisner 1918；Kahl 2007，2016）。赫普杰法曾经是第十二王朝国王辛努塞尔特一世（约公元前1971—公元前1926年）统治时期古埃及第十三省的省长和大祭司，该省以艾斯尤特为行政中心。赫普杰法一世墓最突出的特点是那些铭刻在石质墓壁上的大量契约。在这些契约中，赫普杰法详细说明了如何举行葬礼仪式，如何向他的卡祭司[1]及他人支付费用以确保他的愿望能够实现。幸亏赫普杰法对细节如此敏锐和关注，才令除夕仪式所需要的设备与合乎礼仪的表演获得研究者的重现。

关于这项仪式的灯光，契约五提供了首个参考：契约规定，要给赫普杰法的卡祭司准备3个gmHt（即照明用具），这些用具从军队守护神乌普奥特（Wepwawet）神庙的SnDty（衣冠祭司）那里获取。在契约九中，赫普杰法规定，在新年除夕夜，陵墓监察官和他的手下需要前往死神阿努比斯神庙获取两个照明

---

[1] 卡祭司，古埃及祭司中的一种，负责在死者安葬后定期向死者提供祭酒、焚香等祭品并保证墓地安全。——译者注

用具（Griffith 1889，pl.8，lines 312–318; Reisner 1918，87–88）：

令彼于年中第五日新年除夕前往阿努比斯神庙，除夕之日得承gmHt两盏。——契约九，赫普杰法陵墓

然后陵墓监察官的手下们被委派列队前往赫普杰法陵墓，以此表示对墓主的sAxw（赞颂）（Griffith 1889，pl.8，line 312）。

予之（赫普杰法）荣耀,令彼赞颂彼之神圣逝者。（Griffith 1889, pl. 8, line 313）

文中还提到，这是为已故的家人所做的一件事。仪式监察官的手下们用灯火祭祀已故的赫普杰法之后，会把剩下的灯具交给卡祭司。这一举动显然意义重大，因为契约九规定，陵墓监察官及其手下将获得一块土地和一头公牛的后腿作为报酬（Griffith 1889，pl.8，lines 313–314）。

向逝者献灯的习俗在新王国时期仍然延续，实际上，这一习俗变得更加盛行了。如果仔细研读新王国时期关于何时举行献灯仪式的文字，就会发现，新王国时期的文献提供了更多信息，甚至包括为什么要献灯的描述。其中有个颇具诗意的句子，它首次出现在第十八王朝早期（约公元前1493—公元前1458年）图特摩斯二世（Thutmose II）和哈特谢普苏特（Hatshepsut）的统治时期，它写道：

愿有一盏thA（灯具），为汝彻夜点亮，直至阳光洒满汝胸膛。（艾尔-卡布的帕荷里墓）（tomb of Paheri, el-Kab）（Tylor and Griffith 1894，30）

在第十八王朝底比斯森诺夫尔（Sennefer）墓（TT96号），森尼米亚

39

(Senemiah)墓（TT217号）和玫（May）墓（TT130号）[1]中找到了几乎相同的碑文。除了这些铭文，新王国时期的墓中壁画也展现了赫普杰法契约中描述的除夕夜晚游行活动。阿门内姆哈特（Amenemhet）法老墓（TT82号）（N.M.Davies and Gardiner 1915, pl.XXI）、塞内米亚（Senemiah）墓（TT127号）和门勒姆赫特（Menkheperrasonb）墓（TT112号）（N.M.Davies 1933, pl.XXIX）的墓室内都描绘了家庭成员为已故亲属供奉照明设备的情景，供奉历时6天，包括在埃及年尾，总时长5天的"埃帕格梅纳尔日"[2]，以及新年当天。"埃帕格梅纳尔日"是为了纪念奥西里斯（Osiris）、伊西斯（Isis）、荷鲁斯（Horus）、塞特（Seth），以及奈芙蒂斯（Nepthys）诸神的生日。这些日子被视作一年中十分危险却又极为关键的过渡时期。这5天之后就是庆祝新年的日子，也是埃及历法中新一年的开始。新王国后期，如梅里（Mery）墓室（TT95号）和阿门梅苏（Amenmesu）墓室（TT89号）（N. M. Davies and Davies 1941）中的壁画表明，"埃帕格梅纳尔日"和新年的纪念活动已被合并在一起，变成多灯祭祀的活动日。然而，家庭成员在除夕之夜进入墓室献灯的核心仪式始终保持不变。

这些壁画中另一个值得注意的特点是：所包含的这些元素都具有恒定性，这表明游行和献灯仪式是既定且广为人知的宗教传统的一部分。具体说来，上述墓葬中的照明器具都在纪念死者的节日中成对出现。这种做法与赫普杰法的墓葬契约有关，契约提到在新年要为"赞颂"死者而展示两件照明器具。同时，墓葬中呈现这些场景的背景是为了死者举行的那些年度庆典。与其他壁画中常见的主题（可能包括捕鱼、收割或丧葬仪式等场景）不同，携带照明设备的游行显然与丧葬后发生的事件相关。

学者们曾对这种游行仪式发表过评论，他们认为这要么是一种象征性仪式，要么实际上并非在夜间举行（Dümichen 1883; N.de G.Davies 1924; Gutbub

---

1　TT表示"底比斯墓"，用于卢克索西岸的墓葬。

2　古埃及历法依据尼罗河水的涨落和农作物生长规律将一年分为泛滥季、耕种季、收获季3个季节；每季为4个月，每月30天，每年年尾增加5天称为埃帕格梅纳尔日（Epagomenal Days）。在这5天里，古埃及人举行仪式庆祝新年。——译者注

2 觅光：于古代埃及的城市仪式中

1961）。产生这种怀疑的原因主要在于照明工具本身。有人认为手持式装置并不适合长时间的游行，因为：①热的油脂、油或纺织物碎片有可能会掉落到持握者的手上；②灯燃烧的时间不足以引领携带者穿过墓地，并在抵达墓穴时仍然保持亮度（N.de G.Davies 1924，9）。然而，有人尝试对新王国时期墓葬壁画中描绘的器具进行复制和使用，实验表明，这些器具的燃烧效果良好，能够产生足够的光用于引路，并且不会让油脂滴到持握者的手上（Strong 2021）。每个照明装置总的燃烧时长约为45分钟，这对游行和祭祀仪式来说绰绰有余。而燃烧时间也可能非常容易延长，只需制作一个更大的装置，或在装置中添加更多的亚麻布和燃烧剂即可。

虽然赫普杰法的契约与这些新王国时期的墓葬壁画相隔500多年，但在除夕夜举行夜间游行的观念似乎至少从中王国时期延续到新王国时期。从这两个时期的资料中可以清楚地看出，这种仪式是一个公共事件，聚落的居民聚集在一起，参加纪念他们聚落里已故成员的活动。尚不明确的是，光在这种仪式中的价值如何，以及为什么特别选择在夜晚举行仪式，尤其是古埃及仪式大多数都是在白天举行的情况下。为了解决这些问题，接下来我们将探讨古埃及社会中人工照明的生产、使用和意义。

人工照明的价值

关于人工照明的经济和社会价值，大部分证据来自代尔麦地那的工匠村，该村是古埃及首都瓦塞特（Waset）/底比斯（Thebes）（今卢克索）的一部分。这里的工人是受雇建造帝王谷、装饰精美王陵的能工巧匠（Lesko and Lesko 1994; Andreu and Barbotin 2002; Gobeil 2015）。由于他们的工作具有很高声望，代尔麦地那的村民或多或少都会得到国王定期提供的食品、工具和其他原材料，以偿付他们的劳动，与大多数埃及聚落相比，这种情形是绝无仅有的。该遗址现场出土了与村民日常生活相关的大量文字材料，它们为我们了解当时可获取的商品和资源提供了宝贵的证据[1]。与本章显著相关的是燃料的可获得性，尤其是动物脂肪和植物油。这些物质在当时可能用于烹饪、医药和美容产品，也可能用作照明设备的燃烧剂。除了与货物相关的记载，这个村子里的居民墓葬也提供了为数不多的关于照明设备的外观及其使用方式的记录。

与尼罗河谷的其他聚居地相比，代尔麦地那聚居地显然是个例外，工匠们获得的供给可能比普通埃及公民还要好，但这些记录仍然为我们研究人工照明的成本提供了一个视角。代尔麦地那的每个劳动者都能获得配给的面包和啤酒，当然还有一些鱼和蔬菜（Janssen 1975，457）。他们还能获得木材及粪便燃料配给。村民们懂得物品的价值，一般用铜的重量（德本）[2]表示，他们会通过物物交换的方式来获得物品。例如，一只鹅的价格约为0.25德本，一只山羊的价格为1~3德本，各种篮子、盒子和皮革制品价格在1~5德本之间（Janssen 1975，525–526）。各种植物油和动物脂肪是代尔麦地那物资清单中常见的商品之一，这些油脂价格在每罐0.5~1德本之间（Keimer 1924，18–19; Janssen 1975，489–490）。考虑到一个工匠花1~3德本就能买到一只活山羊，山羊可以为一个家庭提供奶、田地肥料，还能提供垃圾处理服务，可见一罐油或一罐脂肪并不便宜。这些油脂如此珍贵，在某些场合它们会被用作报酬或奖励发放。

除了油脂本身的价值，这些照明产品似乎还具有相当高的社会货币价值。这一推论主要源于旧王国、中王国和新王国时期的一些个人头衔，它们往往与油脂的生产、储存和销售有关，尤其是用于制造蜡烛、肥皂的牛脂，因为牛是古埃及人的珍宝。旧王国时期的屠夫佩赫奈弗，就是因其在卢浮宫的雕像（编号A107）而闻名的那位，他的头上顶着屠夫长、屠夫监工、炼油坊监工及牛脂房监工等头衔（图2-2）。早期王朝统治者卡塞凯姆威（约公元前2675年—公元前2650年）墓中的一枚印章上也发现一个类似的头衔，即牛脂主管或牛脂供应商。这个头衔表

---

[1] 莱顿大学（University of Leiden）保存了该文本记录的在线书目（Demarée et al. 2018）。

[2] 德本（deban）是古埃及的一种重量单位，主要用来衡量除贵金属以外的其他商品。1德本约等于现在的91克。——译者注

明，该职位在埃及社会中是一个常设职位（Petrie 1901，pl. 23，no. 198）。这个头衔一直使用到中王国时期，其变体包括"油脂/油脂渣保管人"和"灯脂保管人"，不过更为准确的翻译可能是"照明燃料保管人"。

图 2-2　佩赫奈弗坐像（A107），藏于巴黎卢浮宫。照片来源：Rama / CCBY-SA 3.0 FR（https://creativecommons.org/licenses/by-sa/3.0/fr/deed.en）.

图 2-3　麦克特里（Meketre）陵墓（TT280）出土的中王国时期的屠宰场模型（20.3.10）。模型表现了与佩赫奈弗类似的屠夫形象，他们负责监督屠宰和牛肉加工。照片来源：纽约大都会艺术博物馆（The Metropolitan Museum of Art, New York）

这些头衔表明，脂肪生产过程中的所有步骤都受到严格监管，并设有嘉奖制度。可以推测，像佩赫奈弗这样的屠夫长会监督屠宰过程（图2-3），并确保所有可用的脂肪都被妥善提取到一边，随后运到炼油坊。然后，将生脂肪加工成油脂的过程会受到炼油坊监工或油脂主管/供应商的密切监控。这些人甚至还可能负责将熬制好的油脂倒入罐子中储存，而后可能会交给脂肪保管员或照明燃料保管人监管，再由他们负责分配给王室或寺庙。动物脂肪稀有又昂贵，这表明，拥有这些头衔的人必定拥有相对较高的社会地位。事实证实了这一推论：这些人当中有许多人

43

拥有相当的财力，或被授予足够的资源，从而有能力制作带有头衔的纪念物。

鉴于代尔麦地那村庄的记录中所描述的油脂费用，油脂似乎不大可能频繁用作照明。一些学者可能会反驳说，由于定居点证据稀缺，而只有在定居点的家庭空间中才有可能会用到灯具，所以在实物材料中很少有照明设备的记载。古埃及定居点的聚落保存状况不佳，导致相关信息极少，这是无法回避的问题。然而，如果人工照明设备已经在家庭中被普遍使用，在晚上或黑暗的室内提供照明，那么，在考古记录良好的那些聚落中应该会发现人工照明设备的遗存，例如这些聚落区：卡宏、阿玛纳和代尔麦地那。尽管这些遗址中少有房屋被发掘并被彻底记录，但对已出版文献的梳理并未显示古埃及家庭中普遍使用照明工具。

在阿玛纳小型出土文物数据库中，只在第十八王朝的家庭中发现了3盏灯（Rose 2007，211）。J.D.S.潘朵贝瑞（J.D.S.Pendlebury）是20世纪初在阿玛纳工作过的著名考古学家之一，曾记录说发现若干陶瓷碟带有发黑的边缘，暗示着它们曾经作为灯具使用（1951，137）。遗憾的是，他并没有说明发现了多少这样的瓷碟，也没有说明它们的位置。变黑的圆顶或长方形壁龛的例子确实存在，它们主要出现在工匠村房屋的内室，但并不常见，这不足以说明室内照明在阿玛纳很普遍（Stevens 2006，246–247）。代尔麦地那提供的照明器具考古证据稍微多一些，在村里发现了很多灯具基座的碎片以及数量不明的灯具。但是许多灯座碎片都是在房屋内的小型神龛中发现的（Bruyère 1939，208–209，fig.98）。这种分布情况表明，与这些灯座相关的灯具主要不是用于日常照明，而是用于祭祀。

对代尔麦地那地区陵墓中发现的灯和其他照明设备的描述可以支撑这一解读。在该村周围的墓葬中，常见拥有精美彩绘的墓道和墓室，画中照明设备最常见的表现形式是呈献给冥界国王奥西里斯，或西方（亡灵之地）的人格化象征（Zivie 1979，47，pl.18; Saleh 1984，75）。灯具还出现在死者木乃伊（Vandier 1935，pl.VII）身前，由引领死者进入冥界的阿努比斯神[1]（内本马特墓；TT219）执掌（图2-4），例如某个新年之际的场景中，灯具就出现在死者的面前（Bruyère

---

1 阿努比斯神为古埃及神话中的死神，常以狼头人身的形象出现。——译者注

1926，fig.87）。所有场景都与入殓和祭祀有关，这表明，人工照明与世俗或家庭环境关系不大。

图2-4 内本马特（Nebenmaat）墓中阿努比斯在墓室入口处献灯的场景。照片来源：Meghan E.Strong

灯光、夜晚和文化记忆

从考古和文字记录可以清楚地看到，为除夕之夜的夜间仪式提供照明是至关重要的。尽管照明燃料和亚麻布价格昂贵，但家庭——可能来自社会经济地位较高的阶层——似乎都优先考虑参加这个节日的夜间游行以纪念逝去的家人。这就引出了一个问题：为什么这个仪式对古埃及人来说如此意义重大？

照明应用到仪式中，这在现代也并不陌生。教堂、清真寺或其他寺庙通过彩色玻璃或马赛克，有规划地布置蜡烛、灯具和窗户，以及选择性地平衡光影等手段，营造出引人注目的照明环境（Nesbitt 2012; Pentcheva 2010，2017）。在世界许多宗教和哲学中，人工照明都扮演着不可或缺的隐喻角色。犹太教大烛台[1]象征着神的圣光，因此，犹太教堂中总会有一座点亮的灯台。印度教的排灯节（Diwali）

1　menorah，传统犹太教大烛台，也称多连灯烛台，由7个或9个灯盏组成。——译者注

是通过点燃迪亚斯（diyas），即小土陶油灯来庆祝的。排灯节代表善良战胜邪恶，光明战胜黑暗。点燃蜡烛或灯笼也可以象征获得开悟，例如佛教的卫塞节[1]；或象征希望、爱、喜悦与和平等美德，如基督教的降临节花环[2]。同样重要的是，人工照明灯也可以有实用性更强的用途。如果街道和房前屋后没有挂满色彩明艳的埃及传统灯笼，拉马丹斋月（Ramadan）的晚间庆祝活动将是不完整的。同样，明亮的树木、发光的蜡烛和精心制作的公共灯光展示也为圣诞节庆祝活动增色不少。不可忽视地，夜晚与人工照明之间的互动成了这些宗教节日表演活动和建筑环境体验与氛围的核心组成部分（Bille and Sørensen 2007; Bille et al.2015）。虽然有些照明充满了仪式的象征意味，其目的是创造一个神圣的空间，使某些仪式能在这个空间中正常进行。

深入探讨仪式和表演的理论并不在本章讨论的范围之内，但有些方面与以下问题密切相关。[3]例如，仪式在社会结构和凝聚力方面起到举足轻重的作用（Bell 2009，15，20）。这一特点在那些源于公众社会活动的仪式中显得尤为明显，如动物祭祀（或屠宰）和宴会。还有，仪式表演在节日等特殊场合起到了为文化传统编码和传播文化传统的作用（Bell 2009，45）。传统，如古埃及的除夕纪念活动，是构建文化记忆的重要组成部分（与古希腊的对比参见第4章）。同时，物品也被赋予了记忆，并在仪式表演中被用于跨代传递记忆（Assmann 2006，8-9）。这样，仪式表演就能帮助保留记忆并与过去建立联系。以此类推，它还有助于直接与逝者的记忆建立联系，通过仪式表演，使该记忆成为现在的一部分（Gillam 2009，2）。

1　Vesak。据记载释迦牟尼佛出生于5月月圆之日，世界佛教徒联谊会将阳历5月15日定为"世界佛陀日"，即卫塞节。"Vesak"在古代梵文表示"月圆"。卫塞节所表示的佛诞日与中国佛教记载的佛诞日存在差异，汉地佛教奉行农历四月初八为佛诞日，即浴佛节。——译者注

2　降临节，庆祝耶稣基督诞生的节日。降临节花环（Advent wreath）是常绿树枝组成的圆形花环，通常在中心放置4支蜡烛。——译者注

3　详尽讨论请参考贝尔（Bell）（1997，2009）和特纳（Turner）（1969）以及其中援引的资料。

将这些理论应用于除夕之夜的夜间游行活动可能有助于阐明该仪式的意义。首先，新王国时期的墓葬对这一年度活动的描述持续不断，表明它的确是文化传统的一部分。即便实际的表演会有变化，但人们会把它视作一种不变的行为。这种恒定性表明，此类游行表演是在各个社区间传递文化信息和建立社会凝聚力的一种手段。其次，有可能是因为游行过程中的重点被放在了照明设备上，而这些灯具是与文化记忆紧密联系的物件，这也能解释为什么人工光源主要局限于神圣空间而非家庭空间。照明设备带来的感官体验，如香味、温暖的光芒、闪烁的火焰或散发出的暖意，都可能有助于产生记忆，进而产生对死者的怀念。光源作为文化记忆传播媒介的中心地位，解释了为什么夜晚被用作这一仪式的表演空间。当然，这段时间也是一天里能展示灯祭中火焰闪烁跳跃的最佳时机。夜晚的黑将它们充分彰显，整个埃及的墓地都笼罩在点点灯光之中。这种黑夜体验远在一年中其他任何时刻的常规体验之外，也增添了神圣性和重要性。游行有助于增强族群感和传统感，因为大多数城市居民和村庄住户都可能会参加祭祀活动。焚烧用具的残骸遍布各地，它们负责铭刻那些参与缅怀先祖活动的家庭成员的虔诚。

结论

除夕之夜的夜间游行是古埃及历法中独一无二的活动。与其他祭祀活动不同，将夜晚作为节日时间是纪念死者的一个重要组成部分。在已故族群成员的陵墓前呈献人造灯不仅能传承传统，还有助于发展文化记忆和社会认同。与现代节日（如"亡灵节"）类似，献灯活动在纪念过去的同时，也将逝者融入了现在。似乎至少在这个夜晚，邪恶和死亡的威胁是可以克服的。然而，古埃及人遏止了夜晚黑暗的进程，以此庆祝穿越死亡和来世重生、返老还童的可能性。

本章证明，古埃及的夜晚与城市考古学的交集是值得分析的。正如第1章所讨论的，白天和黑夜同样为城市生活做出了贡献，进而助力社会身份、传统和文化记忆的构建。人工照明和夜间黑暗对仪式表演的影响为研究古埃及的宗教意识形态开启了新思路，并为与其他古代文明进行跨文化比较开辟了道路。

此外，照明设备的使用及其对埃及城市景观中人与空间的影响，也值得进行这样的分析。进一步研究古埃及社会中人工照明的作用，无疑将有助于我们理解古人对建筑环境的体验及建筑环境的建造，当然还包括居住其中的人。

参考文献

[1] Andreu, Guillemette, and Christophe Barbotin. 2002. *Les artistes de Pharaon: Deir ElMédineh et La Vallée des Rois*. Paris: Réunion des musées nationaux, Brepols.

[2] Assmann, Jan. 2006. *Religion and Cultural Memory: Ten Studies*. Translated by Rodney Livingstone. Cultural Memory in the Present. Stanford, CA: Stanford University Press.

[3] Bell, Catherine. 1997. *Ritual: Perspectives and Dimensions*. New York: Oxford University Press.

[4] Bell, Catherine. 2009. *Ritual Theory, Ritual Practice*. Oxford: Oxford University Press.

[5] Bille, Mikkel, Peter Bjerregaard, and Tim Flohr Sørensen. 2015. "Staging Atmospheres: Materiality, Culture, and the Texture of the in–Between." *Emotion, Space and Society* 15 (May): 31–38. https://doi.org/10.1016/j.emospa.2014.11.002.

[6] Bille, Mikkel, and Tim Flohr Sørensen. 2007. "An Anthropology of Luminosity: The Agency of Light." *Journal of Material Culture* 12 (3): 263–284.

[7] Blackman, Aylward M., and T. Eric Peet. 1925. "Papyrus Lansing: A Translation with Notes." *Journal of Egyptian Archaeology* 11 (3/4): 284–298. https://doi.org/10.2307/3854153.

[8] Bruyère, Bernard. 1926. *Rapport sur les fouilles de Deir El Médineh, 1924–1925*. FIFAO 3. Cairo: Institut français d'archéologie orientale.

[9] Bruyère, Bernard. 1939. *Rapport sur les fouilles de Deir El Medineh, 1934–1935: Le Village, Les Décharges publiques, La Station de Repos Du Col de La Vallée Des Rois. (3e Pt)*. FIFAO 16. Cairo: Institut français d'archéologie orientale.

[10] Davies, N. de G. 1924. "A Peculiar Form of New Kingdom Lamp." *Journal of Egyptian Archaeology* 10 (1): 9–14. https://doi.org/10.2307/3853990.

[11] Davies, Nina M. 1933. *The Tombs of Menkheperrasonb, Amenmose, and Another (Nos. 86, 112, 42, 226)*. Theban Tomb Series 5. London: Egypt Exploration Society.

[12] Davies, Nina M., and N. de G. Davies. 1941. "The Tomb of Amenmosĕ (No. 89) at Thebes." *Journal of Egyptian Archaeology* 26 (1): 131–136. https://doi.org/10.2307/3854532.

[13] Davies, Nina M., and Alan Henderson Gardiner. 1915. *The Tomb of Amenemhēt (No. 82)*. Theban Tomb Series. London: William Clowes and Sons.

[14] Demarée, R. J., B. J. J. Haring, W. Hovestreydt, and L. M. J. Zonhoven. 2018. *A Systematic Bibliography on Deir el-Medîna*. https://www.wepwawet.nl/dmd/bibliogra phy.htm.

[15] Dümichen, Johannes. 1883. "Die Ceremonie des Lichtanzündens." *Zeitschrift für Ägyptische Sprache und Altertumskunde* 21: 11–15.

[16] Erman, Adolf, and Hermann Grapow. 1931. *Wörterbuch der Ägyptischen Sprache*. Vol. 5. 12 vols. Leipzig: J. C. Hinrichs.

[17] Gillam, Robyn Adams. 2009. *Performance and Drama in Ancient Egypt*. Duckworth Egyptology. London: Duckworth.

[18] Gobeil, Cédric. 2015. "The IFAO Excavations at Deir el–Medina." In *Oxford Handbooks Online*. Oxford University Press. https://doi.org/10.1093/oxfordhb/978019 9935413.013.32.

[19] Griffith, Francis Llewellyn. 1889. *The Inscriptions of Siût and Dêr Rîfeh*. London: Trübner and Co.

[20] Gutbub, Adolphe. 1961. "Un emprunt aux textes des Pyramides dans l'hymne à Hathor, Dame de l'ivresse." In *Mélanges Maspero I—Orient ancien*, 4: 31–72. MIFAO 66. Cairo: Institut français d'archéologie orientale.

[21] Helck, Wolfgang. 1970. *Die Lehre des Dw3-Ḥtjj*. Kleine ägyptische Texte. Wiesbaden, Germany: Otto Harrassowitz.

[22] Janssen, J. J. 1975. *Commodity Prices from the Ramessid Period: An Economic Study of the Village of Necropolis Workmen at Thebes*. Leiden, Netherlands: E. J. Brill.

[23] Jeffreys, David. 2008. "The Survey of Memphis, Capital of Ancient Egypt: Recent Developments." *Archaeology International* 11 (0): 41–44. https://doi.org/10.5334/ai.1112.

[24] Kahl, Jochem. 2007. *Ancient Asyut: The First Synthesis after 300 Years of Research*. Asyut Project. Vol. 1. Wiesbaden: Harrassowitz Verlag.

[25] Kahl, Jochem. 2016. *Ornamente in Bewegung: Die Deckendekoration der Grossen Querhalle i Grab von Djefai-Hapi I. in Assiut*. Asyut Project. Vol. 6. Wiesbaden, Germany: Harrassowitz Verlag.

[26] Keimer, Ludwig. 1924. *Die Gartenpflanzen im Alten Ägypten: Ägyptologische Studien*. Berlin: Hoffmann und Campe.

[27] Lesko, Leonard H., and Barbara S. Lesko, eds. 1994. *Pharaoh's Workers: The Villagers of Deir el Medina*. Ithaca, NY: Cornell University Press.

[28] Lichtheim, Miriam. 2006. *Ancient Egyptian Literature: A Book of Readings*. Vol. 2. Berkeley: University of California Press.

[29] Moeller, Nadine. 2016. *The Archaeology of Urbanism in Ancient Egypt: From the Predynastic Period to the End of the Middle Kingdom*. Cambridge: Cambridge University Press. https://doi.org/10.1017/CBO9781139942119.

[30] Nesbitt, Claire. 2012. "Shaping the Sacred: Light and the Experience of Worship in Middle Byzantine Churches." *Byzantine and Modern Greek Studies* 36 (2): 139–160.

[31] Pendlebury, John Devitt Stringfellow. 1951. *The City of Akhenaten. Part 3, The Central City and the Official Quarters*. Memoirs of the Egypt Exploration Society 44. London: Egypt Exploration Society.

[32] Pentcheva, Bissera V. 2010. *The Sensual Icon: Space, Ritual and the Senses in Byzantium*. University Park: Pennsylvania State University Press.

[33] Pentcheva, Bissera V. 2021. "Phenomenology of Light: The Glitter of Salvation in Bessarion's Cross." Edited by Costas Papadopoulos and Holly Moyes. *The Oxford Handbook of Light in Archaeology*, Oxford: Oxford University Press.

[34] Petrie, William M. F. 1901. *The Royal Tombs of the Earliest Dynasties. Part II*. Egypt Exploration Fund Memoirs 21. London: Egypt Exploration Fund.

[35] Reisner, George A. 1918. "The Tomb of Hepzefa, Nomarch of Siût." *Journal of Egyptian Archaeology* 5 (2): 79–98.

[36] Robins, F. W. 1939. "The Lamps of Ancient Egypt." *Journal of Egyptian Archaeology* 25 (2): 184–187. https://doi.org/10.2307/3854653.

[37] Rose, Pamela J. 2007. *The Eighteenth Dynasty Pottery Corpus from Amarna*. London: Egypt Exploration Society.

[38] Saleh, Mohamed. 1984. *Das Totenbuch in den Thebanischen Beamtengräbern des Neuen Reiches: Texte und Vignetten*. Archäologische Veröffentlichungen / Deutsches Archäologisches Institut. Abteilung Kairo 46. Mainz am Rhein, Germany: von Zabern.

[39] Spalinger, Anthony J. 1992. "Night into Day." *Zeitschrift für Ägyptische Sprache und Altertumskunde* 119 (2): 144–156.

[40] Stevens, Anna. 2006. *Private Religion at Amarna: The Material Evidence*. BAR International Series 1587. Oxford: Archaeopress.

[41] Strong, Meghan. 2021. *Sacred Flames: The Power of Artificial Light in Ancient Egypt*. Cairo: American University in Cairo Press.

[42] Toonen, Willem H. J., Angus Graham, Benjamin T. Pennington, Morag A. Hunter, Kristian D. Strutt, Dominic S. Barker, Aurélia Masson–Berghoff, and Virginia L. Emery. 2018. "Holocene Fluvial History of the Nile's West Bank at Ancient Thebes, Luxor, Egypt, and Its Relation with Cultural Dynamics and Basin–wide Hydroclimatic Variability." *Geoarchaeology* 33 (3): 273–190. https://doi.org/10.1002/gea.21631.

[43] Turner, Victor. 1969. *The Ritual Process: Structure and Anti-structure*. Ithaca, NY: Cornell University Press.

[44] Tylor, J. J., and F. Ll. Griffith. 1894. *The Tomb of Paheri at El Kab*. Memoir of the Egypt Exploration Fund 11. London: Egypt Exploration Fund.

[45] Vandier, Jacques. 1935. *Tombes de Deir el-Médineh: La tombe de Nefer-Abou*. MIFAO 69. Cairo: Institut français d'archéologie orientale.

[46] Zivie, Alain–Pierre. 1979. *La tombe de Pached à Deir el-Médineh (No 3)*. MIFAO 99. Cairo: Institut français d'archéologie orientale.

3 美索不达米亚夜晚的危机：
减轻城市中心地带的险情

蒂凡尼·尔利-思帕多尼

他打我，把我变成了鸽子

（他缚住）了我的双臂，就像鸟儿的翅膀

把我囚禁在黑暗之屋，那是冥界女神伊里伽尔的宝座：

囚禁我在那无人能出的屋子

让我踏上不归之路

囚禁我在那所居民被剥夺了光亮的屋子

那里，土壤是他们续命的根本，黏土是他们的食物

他们被重重包裹，就像鸟儿披着羽毛

他们看不到光明，居于黑暗之所

——《吉尔伽美什》第7块泥板碑文，摘自"恩奇都的死亡之梦"。

安德鲁·乔治译（2003）[1]

---

1 《吉尔伽美什》（*Gilgamesh*）是古巴比伦一部关于苏美尔英雄吉尔伽美什的史诗，是目前已知世界最古老的英雄史诗。史诗传唱流行时间长达2000年，存在很多版本，其中有两个比较重要的版本：一个是古巴比伦版（约创作于公元前19—前17世纪），但内容残缺严重；另一个是现在通行的标准版《吉尔伽美什史诗》，这一版本内容较完整，由12块泥版组成。其新近英文译本是牛津大学出版社2003年出版的安德鲁·乔治（Andrew George）译本。恩奇都（Enkidu）是吉尔伽美什史诗里的一个半人半兽的英雄，也是吉尔伽美什的好友。泥板七中的"恩奇都的死亡之梦（Enkidu's Death Dream）"讲述了恩奇都在梦中被死亡天使俘获到阴间的经历。——译者注

3 美索不达米亚夜晚的危机：减轻城市中心地带的险情

美索不达米亚的夜晚，黑暗，充满恐怖，而人们奋力寻求驱除黑暗的方法，无论对象是城门口的敌人、鬼魂还是女巫。新亚述时期的一条那姆博比[1]咒语显示，如果住所受到真菌侵扰，人们会向4位家神祭祀（Caplice 1971，140–147）。其中一位家神叫伊苏姆（Išum），这是个在词意层面与火和炉灶有关的名字（Scurlock 2003; George 2015）。伊苏姆与罗马女神维斯塔（Vesta）很相似，也被称为"街道的预言家"和"夜晚的预言家"（Scurlock 2003）。[2]也就是说，伊苏姆是夜的守望者，与凡间的守夜人一样负责在黑暗里巡视早期城市那些狭窄的街道。有人认为，那些指引城市居民回家的火炬光芒就是伊苏姆神的化身，他是"夜间的巡逻人，照耀四周亮如白昼"（George 2015，4）。[3]伊苏姆与火的联系照亮了美索不达米亚古城的夜景，人们祈求伊苏姆保护自己免受那些如本章下文所描述的来自夜间的袭击。

本章旨在研究公元前3000年到公元前1000年早期美索不达米亚城市的夜景，[4]研究重点放在这一阶段的后期。同时我还会探讨乌拉尔图的一些例子，作为一个具有侵略性的部落制帝国，乌拉尔图于公元前1000年的早期出现在如今的土耳其、亚美尼亚和伊朗的高地地区，是与新的亚述地图国家形成对立的扩张型国家。广义上讲，学者们通过青铜时代和铁器时代的细分来描述相关时期的考古学断代特

---

[1] Namburbi是古阿卡德的一种文本类型，该类型的文本罗列的是辟邪、祈福仪式和咒语。——译者注

[2] 笔者想感谢乔·安·斯克洛克（Jo Ann Scurlock）为我们提供了有关美索不达米亚守夜人的文献；感谢格伦·施瓦茨（Glenn Schwartz）为我们的初稿提供了反馈意见。要感谢南希·贡琳在奥兰多线上偶遇后征集了这一章。笔者还要感谢梅根·斯特朗（Megan Strong）的支持和有益建议。本章中的一些观点最初形成于保罗·德尔内罗（Paul Delnero）主持的一场关于阿卡德文学文本的研究生研讨会上。

[3] 引自安德鲁·乔治翻译的巴比伦诗歌《伊拉和伊苏姆》"Erra and Išum"，该作品最早见于新亚述诸版本（George，2013）。

[4] 美索不达米亚不是一个主体概念，因为它是个希腊化称谓，意为两河之间的土地。这一文化概念具有欺骗性，因为它包含了在长达3000多年中沿河而居，生活在如今伊拉克、叙利亚和土耳其境内的许多民族。尽管如此，文化连续性的有力证据和某些传统习俗的存留是将这些民族和传统放在一起考虑的理由。

征,但这些时期在历史编年上却有部分重叠(表3-1)。

在本章中,我认为夜晚是危险的边缘时间,不同种类的敌人威胁着人们的睡眠安宁。这些威胁的形式包括敌人入侵、鬼魂和女巫。除了人工建筑,美索不达米亚的想象世界——神话王国、女巫传说和鬼故事——能对一个区域与集体记忆的形成,以及"夜晚"的社会建构提供重要启示。此外,美索不达米亚人还设计了各种应对危险的方法和面对恐怖的技巧,从烽火网络到带有辟邪性质的夜间仪式,不一而足。本章所描述的各种策略是古代美索不达米亚人所表达的对于不可知未来的掌控力——黑暗正象征着不可知的未来。

表3-1 文中提到的考古和历史时期

考古时期	年代	历史相关事件
青铜器时代早期(EBA)	公元前3100—公元前2100年	苏美尔城邦(包括乌玛王国[Umma]和拉伽什[Lagash])
青铜器时代中期(MBA)	公元前2100—公元前1600年	古巴比伦城邦(包括玛里[Mari])
青铜器时代晚期(LBA)	公元前1600—公元前1200年	中亚述时期
铁器时代早期(EI)	公元前1200—公元前800年	乌拉尔图(Urartian)和新亚述城邦的兴起

将观念景观与我们称之为"真实"或"建构"的景观放在一起考虑,对理解多层次的、社会建构的景观具有启发意义。伯纳德·克纳普(Bernard Knapp)和温迪·阿什莫尔(Wendy Ashmore)(1999)在其极具影响力的专题论文中提供了一个有用的分析框架,该论文宣告了后现代景观考古学的到来。具体来说,他们界定了3个研究领域:建构的、概念化的和观念的。建构景观是经过长期改造的人类景观,它反映了社会的信仰体系。下文将要描述的烽火台灯光景观就是建构景观的案例,它们的出现源于人们的安全焦虑,且完全为人工建造。概念化景观主要是指未经改造的自然景观,人类在其上投射了信仰体系,这些信仰体系通常比较复杂。美索不达米亚人往往在夜晚焦虑地注视着天空,以寻找未来的预兆。到了新亚述帝国时期(公元前9世纪—公元前7世纪),占星术在王室的地位达到了新高度。书信资料显示,学者们痴迷地端详着夜空,并将观察结果书写报告呈

给国王（Monroe 2019）。本章的背景，即美索不达米亚的夜空就是第二类景观的绝佳例子。第三类景观，也是最后一类，即观念景观，指主要存在于人类头脑中的概念性景观。观念夜景的例子可以在文学作品中找到，它们以阴间和鬼故事的形式存在，本章也将呈现这些例子。

建构出来的黑夜

战争威胁是美索不达米亚早期城邦居民长期面临的风险。对未来不确定性的恐惧必然制约着这些早期城市居民的生活体验。常年存在的恐惧之一就是战争或者围城之困，这在世界上最古老的叙事文本及城市挽歌中就有反映。已知世界上最早的历史叙事文本（约公元前2450年）就是在战争之中诞生的。各种物品上的铭文描述了拉伽什城邦统治者安纳图姆（Eannatum）与来自乌玛的敌人争夺一块被称为古埃德纳的农田。[1] 其中一座被称为秃鹫石碑的刻有铭文的纪念碑，以图画的形式描绘了文本中叙述的事件，石刻秃鹫的喙叼住敌人被砍下的头颅，翱翔在战场上空的画面令人难忘。虽然这些作品在当时是具有高度感染力的国家宣传品，但我们仍然可以从中获取到历史信息（George 2013）。文本中还描述了将死者堆放到乱葬坑中的做法，这种举动可能是额外的羞辱或亵渎，因为没有举行常规的丧葬仪式和祭品供奉。可以说，偏离常规的丧葬习俗（Richardson 2007）会让个体来世也不得安宁，下文将对此进行更加详细的讨论。

早期的城市居民创造了各种技术来应对生活中的灾难，烽火信号就是其中之一，这种做法能在危险的时刻照亮黑夜（Earley-Spadoni，2015a，2015b）（见第9章）。古代近东最早的烽火传信的历史和考古证据来自青铜器时代中期的叙利亚，

---

[1] 这个故事是有据可查的，故事用苏美尔语铭刻在古城吉尔苏（Girsu）发掘出的石器和黏土器物（Cooper，1986），如La 1.6、La 2.1、La 3.1、La 3.5、La 3.6、La 4.2、La 5.1、La 9.1、La 9.2、La 9.3、La 9.4、La 9.5。

约公元前1800年。玛里王宫的书信档案记录了国家统治者及其官员的事务。[1]王宫档案中还发现了数十封与烽火台有关的信件（Dossin 1938），其中有几封值得详述。在一封信中，高级官员班纳姆（Bannum）写信给国王说，他从玛里出发，向北旅行时，在特尔恰城（Terqa）附近看到亚米尼特人（Yaminites）的城镇正逐个点燃烽火[2]（Dossin 1938，178）。他并不知道点燃烽火的原因，但他许诺会再写信提供更多的细节。同时，他建议增强防御，这说明烽火具有警示系统的作用。在另一封信中，一位公职人员就燃烧烽火让国王担忧而道歉，并解释说亚米尼特人仍然处于叛乱之中。然而在另外一封上书给国王特尔恰的信里说附近一场袭击就要爆发，萨米塔将军已经在该地集结了部队，以应对任何可能出现的袭击。写信人对国王保证，虽然写信时并不知道烽火何时会被点燃，但是一旦烽火在事发地燃起，他会在第一时间进行救援。在另一封信中，一位叫作津德里亚（Zindria）的人回复了国王对烽火信号含糊不清的抱怨。津德里亚写道，为了避免出现混乱，今后只有在看到两处而非一处烽火点燃时，他才会召集部队，并向其他驻军发出信号。这表明烽火传信在当时是个不完善的系统，并且信号的含义可以根据情形事先商定。最后，如果综合考量这些公务信件，就可以看出部队集结是对点燃烽火的常规反应。值得注意的是，在所有情况下，点燃火焰都意味着危险降临，但点燃烽火是为了从远方寻求援助。

对叙利亚青铜时代中期遗址的考古调查也表明，这些烽火地点的布置是刻意为之，方便相互可见。"叙利亚北部干旱边缘项目"（Rousset et al. 2017）对叙利亚西部100多个青铜时代中期的遗址进行了编目，以便对这一时期防御网络建设的可见性增强进行调查。项目记录了一个多层级的区域防御网络，其中包括要塞、堡垒、大塔楼、小塔楼和构筑了防御工事的村落。其结论是，在研究的目标区域

---

1 玛里，即现在的泰勒哈里里（Tell Hariri），是幼发拉底河中游地区第二个千年早期的一个重要国家；有关摘要和其他参考书目，请参见（Akkermans and Schwartz, 2003, 313–317）。经过数十年的研究，且主要是在法国项目"Archives Royal de Mari（ARM）"（"玛里皇家档案馆"）的支持下，《玛里书信》得以出版。

2 齐姆里-利姆（Zimri-Lim）在位期间的许多年份里都爆发了亚米尼特起义（Heimpel, 2003）。

3 美索不达米亚夜晚的危机：减轻城市中心地带的险情

内，有规律的间距和通视性是建筑布局的关键因素。建筑间固定的间距（约20千米）不仅确保了沿路旅行者的安全，还能提供良好的能见度和通视性，这使夜间传递烽火信号成为可能，比如所描述的玛里烽火系统就是这样。民族志研究表明，天气良好的情况下，一座小型烽火台的可见距离是50千米。[1]除了青铜时代中期的叙利亚，在黎凡特（Levantine）遗址中，有大量文字和考古证据表明该地区有使用瞭望台和有意为之且可以通视的建筑设施（Burke 2007），这表明这种做法在公元前2000年早期之前就已普遍存在，领先于青铜时代。在米诺斯克里特岛工作的考古学家们（Panagiotakis et al.2013）记录了一个比玛里档案文献稍晚的视觉通信系统，他们发掘了一个叫作索罗伊（soroi）的可互见系统，其中包含信号燃料堆，可作为大型的独立烟火装置。

美索不达米亚文字资料中描述最为生动的烽火台实例之一来自萨尔贡二世（Sargon II）的"第八次战役"，该战役的传统断代为公元前714年。这篇复杂的文学作品描述了新亚述军队深入敌国领土（今伊朗境内）与劲敌乌拉尔图遭遇的过程。到达乌尔米亚湖（Lake Urmia）附近的桑吉布特地区（Sangibute）后，亚述人试图与乌拉尔图人交战，但没有成功：

> 为了防范该地区的敌人（？），他们在山峰上修建了塔楼，并提供了［发信号用的木柴］。当他们看到（250）篝火燃起，预示着敌人的来临，［为此］火把日夜［就位（？）］，宣告［　］，他们恐惧我那摧枯拉朽的攻击，从未有过如此的攻击，恐怖在他们中间蔓延，他们惊［恐万状难以抗衡］。都无暇一瞥自己无数的财产，他们放弃了强大的堡垒，消失了。（Foster 2005，804）。

除了描述乌拉尔图精细而有效的烽火系统外，这段文字还暗示了烟雾信号的

---

[1] 考古学家在墨西哥帕奎梅（Paquimé）对可视性进行研究时，尚能从42千米开外看见一棵燃烧的丝兰植物（Swanson 2003，754-755，759）。美国西南部的一个系统中，其中继站点之间的距离超过了72千米（Ellis，1991）。

使用，因为燃料的储备（可能湿柴和干柴都有）是为了不分日夜随时使用的。烽火台是夜间使用的系统，而烟雾信号则可以在白天使用。

　　考古证据证实了亚述资料中关于乌拉尔图烽火通信能力的说法。亚美尼亚塞凡湖（Lake Sevan）附近，公元前1000年早期的铁器时代早期遗址（EI）和乌拉尔图聚落区呈现出为了实现通视而有意规划的布局（Earley-Spadoni，2015b）。在亚美尼亚塞凡湖以南也观察到了密集的通视性遗址网络，该网络一直是地理信息系统（GIS）和社会网络分析研究的对象（Earley-Spadoni，2015b）。在铁器时代早期和随后的乌拉尔图人吞并期间，密集的遗址相互连接形成了刻意为之且显得冗余的网络，这意味着即便一个信号装置出现故障，信息仍然可以传递出去。上述网络折射出现代电信网络也同样存在的不同层面的冗余现象。研究中使用的统计验证方法表明，要塞和堡垒网络并不是国家有机发展的结果。相反，这些遗址是作为一个综合、刻意的通信系统而建造的，它需要该地区的古代居民之间进行通力合作。例如，有些遗址充当中继站的作用，即作为中间站点将其他遗址发出的信号转发出去。

　　除了亚美尼亚，还有大量证据表明防御工事遗址之间存在通视性，如伊朗，特别是乌尔米亚湖以西的平原上，那里独立的塔楼在遗址内部的通信网络中发挥着关键作用。在伊朗进行的地区调查中发现了各种独立瞭望塔的例子，如调查人员发现的查拉特加瞭望塔（Qalatgah Gipfelkastel），它位于规模可观的查拉特加堡垒上方约350米处，一条蜿蜒小路的顶端（Kleiss and Kroll 1977，71）。这座建筑能够俯瞰下方的平原，而堡垒本身却不大容易被发现。那座20米见方的瞭望塔是一个辅助设施，主要功能是侦察功能，并在视觉上将查拉特加堡垒与其周边诸如哈桑鲁（Hasanlu）和耶地亚要塞（Yediar）这样的地方连接起来（图3-1）。沃尔夫拉姆·克莱斯（Wolfram Kleiss）注意到了瞭望塔在地区视觉通信网络中可能扮演的角色，他认为该遗址可能是一座兼具烽火和烟雾信号发送功能的优良中继站。伊朗主要的乌拉尔图要塞巴斯塔姆（Bastam）（1979，1988）也有信号塔的记载；而在古代近东地区的其他铁器时代遗址中，肯定也有瞭望塔存在（Edwards，2020）。

3 美索不达米亚夜晚的危机：减轻城市中心地带的险情

总之，烽火传信广泛用于美索不达米亚的夜晚。可以说，烽火台传递信号是一种社会性的集体活动，人们试图通过这种活动在不可预知的世界中获得一些微薄的力量。塔楼、堡垒和烽火台，虽然坐落在城市之外，却有助于保卫城市居民的安全，并成为安保基础设施的一部分。烽火台属于达里尔·威尔金森的"信号基础设施"（Wilkinson 2019），我们在第1章中曾有讨论。本节中，我讨论了古代美索不达米亚人是如何在黑暗中发出危险警告的，但是，接下来我将对历史和考古证据进行分析，以了解对于古代美索不达米亚人来说"黑夜"究竟代表着什么。

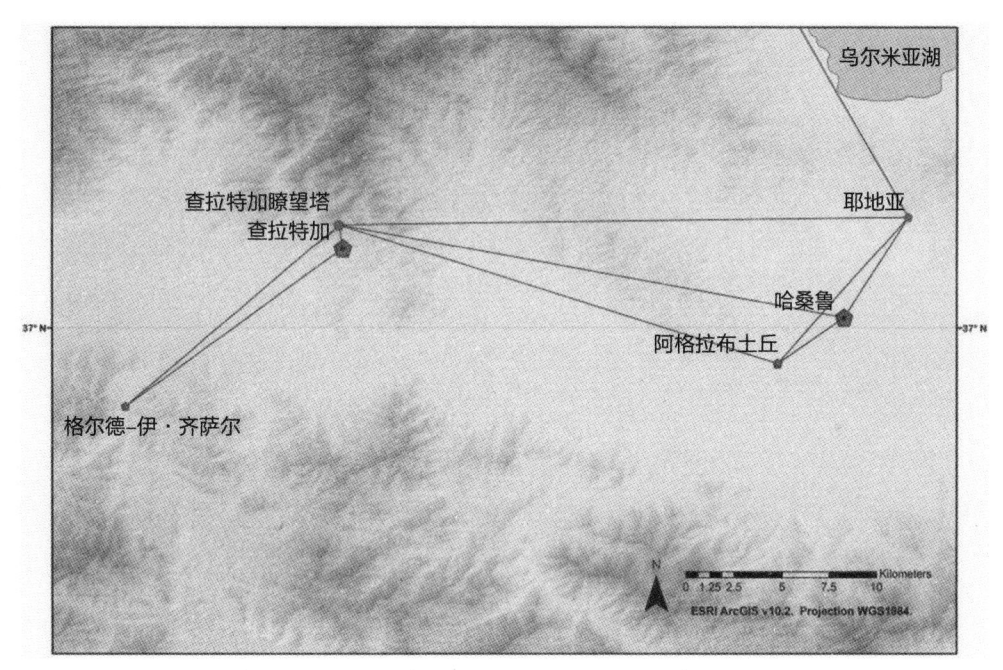

图3-1　以查拉特加瞭望塔为观察点的地区通视性。地图来源：Tiffany Early-Spadoni

观念之夜

咒语。我召唤你，夜神，
　　与你一起，我召唤黑夜，那蒙面的新娘，

59

古文明之夜

> 我也曾召唤那些值守黄昏、午夜和黎明的守夜人。
>
> 因为一个巫婆迷惑了我
>
> 一个狡诈的女人告发了我
>
> 致使我的神和女神离我而去。
>
> 我让看到我的人感到不悦,
>
> 我因你痛苦不堪,日夜失眠。
>
> 他们用昏迷填满了我的嘴,
>
> 致使食物远离了我的嘴
>
> 我的口水也日渐稀少
>
> 我的欢歌变成了哭泣,我的欢喜变成了哀痛。
>
> 请站在我身边,伟大的诸神,请倾听我的诉说。
>
> 审判我吧,给我一个裁决!
>
> 我为我的巫师和女巫做了个小雕像,
>
> 为我的术士和巫婆
>
> 我把他们放在你们脚下,现在我恳求你们:
>
> 因为她们行为邪恶、垂涎那些不虔诚的东西
>
> 我祈求她死,但我要活着!
>
> ——《玛琪鲁 第一块碑石》(Maqlû I),夜间反巫术仪式
>
> (相关讨论及完整译文,请参见Abusch 2015)

要理解美索不达米亚之夜,我承认,必须对多条线索进行分析。美索不达米亚人的想象世界——神话世界、女巫故事和鬼故事——让我们对曾经的、现在的地域和集体记忆有了关键性的理解。那些描述有助于我们理解"夜"的社会建构,因此,下文将对此加以讨论。这些例子为我们提供了一个难得的机会,在思考建构景观的同时,也将观念景观考虑在内。

人类学对鬼魂侵扰的研究可以为讨论美索不达米亚的鬼魂和女巫提供更深入的空间。鬼魂与社会创伤的概念有关,从人类学或社会学的角度来看,鬼魂代

3　美索不达米亚夜晚的危机：减轻城市中心地带的险情

表着拒绝忘记过去的罪过，并能为社会中的底层人发声（González-Tennant 2018; Surface-Evans and Jones 2020）。因此，鬼魂和鬼故事作为一种历史记忆，能够回溯那些颠覆性的叙事。艾弗里·戈登（Avery Gordon）关于闹鬼的研究适用于本章提出的论点。戈登断言，将鬼魂作为前现代人和现代人基本信仰体系的一部分加以考虑，可以改变我们的认识论和本体论，即同时改变我们的认知方式和认知内容（2008，27，64）。换句话说，对鬼魂、魔鬼和女巫的信仰不应该因为我们自己不相信而被忽视。

同时，我在分析鬼魂与巫师时，并无意暗示"古代"与"现代"之间存在有意义的断裂。来自不同子领域的历史学家对一种存在已久的社会学观点提出了独立的质疑，这种观点认为现代性的特点是"祛魅"（reviewed in Saler 2006），即现代性已经有效地净化了魔鬼、幽灵和巫师。这种观点忽视了人类经验和其他知识形式的多重性和多面性（Surface-Evans and Jones 2020）。鬼魂、闹鬼还有附身是人们（无论古今）体验不同场所的基本方式，这一观点与学者们对社会建构场所的兴趣产生了共鸣（Tuan，1977，1979）。

了解美索不达米亚的地府伊尔卡拉（Irkalla），对于理解古人如何通过社会方式构建夜晚景观至关重要。可以说，美索不达米亚的宇宙是围绕两极组织起来的：一个是安努（Anu）的天庭，另一个是埃列什基伽勒（Ereshkigal）的地府。一个是光明之地，另一个是黑暗之所。阴间，在普遍的理解中是光明无法进入的领域，写作"bīt eklēti"，即黑暗之屋（Thavapalan 2020，106）。美索不达米亚人的来世并不是一个遍地饰有黄金或永远快乐的天堂，相反，他们对来世的描绘各异，从平淡无奇到令人厌恶，落差悬殊。美索不达米亚的文学文本描述了但丁式的阴间之旅或下沉之旅。来自10世纪时期萨尔坦（Sultantepe）遗址的一篇文字"内尔伽勒和埃列什基伽勒"（Nergal and Ereshkigal）（STT 289）描写了阴间的囚犯erṣet lā tāri（像鸟一样的幽灵）居住在永恒的黑夜中，像鸽子一样呻吟，靠吃灰尘维持生命。从文字中我们可以了解到，这段艰苦的旅程包括：穿越恶魔无处不在的大草原，跨越哈布尔（Khubur）河，再通过7个同心门，而每个门都由不同的恶魔把守（Scurlock，1995，1886）。人们认为部分灵魂会前往地府（即黑夜之

61

地），有时逝去的灵魂（即鬼魂）可能还会回来搅扰活人的领地。

美索不达米亚文本为我们理解古人对鬼魂（黑夜国度的居民）的信仰提供了珍贵的解释框架。从历史资料来看，超自然力量让美索不达米亚的夜晚颇不安宁，其中包括我们可能称之为鬼魂或魔鬼的灵魂。阿卡德语中的zāqīqu指的是人类灵魂的一部分，夜间做梦时它会离开身体。事实上，在荒废已久的寺庙或聚落的土丘上，微风扬起的尘埃会被认为是残留的zāqīqu（Scurlock 2016，78）。当然，逝去的人类灵魂还有其他组成部分，eṭemmu一词来自阿卡德语，在英语中可大致可以翻译为ghost（鬼魂）（Abusch 1995）。除此以外还有其他幽灵似的存在，例如相对温和的zāqīqu。这里所描述的两种灵魂当中，eṭemmu是最具危险性的，古美索不达米亚人创造了各种方法来对付这些害人的魔鬼。

鬼魂可以被活人安全地送进阴间，但倘若不能提供他们所需要的东西——像样的埋葬、哀悼或入殓仪式，鬼魂就会变得难以控制。[1]几乎没有迹象表明，在亡灵之地，对活人有任何类似埃及《亡灵书》所载的称心审判[2]式的终极道德审判（Cooper 1992）。相反，生者的行为决定一切。正式的哀悼是生者送别死者并构建集体记忆的重要方式。悼念者会唱起挽歌，撕破他们的衣服，摒弃一切华服只穿麻布；有时会使用职业悼亡者以营造出更加令人印象深刻的聚众场面（Scurlock 1995，1885）。随葬品是生者为逝者的旅程提供必需品的另一种方式。在考古实践中，将珠宝、武器和其他形式的方便携带的财物放入地位高贵的人墓中随葬的

---

[1] 生者对死者的责任从未停止。一个人在来世的状况取决于是否不断提供殡葬祭品，这一思想在苏美尔文学作品《吉尔伽美什、恩奇都和阴间》（*Gilgamesh, Enkidu and the Nether World*）（2001）中有所反映。无人照顾的鬼魂过着穷困潦倒的生活，而有很多儿子提供祭品的人则坐在椅子上聆听诸神的审判。美索不达米亚某些地区，在有人居住的住房地板底下或官殿下面进行壁葬是很常见的，这使祖先和活人之间建立了密切的联系（Cooper 1992，23）。可以想象，这种近距离的埋葬另有图谋，即不激怒死者。在某些情况下，人世间尚未完成的事情可能会导致恶鬼的出现，比如那些死于暴力、不幸或早夭的无助个体，这几乎是美索不达米亚鬼故事里的普遍主题。

[2] 据埃及考古文献，人死后灵魂会受到审判，死者生前一切善行、恶行的总和都由他的心脏来代表，审判的时候使用"神圣正义"天平，天平的两端分别是正义真理女神玛特（Maat）的羽毛和死者的心脏。——译者注

3　美索不达米亚夜晚的危机：减轻城市中心地带的险情

情况十分常见（Porter and Boutin 2014），世界上大多数地方都是如此。然而，这些财富大抵是如何满足死者未来的需求的？美索不达米亚的文献为解答这个疑问带来了一线光明。如《伊什塔尔的后裔》（*The Descent of Ishtar*）（Lapinkivi 2010）中的描述，用珠宝买通守门的魔鬼，就能方便地通行阴间的各个阶段。当然，随葬品同时也象征着社会地位和身份。

不安分的鬼魂被普遍认为是导致严重疾病的因素，以至于所有文献都在致力于研究如何治疗鬼魂引发的疾病（Scurlock 2006）。在美索不达米亚，疾病被认为是邪恶力量的显现，这些力量包括怒神、魔鬼、术士和女巫、鬼魂以及天文现象。因此，负责通过驱魔（āšipu/mašmaššu）进行治疗的官员和通过使用药物（asû）等其他方法进行治疗的人员必须首先确认降临到病人头上的是哪种形式的邪恶力量，然后再决定如何用最好的方法帮助病人（Van Buylaere et al.2018）。据了解，驱除或化解恶鬼的方法多种多样，[1]尤其当恶鬼引发疾病时。这些方法包括打魔法结、制作药膏，以及将鬼烧死或埋在雕像中，这些活动可能会留下相关的物质证据（Scurlock 2006）。一些文字证据表明，规范之外的埋葬习俗可能会化解鬼魂的魔力，例如亚述诸王声称，[2]他们将傲慢的亚述敌人扔进了墓坑，这样一来，国王们就认定那些墓坑里的敌人会变成相对无害的zāqīqu（与更加险恶的eṭemmu相比而言）。

历史资料表明，夜晚是与鬼魂沟通和对抗的有力及有效时间，人们相信鬼魂通常居住在伊尔卡拉，即黑暗之地。医学文献描述了类似夜惊和噩梦等由鬼魂导致的各种可能症状。作为处方，某些对抗鬼魂的仪式被安排在日落时进行，此时人世和地府之间的屏障据说更容易被渗透（Scurlock 2006，18–21）。美索不达米亚夜间举行的"基斯普"仪式也是为了安抚和化解潜在有害鬼魂而举行的仪式（Tsukimoto，2010），此外向祖先供奉食物还具有其他的社会效益。文献显示，

---

[1] 和症状一样，治疗方法可以反映出人们认为是什么类别的魔鬼或者鬼魂在折磨病人。

[2] 参见《芝加哥亚述词典》（Chicago Assyrian Dictionary）（1961）中关于中亚述和新亚述时期"zāqīqu"条目的各种参考资料，也可参见理查森（Richardson）（2007）对此类说法的细微解读。

每月一次的"基斯普"（灵前供奉）的时间是由月相周期决定的，专门选在朔日的黑暗中（参见第6章有关月相和古典玛雅时期王权的信息）。墓前仪式在一个名为"bīt kispi"的特殊建筑中举行，人们在那里给祖先供奉食物（Cooper 1992，29; Bottero 2000，282）。为了顺利完成这个夜间仪式，必须用火把和灯来照明。在阿布月（7月／8月）举行的基斯普仪式更加复杂，因为这是一段临界时间，在此期间灵魂可以出行，亡灵可以回到人间（有关埃及亡灵祭祀活动，参见第2章）。用河上漂浮的小船将鬼魂送回阴间是其他节日的高潮（Scurlock 1995，1889）。不难想象，这种盛景是在夜晚或日落时分呈现的，其特色是那一艘艘用火把或灯光照亮的船只。当然，一些对抗鬼魂的药物，如药膏和汤药，可能是出于医疗原因一大早就被开出（Scurlock 2006，21），因为一些由鬼魂引发的疾病在白天和黑夜都会出现症状。

叙利亚的乌姆埃尔-马拉（Umm el-Marra）和卡特纳（Qatna）等遗址的考古证据显示出以祭祀祖先为中心的厚葬现象（Novák 2008; Schwartz 2012，2013），这些仪式可能在夜间进行。乌姆埃尔-马拉遗址的发掘揭示了一个由精英阶层墓葬和动物墓葬组成的青铜器时代早期墓葬群，以及一个青铜器时代早期的祭祀平台和竖井，里面有祭祀用的人类和动物尸骸。发掘者解释说，这些特征是集体埋葬和祖先崇拜的证据。与此同时，卡特纳遗址中青铜时代的遗存，包括其王室地下墓穴，证明集体埋葬与个人埋葬的悠久历史，与伊拉克南部更远地区的遗址相比，这一特征在叙利亚遗址中表现得更加突出。虽然如此，根据目前掌握的证据，也很难完全重建那些考古遗存所反映的确切仪式，最多只能了解这些仪式是否在夜间进行。考虑到在更广泛的文化背景下夜晚与停尸仪式的联系，我们很容易想象这些仪式就是在夜间进行的。

3 美索不达米亚夜晚的危机：减轻城市中心地带的险情

巫师潜伏在美索不达米亚的夜晚。[1]鬼魂并不总主动攻击人，只是有时会受到巫师的煽动。巫师采取的典型攻击方式可能是派遣魔鬼或鬼魂侵袭病人。巫师可以是人类或非人类（Schwemer, 2018），可以是男性或女性。虽然有一些证据表明美索不达米亚人主要使用巫术或"攻击性魔法"（Mertens-Wagschal, 2018），但反巫术仪式的证据反倒相对更多，主要是驱魔巫师所主持的驱魔仪式，他们的职责范围包括治疗行为（Scurlock, 2006）。还有一些石碑（如玛琪鲁）也保存了举行过反巫术仪式的证据（Abusch, 2015），但这种形式的佐证相对罕见。因此，这些文本说明了当时存在对巫术的信仰，也证明了存在针对鬼魂和巫师进行防御的魔法实践。

与对付鬼魂一样，人们也可以在夜间成功地对付巫师。本节开头引用的"玛琪鲁"是"焚烧"的意思，它是公元前10世纪早期一部主题单一、篇幅冗长的反巫术仪式汇编（Abusch, 2015）。该仪式并非向以安努为首的天空之神祈求，而是向由埃列什基伽勒率领的夜神祈求。玛琪鲁由8块咒语碑和第9块仪式碑组成。该仪式持续一整夜，在次日黎明时分达到高潮。与基斯普仪式一样，这种夜间仪式也必须使用火把和灯具来照明，以便顺利宣读和表演碑文上所记录的仪式。仪式的目的是削弱女巫的力量，然后再处决她的雕像。其他已知的驱鬼仪式需要埋葬画像（Scurlock, 1995, 2006），玛琪鲁却不同，必须将巫师的画像烧毁。与一年一次，更为复杂的基斯普仪式一样，玛琪鲁也是在阿布月的末尾举行，人们认为这是灵魂在地府和凡间往来穿行的临界时刻。举行巫术仪式是为了净化痛苦不堪的个体或众人，并驱除巫师的力量。玛琪鲁是夜间仪式，这表明夜间是对抗邪恶力量的有力、有效时间；焚烧巫师的画像一定是该仪式的真正亮点。

---

1 在美索不达米亚的法律诉讼中，对巫术的指控虽然证据确凿，但似乎并不十分常见，然而它们的偶尔出现值得我们加以评论。可以通过"河上考验"（一种水上审判）来判断巫师是有罪或是清白的（McCarter 1973）。不过，如果被判无罪，控告者则可能会因此受惩。惩罚指控者的司法特征似乎是为了压制虚假或狂热的指控巫术行为，正如我们所知晓的美国殖民时期的那些指控行为。

古文明之夜

讨论和结论

虽然不确定性是人类需要面对的普遍现象，但人们会以特定的文化方式来对待它。本章所讨论的美索不达米亚各民族把未来视作不小的恐惧，但他们也创造了一些技巧（有些是驱邪技巧）来应对他们的焦虑。

文献提到的夜之国度伊尔卡拉为我们提供了稀有的机会，让我们得以探索美索不达米亚式的夜间想象的世界这一观念景观。在这里，我们遇到了一个阈限[1]空间，一个以颠倒的社会为典型特征的世界。对阴间的文学描述表明，阴间是现实世界的对立面。那是一个绝对黑暗的地方，那里的人们吃着灰尘而不是面包。国王们侍奉阴间的诸神，而不再被别人侍奉。伊尔卡拉的统治者是女王埃列什基伽勒，而不是安努。阴间是一处永夜和边缘之地，那里的鸟形居民能强调这一事实，这或许可以解释死者是如何逃脱众多的捕获者，偶尔回到活人世界的。作为一种可以轻快地穿梭来去的生物，鸟类体现了"阈限性"这一概念。夜之国度是我们这个世界的对立面，人们为它感到惶恐不安。

理解美索不达米亚之"夜"的象征意义，能帮助我们理解和解释古人是如何看待他们所建造的景观的，或者更具体地说，烽火台系统远不止是战争需要。可以说，在黑夜的背景下，烽火台明亮的火焰象征着安全和文明，这一点将在下文详细阐述。烽火台装置并不是孤立存在的，它们必须融入大型区域系统才能发挥效用。因此，它们成了集体、地区身份的象征。在美索不达米亚的历史时空中，烽火台分布广泛，由人们合作建造，反映出战争引发的即时焦虑，以及弥散到黑夜所代表的对未来的焦虑。在这种环境下，火是胆识的象征，是对群体有能力克服未来挑战的一种宣示。

---

1 阈限最早广泛应用于心理学和人文社会科学研究。阈限（liminality）一词源自拉丁文"limen"（英语threshold，意思是极限）。阈限性是文化人类学中的一个概念，指一种社会文化结构向待建立的社会文化结构过渡间的模棱两可的状态或过程，是文化杂合的空间。——译者注

3　美索不达米亚夜晚的危机：减轻城市中心地带的险情

回到戈登关于鬼魂作祟的见解，美索不达米亚人的"黑夜"概念中，对鬼魂和巫师的古老信仰是其重要的组成部分，与他们居住的社会建构场所密不可分（2008）。这种观念下的信仰模式至关重要，因为它关注的是人与场所产生的负面能量，甚至是想象中的超自然力量（Surface-Evans and Jones，2020）。事实上，亚述人也有类似的世界观，他们将被遗弃和损毁的寺庙视作有过去的鬼魂出没滋扰的地方。同样，能理解空间在社会意义上转化为特定场所的方式也是一个有价值的视角（Bell，1997），而这个视角必须考虑到作祟行为和附身物。鬼魂和巫师是既往民族集体记忆的体现，也是社会焦虑转化成的恐慌具现。虽然鬼魂可能是不具形体的，但它们并非不可捉摸，经由古美索不达米亚人的信仰体系，它们成为能施事的力量。

虽然美索不达米亚的夜晚是恐怖肆虐的所在，但与超自然力量的沟通尝试却越来越多。古人不仅感知到了危险，也感受到了墨蓝夜色中存在的可能性。人们用火把和灯火，在朔日最黑暗的夜晚对抗并消灭各种敌人：鬼魂、魔鬼、巫师或军事上的敌人。烽火是有形世界传递危险的手段，而在前面描述过的辟邪仪式中，火可以用来与灵魂、魔鬼和鬼魂沟通。值得注意的是，面对上文讲述的这些超自然力量，人们并没有走向绝望，而是寻求各种各样的补救办法，如使用烽火台，召唤出保护力量，举行魔法仪式以重新获得黑夜的控制权等。因此，火被以不止一种方式用于各种不同领域的交流，既有物理上的，也有心理上的。

我之前提出过，基斯普和玛琪鲁这样的夜间仪式是人们试图重新掌控不可预知和边缘事物的方式，这些事物在他们的信仰体系中由"黑夜"象征性地代表着。为了与另一种辟邪仪式进行比较，非常值得考虑一下美索不达米亚的城市挽歌。从根本上说，这些音乐作品哀悼的是古代城市的毁灭。然而，保罗·德尔内罗（Paul Delnero，2020）认为，苏美尔人的挽歌远不只是音乐上的悼亡之歌，它们是一种用于防止灾难再次发生的可实施性仪式。这些仪式表演是人们在一个不确定的世界中表达支配力的方式，他们竭力防止自己的城市遭到破坏。古代美索不达米亚人吟唱这些赞美诗，举行相关仪式，不仅仅是为了哀叹残酷的命运，也是为了重新掌握自己的命运。像玛琪鲁和基斯普这样的仪式，还有烽火台网络的大范围建造，都可以用同样的方式来解读。他们的表演不仅反映了社会焦虑，还能起到转移邪恶影响的作用。

最后，我要说回到守夜人的形象，他们身为官员，保护着古代城市中熟睡的居民免受灾难。象征着危险和未知的夜晚，也是古代美索不达米亚城市居民面对恐惧的时刻，他们在夜晚以特定且具有历史偶然性的方式面对这些恐惧，以重新获得对自己命运的掌控感。

参考文献

[1] Abusch, Tzvi. 1995. "Etemmu." In *Dictionary of Deities and Demons in the Bible*, edited by Karel van der Toorn, Bob Becking, and Pieter W. van der Horst, 309–312. Leiden, Netherlands: Brill.

[2] Abusch, Tzvi. 2015. *The Witchcraft Series Maqlû*. Atlanta: SBL Press.

[3] Akkermans, Peter M. M. G., and Glenn M. Schwartz. 2003. *The Archaeology of Syria: From Complex Hunter-Gatherers to Early Urban Societies (ca. 16,000–300 BC)*. Cambridge: Cambridge University Press.

[4] *The Assyrian Dictionary of the Oriental Institute of the University of Chicago*. 1961. Volume 21, Z. Chicago: The Oriental Institute at the University of Chicago.

[5] Bell, Michael Mayerfeld. 1997. "The Ghosts of Place." *Theory and Society* 26 (6): 813–836.

[6] Bottero, Jean. 2000. *Mesopotamia: Writing, Reasoning, and the Gods*. Chicago: University of Chicago Press.

[7] Burke, Aaron A. 2007. " 'Magdalūma, Migdālîm, Magdoloi', and 'Majādīl': The Historical Geography and Archaeology of the 'Magdalu (Migdāl).'" *Bulletin of the American Schools of Oriental Research* 346: 29–57.

[8] Caplice, Richard. 1971. "Namburbi Texts in the British Museum V." *Orientalia NS* 40: 133–183.

[9] Cooper, Jerrold S. 1986. *Presargonic Inscriptions: Sumerian and Akkadian Royal Inscriptions I*. New Haven, CT: American Oriental Society.

[10] Cooper, Jerrold S. 1992. "The Fate of Mankind: Death and Afterlife in Ancient

Mesopotamia." In *Death and Afterlife: Perspectives of World Religions*, edited by Hiroshi Obayashi, 19–33. Westport, CT: Greenwood Press.

[11] Delnero, Paul. 2020. *How to Do Things with Tears: Ritual Lamenting in Ancient Mesopotamia*. Berlin: De Gruyter.

[12] Dossin, G. 1938. "Signaux lumineux au pays de Mari." *Revue d'Assyriologie et d'Archéologie Orientale* 35 (3/4): 174–186.

[13] Earley-Spadoni, Tiffany. 2015a. "Envisioning Landscapes of Warfare: A Multiregional Analysis of Early Iron Fortress-States and Biainili-Urartu." PhD diss., Johns Hopkins University, Baltimore.

[14] Earley-Spadoni, Tiffany. 2015b. "Landscapes of Warfare: Intervisibility Analysis of Early Iron and Urartian Fire Beacon Stations (Armenia)." *Journal of Archaeological Science: Reports* 3: 22–30.

[15] Edwards, Steven. 2020. "On the Lookout: Directional Visibility Cones and Defense in the Nebo Region, West-Central Jordan." *Open Archaeology* 6 (1): 2–18.

[16] Ellis, Andrea. 1991. "Towers of the Gallina Area and Greater Southwest." In *Puebloan Past and Present: Papers in Honor of Stewart Peckham*, edited by Meliha S. Duran and David T. Kirkpatrick, 57–70. Albuquerque: Archaeological Society of New Mexico.

[17] Foster, Benjamin R. 2005. *Before the Muses: An Anthology of Akkadian Literature*. 3rd ed. Bethesda: University Press of Maryland.

[18] George, Andrew R. 2003. *The Babylonian Gilgamesh Epic: Introduction, Critical Edition, and Cuneiform Texts*. Vol. 1. Oxford: Oxford University Press.

[19] George, Andrew R. 2013. "The Poem of Erra and Ishum: A Babylonian Poet's View of War." In *Warfare and Poetry in the Middle East*, edited by Hugh N. Kennedy, 39–71. London: IB Tauris.

[20] George, Andrew R. 2015. "The Gods Išum and Ḫendursanga: Night Watchmen and Street-Lighting in Babylonia." *Journal of Near Eastern Studies* 74 (1): 1–8.

[21] "Gilgamesh, Enkidu and the Nether World: Translation." 2001. The Electronic Text Corpus of Sumerian Literature. https://etcsl.orinst.ox.ac.uk/section1/tr1814.htm. Revised September 7, 2001.

[22] González-Tennant, Edward. 2018. *The Rosewood Massacre: An Archaeology and History*

of Intersectional Violence. Gainesville: University Press of Florida.

[23] Gordon, Avery F. 2008. *Ghostly Matters: Haunting and the Sociological Imagination*. Minneapolis: University of Minnesota.

[24] Heimpel, W. 2003. *Letters to the King of Mari: A New Translation with Historical Introduction and Commentary*. Winona Lake, IN: Eisenbrauns.

[25] Kleiss, Wolfram. 1971. "Bericht über Erkundungsfahnen in Iran im Jahre 1970." *Archäologische Mitteillungen aus Iran* 4: 51–112.

[26] Kleiss, Wolfram. 1979. *Bastam I: Ausgrabungen in den urartäischen Anlagen 1972–1975*. Berlin: Gebr. Mann Verlag.

[27] Kleiss, Wolfram. 1988. *Bastam II: Ausgrabungen in den urartischen Anlagen 1977–1978*. Berlin: Gebr. Mann Verlag.

[28] Knapp, A. Bernard, and Wendy Ashmore. 1999. "Archaeological Landscapes: Constructed, Conceptualized, Ideational." In *Archaeologies of Landscape: Contemporary Perspectives*, edited by Wendy Ashmore and A. Bernard Knapp, 1–30. Malden, MA: Blackwell.

[29] Lapinkivi, Pirjo. 2010. *The Neo-Assyrian Myth of Ištar's Descent and Resurrection*. State Archives of Assyria VI. Helsinki: Neo–Assyrian Text Corpus Project.

[30] Latour, Bruno. 1993. *We Have Never Been Modern*. Cambridge, MA: Harvard University Press.

[31] McCarter, P. Kyle. 1973. "The River Ordeal in Israelite Literature." *Harvard Theological Review* 66 (4): 403–412.

[32] Mertens–Wagschal, Avigail. 2018. "The Lion, the Witch, and the Wolf: Aggressive Magic and Witchcraft in the Old Babylonian Period." In *Sources of Evil*, edited by Greta Van Buylaere, Mikko Luukko, Daniel Schwemer, and Avigail MertensWagschal, 158–169. Leiden, Netherlands: Brill.

[33] Monroe, M. Willis. 2019. "Mesopotamian Astrology." *Religion Compass* 13 (6). John Wiley and Sons,. https://doi.org/10.1111/rec3.12318.

[34] Novák, Mirko. 2008. "Individuum oder Kollektiv? Zur kulturgeschictlichen Stellung der Königsgruft von Qaṭna." In *Körperinszenierung-Objektsammlung– Monumentalisierung: Totenritual und Grabkult in frühen Gesellschaften: Archäologische Quellen in kulturwissenschaftlicher Perspektive*, edited by Cristoph Kümmel, Beat Schweizer, and Ulrich

Veit, 207–232. Münster, Germany: Waxmann Verlag.

[35]　Panagiotakis, Nikos, Marina Panagiotaki, and Apostolos Sarris. 2013. "The Earliest Communication System in the Aegean." *Electryone* 1 (2): 13–27.

[36]　Porter, Benjamin W., and Alexis T. Boutin. 2014. "Introduction: Bringing Out the Dead in the Ancient Near East." In *Remembering the Dead in the Ancient Near East: Recent Contributions from Bioarchaeology and Mortuary Archaeology*, edited by Benjamin W. Porter and Alexis T. Boutin, 1–26. Recent Contributions from Bioarchaeology and Mortuary Archaeology. Boulder: University Press of Colorado. http://www.jstor.org/stable/j.ctt9qhksx.6.

[37]　Richardson, Seth. 2007. "Death and Dismemberment in Mesopotamia: Discorporation between the Body and Body Politic." In *Performing Death: Social Analyses of Funerary Traditions in the Ancient Near East and Mediterranean*, edited by Nicola Laneri, 189–208. Chicago: Oriental Institute of the University of Chicago.

[38]　Rousset, Marie–Odile, Bernard Geyer, Shadi Shabo, and Nazir Awad. 2017. "Un réseau défensif de l'âge du Bronze Moyen dans les marges arides de Syriedu Nord." *Paléorient* 43 (2): 115–163.

[39]　Saler, Michael. 2006. "Modernity and Enchantment: A Historiographic Review." *American Historical Review* 111 (3): 692–716. https://doi.org/10.1086/ahr.111.3.692.

[40]　Schwartz, Glenn M. 2012. "Era of the Living Dead: Funerary Praxis and Symbol in Third Millennium BC Syria." In *(Re-)Constructing Funerary Rituals in the Ancient Near East*, edited by Peter Pfälzner, Herbert Niehr, Ernst Pernicka, and Anne Wissing, 59–78. Wiesbaden, Germany: Harrassowitz Verlag.

[41]　Schwartz, Glenn M. 2013. "Memory and Its Demolition: Ancestors, Animals and Sacrifice at Umm El–Marra, Syria." *Cambridge Archaeological Journal* 23 (3): 495–522.

[42]　Schwemer, Daniel. 2018. "Evil Helpers: Instrumentalizing Agents of Evil in Antiwitchcraft Rituals." In *Sources of Evil*, edited by Greta Van Buylaere, Mikko Luukko, Daniel Schwemer, and Avigail Mertens–Wagschal, 171–191. Leiden, Netherlands: Brill.

[43]　Scurlock, JoAnn. 1995. "Death and the Afterlife in Ancient Mesopotamian Thought." In *Civilizations of the Ancient Near East*, edited by Jack Sasson, 3:1883–1893. New York: Scribner.

[44]　Scurlock, JoAnn. 2003. "Ancient Mesopotamian House Gods." *Journal of Ancient Near Eastern Religion* 3: 99–106.

[45] Scurlock, JoAnn. 2006. *Magico-Medical Means of Treating Ghost-Induced Illnesses in Ancient Mesopotamia*. Leiden, Netherlands: Brill.

[46] Scurlock, JoAnn. 2016. "Mortal and Immortal Souls, Ghosts and the (Restless) Dead in Ancient Mesopotamia." *Religion Compass* 10 (4): 77–82.

[47] Surface–Evans, Sarah L., and Sarah J Jones. 2020. "Discourses of the Haunted: An Intersubjective Approach to Archaeology at the Mount Pleasant Indian Industrial Boarding School." *Archeological Papers of the American Anthropological Association* 31(1): 110–121.

[48] Swanson, Steve. 2003. "Documenting Prehistoric Communication Networks: A Case Study in the Paquimé Polity." *American Antiquity* 68 (4): 753–767.

[49] Thavapalan, Shiyanthi. 2020. *The Meaning of Color in Ancient Mesopotamia*. Leiden, Netherlands: Brill.

[50] Tsukimoto, Akio. 2010. "Peace for the Dead, or *kispu(m)* Again." *Orient* 45: 101–109. [The Society for Near Eastern Studies in Japan.]

[51] Tuan, Yi–Fu. 1977. *Space and Place: The Perspective of Experience*. Minneapolis: University of Minnesota.

[52] Tuan, Yi–Fu 1979. "Space and Place: Humanistic Perspective." In *Philosophy in Geography*, edited by Stephen Gale and Gunnar Olsson, 387–427. Boston: D. Reidel Publishing.

[53] Van Buylaere, Greta, Mikko Luukko, Daniel Schwemer, and Avigail MertensWagschal. 2018. *Sources of Evil: Studies in Mesopotamian Exorcistic Lore*. Leiden, Netherlands: Brill.

[54] Wilkinson, Darryl. 2019. "Towards an Archaeological Theory of Infrastructure." *Journal of Archaeological Method and Theory* 26: 1216–1241. https://doi.org/10.1007/s10816–018–9410–2.

4　照亮希腊萨莫色雷斯岛上的众神之谜

麦琪·L.波普金

尽管古希腊世界在政治上是一个个独立的城邦，但古希腊人却拥有共同的宗教体系（Price 1999）。无论是居住在希腊本土、西西里岛还是小亚细亚的人，均崇拜一个由多种神灵组成的万神殿体系（的宗教），通过献祭和供品与这些神祇沟通，并参加在当地和泛希腊圣地举行的宗教节日，其中位于德尔斐（Delphi）的阿波罗神庙享有至高地位。正确的行为而非正确的信仰，才是至关重要的。正如文字资料及考古和实物资料所描述，宗教活动将地中海沿岸直到黑海地区的希腊人团结在一起。随着亚历山大大帝（在位时间：约公元前336—公元前323年）的征服行动，希腊的城邦统治被由君主个人统治的庞大王国所取代。亚历山大之后，继任者们和诸王朝相互争夺权力和声望，其中最强大的王朝是占据叙利亚和小亚细亚大部分地区的塞琉古王朝、埃及的托勒密王朝及马其顿的安提柯王朝。各王朝不仅在首都城市资助了恢宏的艺术和建筑作品，还在不同程度上支持建造了许多神庙，如德尔斐和德洛斯（Delos）的阿波罗神殿及奥林匹亚的宙斯神庙（Constantakopoulou 2017, 87-100; Stewart 2014）。

在几个世纪的时间里，这些主要的泛希腊神殿享有大量的财富和捐赠，而其他较小的神殿则在希腊国王们的赞助下以全新的方式焕发出活力。希腊化时期（约公元前323—公元前31年），位于爱琴海北部萨莫色雷斯岛上的诸神圣殿，或称Theoi Megaloi，就是这样一个繁盛之地。根据史料，亚历山大大帝的父母腓力二世（Philip Ⅱ）和奥林匹亚丝（Olympias）的初次相遇就是在诸神圣殿之中（Plutarch, Vita Alexandri 2.2; Himerius, Orationes 9.12; Photius, Bibliotheca 243）。因此，在古代传统中，萨莫色雷斯的诸神圣殿意味着亚历山大大帝的诞生地，也与由他一手铸造巅峰的泰米尼德王朝（阿吉德王朝）密切相关（Popkin 2015, 365）。为了将自己与亚历山大大帝及其家族联系起来，同时也为了相互竞争，希腊化时期的世袭君主们对诸神圣殿倾注了大量心血，为之兴建了宏伟的大理石建筑和令人印象深刻的雕像。

坐落在壮观的圣乔治斯（Agios Giorgios）山脊下，诸神圣殿成为希腊式祭祀的家园，惹人无限遐思。历经风吹日晒，粗犷坚毅的萨莫色雷斯神庙建筑群高高地耸立在芬加里峰的峰顶；在《伊利亚特》（Homer, *Iliad* 10–18）中，水神波塞冬就是从这里看见了特洛伊平原。如今，萨莫色雷斯的名字会让人联想起该岛最著名的考古发现：现藏于巴黎卢浮宫博物馆的、令人惊叹的带翼胜利女神雕像。然而，在古代，该岛的成名源于对诸神的热切崇拜。诸神圣殿拥有希腊罗马世界里最负盛名的神秘崇拜之一，其名气可能仅次于厄琉息斯秘仪[1]。萨莫色雷斯的信仰不分性别、阶级和种族，向所有人开放，它向信众承诺会施与海上救赎和冥界的特权地位（Cole 1984）。不难理解这些承诺是多么富有吸引力，因此，古地中海沿岸的人们纷纷求见诸神也就不足为奇了。

关于萨莫色雷斯诸神及其崇拜的许多细节仍然蒙在神秘的面纱之后。新入会的信徒都发誓保密，而且信徒们似乎一直都坚守着誓言。因此，古代关于此神秘崇拜的讨论通常是些道听途说，而非直接经验，而且其中关于（岛上崇拜的）伟大诸神的本质的说法混乱不清、相互矛盾（Cole 1984, 1; Lewis 1959）。尽管如此，依据现存的文学资料、铭刻、诸神圣殿的考古遗迹，以及与记载丰富的厄琉息斯神秘崇拜相比较后，学者们还是试着拼凑出了关于萨莫色雷斯神秘崇拜的样

---

[1] 厄琉息斯秘仪（the Eleusinian mysteries），是古希腊时期位于厄琉息斯的一个秘密教派的年度仪式，约在公元前1600—公元前392年期间定期举行，被认为是古代最重要的秘密崇拜。这个教派崇拜得墨忒耳和珀耳塞福涅，这种神秘仪式究竟是什么，无人知晓。——译者注

貌。入会仪式似乎分为两个阶段：第一阶段叫myesis，第二阶段叫epopteia。进入第一阶段的新信徒叫作mystai（保持沉默或闭上眼睛的人），完成第二阶段仪式的信徒则被称为epoptai（观看者）（Clinton 2003）。[1]

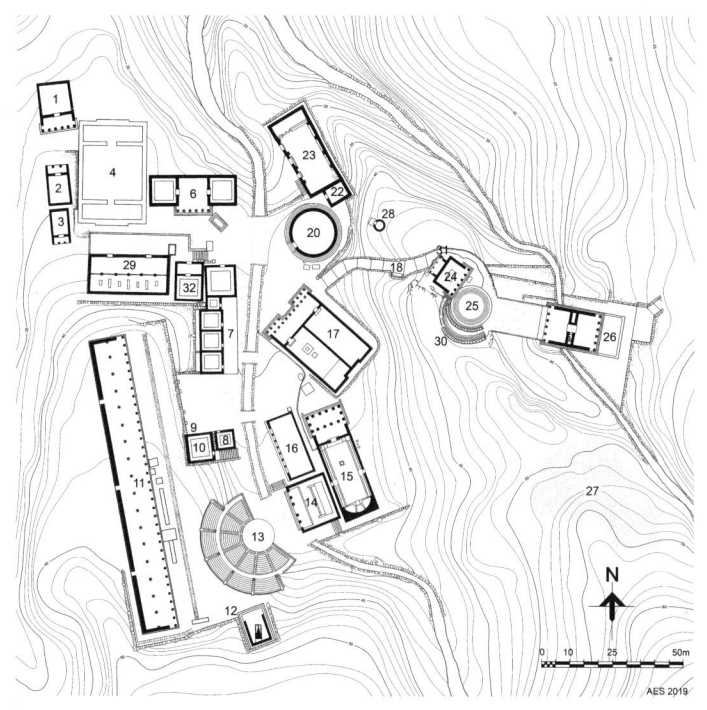

图4-1 萨莫色雷斯伟大诸神圣殿遗址复原平面图。（1、2、3）不明希腊化晚期建筑；（4）未完工的希腊化早期建筑；（6）米利都献殿（Milesian Dedication）；（7、8、10）餐厅；（9）仿青铜时代壁龛（Faux Bronze Age niche）；（11）柱廊（Stoa）；（12）胜利女神像（Nike Monument）；（13）剧院；（14）祭坛中庭；（15）神庙（Hieron）；（16）祭品厅；（17）歌舞表演厅；（18）神道（Sacred Way）；（20）阿尔西诺伊二世圆形大厅（Rotunda of Arsinoe II）；（22）圣器收藏室（Sacristy）；（23）宫殿[1]（Anaktoron）；（24）腓力三世和亚历山大四世的献殿（Dedication of Philip III and Alexander IV）；（25）环形剧场（Theatral Circle）；（26）托勒密二世山门（Propylon of Ptolemy II）；（27）南卫城（Southern Necropolis）；（28）多立克式圆厅（Doric Rotunda）；（29）船坞（Neorion）；（31）爱奥尼克式门廊（Ionic Porch）；（32）用餐大厅（Hestiatorion）。绘图来源：American Excavations Samothrace

---

1 指仪式中只有祭司进入的石质小"宫殿"，是一种仪式性场所。——译者注

入会仪式在夜幕下的诸神圣殿举行。将入会的信徒从萨莫色雷斯古城出发，经托勒密二世山门（图4-1，编号26）穿过神殿附近的城墙，进入环形剧场（图4-1，编号25），在那里，他们可能要做myesis仪式前的准备工作，进行某种净化仪式。到了萨莫色雷斯的诸神圣殿，举行的初步净化仪式很可能是宝座仪式，在这种仪式中，申请入会者被蒙上眼睛，坐在椅子上，祭司们在他们周围跳舞、唱歌、制造噪音（Clinton 2003，62-65; Dimitrova 2008，78，245; Wescoat 2017a，61-62）。经此净化仪式后，入会者们沿着神道（图4-1，编号18）前往诸神圣殿中央和举行主要入会仪式的建筑。关于神庙建筑群中那些建筑的具体功能，学者们仍然争论不休。不过，仪式（是主体myesis仪式，而不是预备阶段的myesis）似乎很有可能是在现今被称为歌舞表演厅（图4-1，编号17）（Clinton 2003，61; though cf.Marconi 2010）的巨型大理石结构中进行的。下一阶段仪式则很可能在附近的神庙举行（图4-1，编号15）（P.W.Lehmann 1969）。入会仪式结束后，入会者来到建筑群西侧的柱廊，并在餐厅（图4-1，编号7、8、10、11）用餐，然后沿着前一天晚上进入的路线返回，离开诸神圣殿（Wescoat 2017b）。

由于入会仪式在夜间举行，实际上圣殿中是需要人工照明的。不管是入会者自己行动，还是被蒙住眼睛由神职人员引导，在没有照明的情况下，神庙建筑群内的陡峭地形会带来危险。学者们对萨莫色雷斯的神秘仪式中，灯具的使用和火把照明的情况进行过讨论（Nilsson 1950，105; Wescoat 2017a，60; Wescoat 2017b，75），本章则将照明（包括自然和人工照明）直接作为进入者对诸神圣殿产生的现象学体验和情感体验的核心部分（Bille and Sørensen 2007）加以分析。此外，本章还将探讨照明如何调和萨莫色雷斯古城与圣殿之间的关系，这部分的研究在学者们当中，尚处于初步展开全面探索的阶段。

光与众神

古希腊人常常把光与神性联系在一起。我们可以看到许多手持火炬的希腊神像，从幽灵和魔法女神赫卡忒（Hecate），到酒神狄俄尼索斯（Dionysus），再到谷物女神德墨忒尔（Demeter）与冥后珀尔塞福涅（Persephone），都表现出这种关联（Parisinou 2000，81-99）。同样，光在古希腊的神秘崇拜中也扮演着重要角色。例如，德墨忒尔神殿的厄琉息斯秘仪在夜晚举行，仪式中必有火炬带来的人造光线（Mylonas 1961，224-285; Parisinou 2000，64-71; Patera 2010）。古希腊戏剧家阿里斯托芬（Aristophanes）在著作《蛙》（*Frogs*，340–350）中绘声绘色地描述了从雅典到厄琉息斯城的游行，那些准入会者一边吟诵，一边摇动燃烧的火炬。考古学家在厄琉息斯发现了可能用作祭品的大理石火把（Patera 2010，265）。希腊艺术中现存许多与厄琉息斯秘仪相关的作品，这里我只提及其中最令人浮想联翩的一件：尼尼翁陶版（the Ninnion tablet）。这是在厄琉息斯发现的一块彩陶pinax，即牌匾，断代约在公元前370年。尼尼翁陶版得名于在厄琉息斯神殿献碑的妇女，碑上描绘的是在厄琉息斯参加入会仪式的人。入会者手持火炬，

图4-2　尼尼翁陶版。约公元前370年，彩绘陶版，由尼尼翁献给厄琉息斯诸神。（希腊）国家考古博物馆，雅典，编号A11036。

照片来源：Carole Raddato（used under Creative Commons Attribution-ShareAlike 2.0 Generic License [CC BY-SA 2.0]）.

谷物女神德墨忒尔的女儿，冥后珀尔塞福涅（右上角第二位）（图4-2）也是如此（Mylonas 1961，213–221；Clinton 2010，349–353）。厄琉息斯的遗址中发现了灯，但它们在厄琉息斯秘仪中的作用（如果有的话）仍不甚明确（Patera 2010）。

与厄琉息斯秘仪相比，我们对萨莫色雷斯崇拜的文献知之甚少，但与诸神崇拜相关的文字和图像证据透露出它与人工照明的密切关系。公元1世纪的哈特里伊古墓（Tomb of the Haterii），门楣上的4个浮雕形象是萨莫色雷斯诸神中的卡德米洛斯（Kadmilos）、阿克西克尔萨（Axiokersa）、阿克西克尔索斯（Axiokersos）和阿克西罗丝（Axieros），祂们实际上的身份通常被认为是使者赫耳墨斯（Hermes）、冥后珀尔塞福涅、冥王哈德斯（Hades）和谷物女神德墨忒尔（Pettazzoni 1908; P.W. Lehmann 1969, 1:325–327; Cole 1984, 1–4）。德墨忒尔（阿克西罗丝）位于浮雕右侧边缘，左手高举一个火炬，十分显眼。火炬的形象也出现在神庙建筑群的雕塑上，其中一块希腊晚期石碑已经残缺不全，但在15世纪，意大利考古学家安科纳的西里亚科斯[1]曾将之临摹，上面记录了入会者的名字，并饰有一幅浮雕，展示了一座带门的建筑物（卡尔·莱曼1943年将其解释为圆形），门的上方有人物显露出来（图4-3）。卡尔·莱曼（Karl Lehmann 1943，122）认为，这些人物并非建筑上的雕像，而是表示建筑后面山坡上的场景。在门洞上方，牛头骨和花环装饰图案铺满建筑的正面。门的两侧是两支巨大的火炬，火焰从顶端喷薄而出，两条大蛇缠绕在火炬上（K.Lehmann 1943; 117–123; P.W.Lehmann 1969, 2:27, fig.352）。

1　安科纳的西里亚科斯（Cyriacus of Ancona），1391—1452，著名旅行家、考古学家和商人，他在旅行中记录了许多古代文物，留下了丰富的资料。——译者注

4 照亮希腊萨莫色雷斯岛上的众神之谜

[图示：萨莫色雷斯石碑复原图，含希腊文铭文]

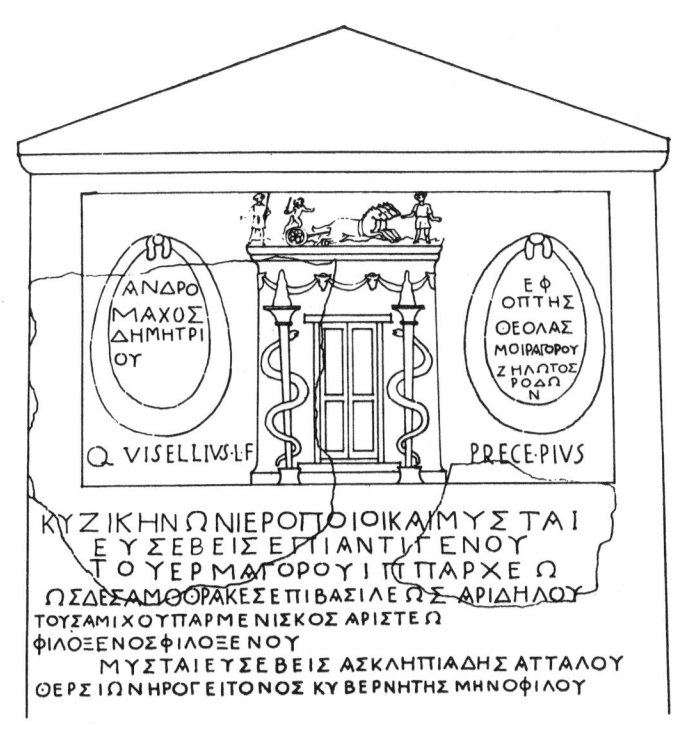

图4-3 西里亚科斯临摹的萨莫色雷斯石碑复原图。绘图来源：American Excavations Samothrace

诸神与光的联系延伸到了mysteria（即秘仪）本身。卡瓦拉考古博物馆（Archaeological Museum of Kavala）至今还保存着萨莫色雷斯入会者的墓志铭，其人名为伊思多罗斯（Isidoros），是雅典的一位公民。墓志铭最初可能立在安菲波利斯（Amphipolis），碑文描述了入会者在仪式中看到的"卡比洛斯众神（Kabiros[1]）的双重圣光"（即两个卡比力神的圣光）（Dimitrova 2008，83-90，no.29）。这篇精彩的铭文证明了光和观看光的体验在萨莫色雷斯入会仪式中占据

---

[1] Kabiros是Kabiri的复数，Kabiri也拼作Cabeiri，Cabiri，希腊文音译是Kabeiroi。为了方便理解，本书将复数形式的Kabiros译作"卡比洛斯众神"，单数形式的Kabiri译作"卡比力神"，他们是水手的保护者和繁育神，卡比洛斯众神是萨莫色雷斯神秘崇拜仪式中重要的神祇，通常与萨莫色雷斯的诸神（Great Gods）相提并论，其隐秘的入门仪式被认为能规避厄运。卡比洛斯众神并没有名字，也没有确切的数量且性别不同。他们常常2个或者4个出现（一男一女或者一对男一对女），有的时候也以一群男性的形象出现。——译者注

79

着核心地位（Dimitrova 2008，78，244–245）。伊思多罗斯铭文是现存唯一一件能证明光的体验是仪式高潮的墓志铭证据。现存文献表明，这种神圣之光的光源有可能就是火炬。公元5世纪罗马统治埃及时期，希腊史诗诗人农诺斯（Nonnus）在《狄奥尼西亚卡》中提到，"我的母亲，赫卡忒女神的夜间节日松枝火炬"（*Dionysiaca*，4.185; Lewis 1959，72，no.151）。他还描述了卡比力神回应"萨莫斯（Samos）的神秘火炬旁，暴风雨般的呼唤"（Dionysiaca 14.18; Lewis 1959，77，no.166）。公元4世纪的希腊修辞学家希梅里乌斯，讲述了亚历山大大帝的父母在诸神圣殿会面的场景。希梅里乌斯写道，当奥林匹亚斯爱上腓力二世并同意嫁给他时，她将"秘仪作为结婚仪式的开场仪式"（*Orationes* 9.12［ed. Colonna=Photius，no.243］; Lewis 1959，89，no.194）。刘易斯翻译的"结婚仪式"（of the nuptial ceremony）所对应的字面意思是"结婚之火"（Τοῦ γαμηλίου πυρὸς），刘易斯认为，这会让人联想起结婚仪式的火炬和萨莫色雷斯入会仪式的火炬。因此，尽管没有古代作家明确描述过秘仪的入会仪式，但已有越来越多的参考文献指明，火炬是诸神圣殿入会仪式的一部分。

诸神圣殿中人工照明的考古证据

考古记录为诸神圣殿中的火炬使用提供了更多的证据。考古学家在中央区域发现了一些石块，石块上凿有安放火炬底座的切口（P. W. Lehmann 1969，2:17–18）。其中一件石块被发现于神庙建筑群内神庙内部的东侧（图4-1，编号15），今天我们仍然可以看到它（图4-4）（P. W. Lehmann 1969，2:55，73）。石块的大小为0.60米×0.42米，高0.33米，中央有一个约0.14平方米的洞。发掘人员在神庙门廊西角附近发现了第二件火炬底座石块（高0.22米，宽0.61米，残长0.43米）。这件石块的中央有一个洞（0.16平方米，深0.14米），洞内有一个铅浇铸的物体（已被盗）用于固定把手或杆子，希腊建筑工人常常用熔化的铅作为包裹夹具和榫钉的材料（Tucci 2015，249）。菲莉斯·莱曼（Phyllis Lehmann）认定它"是用于固定大型火把的装置"（P. W. Lehmann 1969，2:73; K. Lehmann 1952,

41，pl.10d）。卡尔·莱曼和菲莉斯·莱曼还确认了神庙穹顶发掘过程中发现的几块大理石碎片属于同一个大理石火炬雕像，该火炬雕像原来很可能就矗立在一块火炬石底座上。从残存的大理石碎片可以看出一条蛇的头部和尾部，缠绕在一个柱形物上，这与萨莫色雷斯诸神圣殿浮雕上的火炬（见上文西里亚科斯绘制的石碑［图4-3］）以及其他希腊和罗马时期大理石火炬雕像相呼应（K. Lehmann 1951，24，pl.14b; P.W.Lehmann 1969，1:135–137）。这些发现让菲莉斯·莱曼相信，是大型火炬照亮了神庙的正面（P.W.Lehmann 1969，2:73–74）。但我们尚无法确定带有蛇形图案的大理石碎片是否真的源于火炬，因为它们的形状与预期有些不同（B.D. Wescoat, personal communication，2019）。无论如何，火炬底座石块的存在仍然暗示着一种可能，神庙附近曾经矗立着体量可观的火炬。

图4-4 现存于萨莫色雷斯诸神圣殿遗址，神庙附近的石质火炬底座。照片来源：Maggie L.Popkin

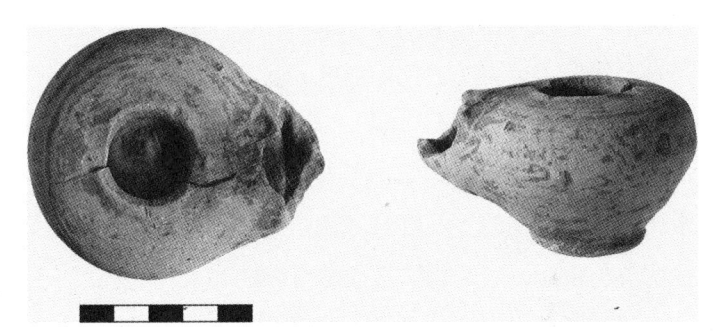

图4-5 当地制造的轮制陶灯。出土于萨莫色雷斯诸神圣殿遗址群的环形剧场区域。编号66.349c。灯身直径0.087米。年代在公元前1世纪—公元1世纪之间。照片来源：American Excavations Samothrace

火炬会放射出炽热的光芒，让身处秘仪高潮时刻的雅典公民伊思多罗斯沐浴其中。然而，火炬并不是神殿中唯一的人工照明手段。在诸神圣殿的考古记录中发现的灯具遗存比比皆是。神庙建筑群的各个角落都找到了陶制灯具的遗存，这些灯具与入会仪式及入会后的聚会和用餐有关（K. Lehmann 1950，14–16; K. Lehmann 1951，30; McCredie 1965，114; McCredie 1968，232–233; Blevins 2017a）。制造这些灯具的工艺并不相同：有些是轮制的，有些则通过模具制造。

81

比较常见的是在当地生产，用粗陶土轮制而成的陶灯，其标准器形是圆形器身、绳切底座和宽大的灯嘴（图4–5）（Blevins 2017a，387）。萨莫色雷斯岛上的粗陶轮制灯具应该属于价格低廉，普通人负担得起的日用品。有趣的是，在模制灯具成为风行地中海其他地区的标准用具很久之后，像这样的轮制陶灯似乎仍常见于萨莫色雷斯，经久不衰（McCredie 1968，233 no.110）。

虽然在诸神圣殿中发现的大部分灯具都是陶制的，但也存在大理石灯具的案例。根据类型学分析，一些大理石灯的年代最早可追溯到公元前7世纪（K. Lehmann 1950，14–15，plate 10，fig.25），其他的则可追溯到公元前4世纪晚期或公元前3世纪早期（Oustinoff 1992，329）。虽未对其所用的大理石进行同位素分析，但至少有几件灯具的质地看上去像是来自希腊岛屿的大理石，比如萨索斯岛（Thasian）（Oustinoff 1992，329–330）。这些大理石灯的体形并不大（例如，出自阿尔西诺伊翁[1]〔Arsinoeion〕填土的大理石灯，直径从14.0厘米到19.5厘米不等；Oustinoff 1992，329–330）。就我所知，对萨莫色雷斯的陶灯或大理石灯还未进行过残留物分析，但这两种灯大概都可以用油作为燃料。考古学家在克里特岛米诺斯文明晚期的一些灯具和碗中发现了蜂蜡的痕迹（Evershed et al. 1997），但在萨莫色雷斯，残留物质是油的可能性更大。

诸神圣殿中发现的大理石灯和陶灯上经常刻有Θ或ΘE的字样，这显然是诸神圣殿名称的希腊语缩写。例如，在神庙建筑群东侧发现了一盏残灯，灯嘴顶部保留了一个Θ字样，在黏土上刻成一个中心带点的圆圈样式（Blevins 2017a，390，no.94）。在阿尔西诺伊二世圆形大厅（图4-1，编号20）的填土中发现了一盏原料来自萨索斯岛的大理石残灯（直径0.178米），从类型学上看，断代约为公元前6世纪，残灯的边缘保留了部分铭文"ΘE……Σ"（图4-6）（K. Lehmann 1950，15，pl.10，fig.26）。可以确定原文应该是θεοῖς（致诸神）。这是语法中的与格，表明这盏灯是由个人敬献给诸神的。一些学者曾想将萨莫色雷斯出土的灯具和器皿上所有的Θ和ΘE铭文都看作是与格的缩写，并因此认为这些灯具通常会在入会

---

[1] 公元前3世纪，埃及女王阿尔西诺伊二世将古代最大的封闭式圆形建筑圆形大厅献给了众神圣殿。这座建筑的运作至今仍是个谜。——译者注

4 照亮希腊萨莫色雷斯岛上的众神之谜

仪式后被献给神灵（Fraser 1960，133–134）。然而，在柱廊的填土中发现的一只碗上（McCredie 1965，115–116）铭刻的却是Θεῶν全拼，用的是属格（即，**属于神**）。在阿尔西诺伊翁的填土中发现的一块大理石灯残片保留了"ΘΕΩ……"字样，如果补全应该是Θεῶν（Oustinoff 1992，329，no.321）。这些发现支持了卡尔·莱曼的观点，即铭文对属格进行了缩写，实际的意思是对属于诸神的财产进行标记（K. Lehmann 1960，21; Blevins 2017b，383）。刻有Θ和ΘΕ铭文的陶器都是在烧制之前就被刻上了这些字母，正如苏珊·布莱文斯（Susan Blevins）指出的，诸神圣殿的管理者订购了这些器皿，"以满足崇拜的需要"（Blevins 2017b，383）。如果把这些灯具视为神秘教会（the cult）和崇拜者入会仪式的一部分，那么它们更有可能是属于该教的财产，也就是诸神的财产，我们应当承认铭文中缩写的属格。

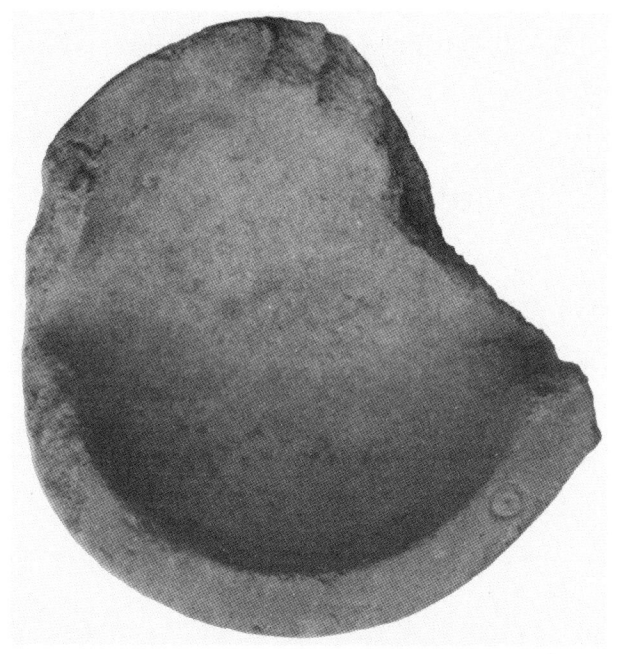

图4-6 刻有铭文的古代大理石灯，出土于萨莫色雷斯诸神圣殿阿尔西诺伊二世圆形大厅的填土中。编号49.137。石灯边缘的右下方刻有希腊字母"Θ"。照片来源：American Excavations Samothrace

现存的大理石灯大都没有留下任何悬挂装置的痕迹，因此莱曼认为它们是由个人携带，然后进献给诸神的（K. Lehmann 1950，15）。同时，大理石灯比陶灯重（我估计，图4-6中的石灯大约重2.26~2.72千克），因此可能是宗教建筑固定设施的组成部分。陶灯均尺寸较小、方便把持。在神庙建筑群中的一些关键地点，如入会者进入中央区域之前的聚集之地环形剧场，在那里发现了几十盏灯，但未见可以放置灯具的陈设。因此，博娜·维斯寇特（Bonna Wescoat）认为，至少有一些参加入会仪式的信众在穿过神庙建筑群时，手中是持有灯具的（Wescoat 2017a，60）。

如果新入会者能买到并携带陶灯和大理石灯，那么这两种材料就能反映出入会者的社会经济面貌。正如第1章所指出的，古代照明学的研究离不开对经济和社会维度的考量。陶灯比大理石灯便宜得多。陶土是一种随时可获取的现成材料，而大理石虽然在希腊很常见，但仍然需要到采石场开采，也需要更高级的加工工艺。与在神殿中发现的其他类型的小型祭品（诸如陶俑、石像）一样，灯具证明了参与入会仪式的人群涵盖了不同的阶层（Popkin 2017，445）。

夜间照明的体验性影响

诸神圣殿中的灯具很多，又有火炬存在的证据，这已不足为奇。在夜幕的笼罩下，要想安全地行动，人工照明是必不可少的，不仅在圣殿内需要，前往时也需要。正如今天到访萨莫色雷斯的游客立即就感受到的那样，岛上地形崎岖不平，山脊沟壑纵横，砾石散落。在萨莫色雷斯正在进行的发掘工作有望厘清古城墙与诸神圣殿入口之间的道路情况，但即便道路是经过铺砌的，入会者走起路来也会忽高忽低。人们从萨莫色雷斯城的城市空间向诸神圣殿的神圣空间行进时，如果有灯光照明，就能极大地避免磕磕绊绊和相互碰撞。一旦进入神殿，即将入会的信众必须小心翼翼地经过高低不平的神道和建神庙筑群内错综复杂的内部结构。建筑群内部并不平坦，也没有宽敞空间或用道路连接的开阔空地（这与相对平坦的厄琉息斯德墨忒尔神殿形成了对比）。如果没有充足的光线，夜晚的访客轻则迷路，重则受伤。

与古典玛雅时期城市的sacbeob（即道路）不同（第1章、第6章），至少从现存的神道判断，神庙建筑群内的路面在设计时并没有考虑到夜间的可视性。神道两旁铺设了石材，但并没有像中美洲的一些遗址那样涂上灰泥。经过铺砌的路面在希腊的城市和神殿中很常见，但在萨莫色雷斯，选择铺砌路面还有一个额外的、象征意义上的好处——在进行秘仪之前，迷惑和迷失恰是即将入会的信众所处的精神状态。道路的光照亮到足以保障行走的安全，但又暗得在行走时还需保持谨慎，这样恰到好处，有助于在秘仪带来神启的清明之前，让信众处于一种感官模糊的状态。

照明显然是夜间能安全进出希腊神殿的必要条件，正因如此，考古学家倾向于从实用的角度去关注灯具和火炬支架，即把神殿中的灯具解释为一种必需品，却没有进一步探究它们可能具有的其他含义和功能。伊娃·帕里斯诺（Eva Parisinou）曾强调，灯具和火炬很可能具有强大的象征意义（Parisinou，1997，2000），正如古玛雅社会等其他古代社会中常见的那样（例如Gonlin and Dixon-Hundredmark 2021）。灯和火炬可以照亮夜间的祭祀和圣餐，也可以直接作为献给神祇的祭品。帕里斯诺聚焦的是人工照明和火焰的象征意义，认为它们象征着生命（相对于阴间的黑暗）、（再）生和知识。然而，在萨莫色雷斯的特定背景下，夜间照明的体验和情感影响还存在更多的讨论空间（Bille and Sørensen 2007，关于照明的体验影响）。

人工照明曾给神殿的建筑带去活力。萨莫色雷斯的诸神圣殿因其奢华的大理石雕像而闻名于世，假如目前关于那座壮观的歌舞表演厅的理论正确，这些石刻应当为亚历山大大帝的继承者们，甚至可能是他的父亲腓力二世所捐赠（K. Lehmann 1998，77–78; Wescoat 2016，430）。从托勒密二世山门（目前已知最早的科林斯柱式应用于建筑外墙的实例）到阿尔西诺伊二世圆形大厅（希腊世界里同类建筑中最大的圆形建筑），萨莫色雷斯富于创意的建筑设计令人眼花缭乱、过目难忘。现代游客依旧可以通过复原后的诸神圣殿（图4-1，编号15）感受到古典建筑的迷人风采。只是他们通常在白天观看圣殿，而回到当时，初入会的信徒则只能在黑暗中穿行，如果没有灯和火炬的照耀，几乎看不见那些建筑。即便这些人工照明手段不如日光那般明亮，也足以让这些大理石建筑变得生动起来，在火炬和灯光的照耀下，大理石柱廊的表面以及雕塑熠熠闪烁，增添耐人寻味的意涵。日光是稳定的，而火焰投射出的光线则忽明忽暗，简而言之，是动的。因此，在圣殿的夜晚，光源——灯和火炬——会让建筑看起来像是被注入了生命。经过大理石的反射，光束也会照亮漆黑的门廊内部。我和我的同事最近的研究认为（Wescoat et al. 2020），神庙建筑群中有大量建筑的外墙为前柱式，就是为了塑造造访者在遗址中的昼夜体验。

图4-7　萨莫色雷斯诸神圣殿歌舞表演厅（约公元前340年）的檐壁细节。
照片来源：American Excavations Samothrace

在灯光和火炬的照射下，建筑中的雕塑也会变得栩栩如生，因为山墙和檐壁中楣上的人物形象会闪烁发光。例如，环绕并赋予歌舞表演大厅名字的中楣上装饰着正在舞乐的800名少女，一字排开（图4-7）（P. W. Lehmann and Spittle 1982，1:230–233; K. Lehmann 1998，75; Marconi 2010）。饰有少女合唱团场景，或许暗示了合唱在萨莫色雷斯仪式中起到一定的作用，可能是在宝座仪式中，也可能是在入教仪式的其他阶段（Kowalzig 2005，62; cf.Marconi 2010）。人物以（古希腊）古风时期风格雕刻，姿势清晰地表现了舞蹈的动作，但没有明显的动感。例如，人物的四肢是伸直的而不是弯曲的，姿势也很拘束。然而，通过照明，浮雕的静态特质会消融，因为晃动的火焰会使浮雕人物看起来像在移动一样。凯文·克林顿（Kevin Clinton）认为，歌舞表演大厅在功能上相当于泰勒斯台里昂神庙[1]，也就是神秘仪式举行的地方（Clinton 2003，61，though cf.Marconi 2010）。如果克林顿的观点是正确的，那么大厅浮雕经由火焰的照射变得栩栩如生，就与崇拜诸神的新入会信徒获得新生的象征意义相吻合。

邻近神庙的北立面（在其前方发现了一块上文提到过的火炬底座石块）中楣上雕刻有圆形图案，显示出乡村景观中的一个场景（P. W. Lehmann 1962）。欧尔佳·帕拉吉亚（Olga Palagia）及其同事认为，该场景所描绘的，要么是托勒密时期的萨莫色雷斯神话，要么是托勒密时期的埃及寓言（Palagia et al.2009）。尽管对该诸神圣殿雕像的图像学解释仍有待商榷，但它的山墙就像歌舞表演厅的楣饰一样，应该也会展示出从卧姿、坐姿到站姿的各种人像，以及精雕细琢的帷幔，它们在火炬的照耀下也曾闪闪发光、活灵活现。

除了建筑上的楣饰和装饰性雕塑，大理石和青铜制成的真人大小或超真人大小的雕像，同样点缀着神殿的空间。最负盛名的萨莫色雷斯双翼胜利女神像（其年代和作者尚有争议，但最有可能是在公元前2世纪上半叶的某个时期）（Mark 1998; Palagia 2010）原来有可能站在剧场顶部的位置，俯瞰着进出神庙建筑群中心区域的人们。其他雕像则离那些经历秘仪各阶段的人更近一些。当朝圣者进入环形剧场时，迎接他们的是两层同轴摆放的青铜雕像，它们的形象很可能来自雕像的捐献者们（Wescoat 2012，76–77; Gaunt 2017; Wescoat 2017a，255–270）。还有一些雕像矗立在神庙建筑群的中心，朝圣者在完成入教仪式后返回西侧的餐厅用餐休息时，另有一些大理石和青铜雕像就在柱廊的台阶上等候着他们（Wescoat et al. 2020）。与歌舞表演厅的楣饰和其他建筑雕塑一样，独自伫立的雕塑会在光照上它们的瞬间乍然复苏，四肢、面部特征和长袍都会因灯火照耀而显得生机勃勃。尤其是青铜雕像，它们在火光的照耀下变得熠熠生辉，光洁的表面反射出灯火和火炬的光芒。人工照明也会让雕像在周边的建筑和景观上投下深深的阴影，使之在夜间更具风姿。因为几乎没有铭文遗存，我们无法把遗留的雕像和底座明确地联系起来，所以捐献者的身份仍然未知。不过，从逻辑上讲，大多数

---

1 Telesterion，也译作泰利殿堂，是著名的厄琉息斯秘仪的入会仪式大厅。——译者注

为自己树立雕像的捐赠者应当都是秘仪的入会者（Susan Ludi Blevins, personal communication, 2019）。如果神庙建筑群中的雕像代表的是那些亲历秘仪且受到诸神启蒙的供奉者，那么这些雕像在夜间被光照亮后呈现出的生动效果也为他们注入了生命力，可见来到这里的朝圣者要么是正要加入这个群体，要么是已经加入的成员。

夜间，诸神圣殿的视觉体验会与白天的截然不同。造成这种感觉差异的原因之一是朝圣者的行动方向相反：他们夜里从托勒密二世山门走到神庙建筑群的中心区域，举行启蒙仪式，到了第二天的白昼，又向东返回，第三天再回到古城。（Wescoat 2012; Wescoat et al.2020）。不同的照明条件也起到了一定的作用。圣殿某些地方会隐没在阴影之中，而其他位置，正如刚才所讨论的，则会被人造光照得生机勃勃。光与影无处不在、游移不定，这会让人联想到无知与有识之间的差异，启蒙仪式完成了从前者到后者的转变。人造光照亮了黑暗，正如神秘世界的启蒙仪式，它照亮了朝圣者们的生命，甚至照亮了他们的后世。如果真像铭文和文字所揭示的那样，火光是实际启蒙仪式的一部分，那么未来的入会者从托勒密二世山门沿着神道进入诸神圣殿时所携带的灯具，以及照亮他们脚下道路的火炬，可能在暗示我们，这是启蒙仪式的高潮阶段。

人工照明会影响人们对神殿和入会仪式的感官体验，这种影响是超越视觉的。灯和火炬散发出的烟雾会袅袅飘向人们的鼻孔，使嗅觉和过往的经历产生联系，并创造对入会仪式的记忆。火把燃烧时的噼啪声和嗞嗞声会给入会者带来听觉体验，而听觉体验又在一定程度上取决于夜晚。人类有生物节律，动物也是如此。现在，去萨莫色雷斯的游客可以听到神庙建筑群内和周围传来昆虫的嗡嗡声，比如喧闹至极的蝉鸣声。每当月亮升起，这些日间活跃的昆虫的鸣叫声便会在星空下逐渐消退（Sakis Drosopoulos and Michael Claridge 2006）。宁静为萨莫色雷斯的夜晚增添了一抹雅致，也为朝圣者强烈的启蒙体验提供了听觉背景（或无声背景）。正如雅尼斯·哈米拉基斯（Yannis Hamilakis）（2013）提出的，考古学家必须探究各种感官及其特有的文化、历史含义。如今的游客和考古学家有幸在阳光下游览、勘测神殿，但想想古人如何在夜间造访诸神圣殿，或许能体会出白天游览时无法理解和感知的那些强烈的感官体验。

人工照明带来的生动的感官效果必然会强化朝圣者在诸神圣殿中的情感体验。哈米拉基斯（Hamilakis 2013，196）认为，感官主要作用于情感，也就是说，我们的感官体验会带来情感上的触动。人工照明在夜间的黑暗中带来了强烈的感官体验，因此也产生了强烈的情感体验。用蒂姆·艾登瑟（Tim Edensor）的话说就是，灯火"点燃感情"（kindles feeling）（Edensor 2017，x）。如安杰洛斯·查尼奥提斯（Angelos Chaniotis）所言，夜晚时光有时能催动亲密关系的产生，"在营造亲密无间感方面发挥着重要作用"。出于这一原因，他认为大多数入会仪式通常都选在夜间举行，古今皆然（Chaniotis 2018a，6–7；2018b，197）。入会仪式能促进情感共同体的形成（Chaniotis 2011，267-272），而在夜间举行的仪式则会让已形成的情感共同体更为强大和紧密（Chaniotis，2018a，23–24；Dillehay，2018年）。如米克尔·比勒和蒂姆·弗洛尔·索仁森所言（2007，274），光线可以"界定亲密感和排斥感"。在诸神圣殿中，人工照明能帮助界定入会者，在灯光和火炬的照耀下，为他们建立内部联系，使他们作为一个群体，与存在于黑暗之中、人工照明无法触及的那些事物区分开来。

古代作家总把黑夜描绘成情感觉醒的催化物，于是黑夜成了普遍的情感强化剂（Chaniotis 2018a，8–9）。然而，情感是希腊宗教活动与生俱来的一个方面，"不同的媒介被用来唤起参与者内心及参与者共同期待的（各种）情感"（Chaniotis 2011，264）。我想说的是，人工照明就是这样一种能唤起情感的工具。灯和火炬增强了萨莫色雷斯入会仪式的情感冲击力。在伊思多罗斯墓志铭中，看到"神圣之光"是进入萨莫色雷斯神秘世界后的高潮阶段，它证明，从入会者的角度来看，光是他们入会体验中最难忘、最动人以及意义最为重大的元素。伊思多罗斯铭文并不是一部作者通过利用黑夜和人造光以实现修辞效果的文学作品，相反，它是有关一位真正的信徒记述自身体验的重要文献。他认为自己进入诸神秘境的过程等同于看到光明，并将自己健康长寿的一生归功于光明对他的庇佑（Dimitrova 2008，84，lines 16–19）。

古文明之夜

神殿与城市：夜间的联系

昼夜体验的对比超越了神殿的范围，也影响了入会者对连接诸神圣殿和古城的道路以及城市本身的体验。希腊人于公元前700年左右来到萨莫色雷斯，他们可能来自安纳托利亚西北部或来兹波斯岛（Lesbos），尽管古代作家们更喜欢将"色雷斯的萨莫斯"（Thracian Samos）的起源追溯到萨莫斯岛（Samos）。萨莫色雷斯城诞生之初就是一个繁荣的希腊城邦，早在公元前6世纪就铸造了自己的银币。然而，人们对这座古老的城市知之甚少，远远少于对诸神圣殿的了解。圣殿的繁荣确实让邻近的城市变得更加富庶，就如该岛作为地中海主要航道的天然停靠点，同样为这座城市的繁盛助力不少（K. Lehmann 1998，19–25）。美国的萨莫色雷斯发掘项目（American Excavations Samothrace）（https://samothrace.emory.edu/）将在未来对托勒密二世山门附近的城墙进行发掘（图4–1，编号26）。这些工作以及未来对古城本身的发掘，必将增进我们对古城及其与诸神圣殿关系的了解。

在进一步发掘之前，根据目前的证据，我们仍然可以对人们前往诸神圣殿参加秘仪，然后返回城市，以及在完成秘仪后继续在城市中行走时，光亮度对他们的体验所产生的影响发表一些看法。首先，虽然不言而喻，但我们仍要重申，夜间的行走是在城市与诸神圣殿之间建立联系的关键手段之一。人们可以在白天参观圣殿，但对于即将入会的信众来说，最激动人心的时刻应是夜晚。因此，当人们聚集在一起，向城门走去时，他们需要在夜间穿过城市，并体验这座城市。正如第1章所描述的，在夜晚的环境中，城市的基础设施具有新的意义。在萨莫色雷斯岛上，城内的道路以及连接城市与神庙建筑群的道路必须满足日夜所需，从仪式上讲，夜间行路最是意味深长。事实上，随着对萨莫色雷斯古城的进一步发掘，考古学家可能会更加直接地思考：夜间仪式活动是否以及如何影响了岛上的城市和城外的基础设施。

其次，在萨莫色雷斯发现的记录theoroi（神使）和入会信徒的大量铭文，在希腊文明范围内前所未见。这些刻在石头上的铭文——要么刻在石碑上，要么常见于建筑物的基座上——记录了那些经历了神秘仪式从而进入伟大诸神的神秘世界的信徒之名。诺拉·迪米特洛娃（Nora Dimitrova）对铭文进行了全面的整理和研究，她认为这些铭文对历史人群学以及理解诸神崇拜具有不可估量的价值（2008）。不过，在此我想请大家注意铭文的呈现形式，以及光亮度会怎样影响人们与铭文之间可能存在的互动性。

在古城与托勒密二世山门之间的小路上，包括在古城内，发现了好几处刻在大型建筑用石块上的铭文。鉴于这些铭文石块的大小，它们被发现的位置可能距离原本所在的位置不远。此外，在古城内发现的铭文都刻在既有的古迹上，这表明城市建筑也会铭刻上入会者的名字（Dimitrova 2008，81）。即将入会的信徒在黄昏时分穿过城市，他们沿着通往诸神圣殿的道路前行时，有可能就会见到刻成铭文的入会者名单。在没有日光的情况下，铭文很难辨认。现存的铭文字母最多只有几厘米大，而且刻得很浅。然而，在手持灯具，也可能是火炬的映照下，再加上点月光，铭文便会在光中显露，即便字迹模糊，很难辨识，也会让那些将要入会者在看到铭文时联想起那些已入会的人。

当这些信众——现在他们自己也是入会者了——离开诸神圣殿返回古城时，日光会照亮那些铭刻的名单。沿着山门通往城市的道路，穿过城市的街道，新入会的信徒可以停下来阅读铭文，想象他们可能很快也会在萨莫色雷斯城的某块石头上找到自己的名字。有了铭刻的信徒名单，夜晚的光辉变得更为动人心弦，人们虽然能看见铭文的存在，但夜色会掩藏起碑文的实际内容。与此相反，白天的光亮则昭显了名单的全部含义，令人们感到自己就是铭文所代表的那个社会群体的一部分。这些对神圣性和团体性的感受影响着人们对古城的体验，显示出圣殿和城市在居民体验，当然还有政治和经济上，是如何相互关联的。

萨莫色雷斯的入会仪式创造了一种强大的群体意识，与此同时，我们也应该留意到，入会经历如何揭示了，或者说如何构建了权力差异。如第1章所述，人们对夜晚的体验并不是平等的。通过人工照明或其他方式，有的人可以控制黑暗，以维护和彰显社会地位。在诸神圣殿，夜间仪式在带来群体凝聚力的同时，也为社会阶层的区分提供了可能。目前尚不清楚是否所有的入会者都携带有陶制灯具，或者是否有一些人实际上手持的是大理石器皿。倘若是后者，那么灯具的材质就会明显区分出财富的等级。无论是哪种情形，诸神圣殿中的一系列纪念碑和供奉的雕像都说明存在显著的社会经济差异。富人和穷人都可以加入对诸神的崇拜群体，但只有富人才能在诸神圣殿中敬献上一尊真人大小的雕像，也只有传说中百分之一的人才有能力敬献上一整座大理石建筑。入会仪式上，那些在火炬和灯火照耀下生机乍现的雕像和不朽铭文，只能纪念赞助者中的精英分子，而家境较为拮据的入会者也会拼尽全力为自己的存在留下永恒的印记。

结论

本书的导言坚称，昼与夜、明与暗，既是自然现象，也是文化建构。正如蒂姆·艾登瑟最近在其著作《从光明到黑暗：日光、照明和阴影》（*From Light to Dark:Daylight, Illumination, and Gloom*）中所主张的，"日光、黑暗和照明，无一例外地被赋予了文化价值和无数的实践活动，这些都会引起不同的感官、情感和情绪反应"（2017，213）。我在本章中已经证明，如果我们真要重建萨莫色雷斯诸神圣殿朝圣者们潜在的现象学体验和情感体验，就必须关注对黑暗和光亮度的考古、人工照明考古以及人们使用人工照明的时空背景。对"天黑之后"的诸神圣殿的思考能让我们聚焦于神殿中以及从古城到神殿这段旅程中的体验、情感和动态等核心问题。因此，思考这些也会将古城与圣殿联系在一起，使邻近的城市环境得以与圣地进行更近距离的对话。要了解古人对诸神圣殿的体验，我们必须对古城做进一步的考古学研究。

本章篇幅简短，只不过是未来研究成果的一个序言，对萨莫色雷斯岛、萨莫色雷斯城及其古代神殿的研究终究会更全面而持久。美国在诸神圣殿的发掘工作目前正在解决我在这里提出的问题，利用地貌学、地质学、摄影测量学以及三维数字建模来研究古代游客对神殿的现象学体验。研究的一个重点是考察白天和夜晚不同时间的光线如何影响到访者对圣地的感官体验。我们已在维斯寇特等学者的研究成果（2020）中经由初步观察得出了结论。本章，我结合诸神圣殿和城市的建筑、雕像和铭文，论证了陶灯之光、火炬之光与夜间的黑暗三者之间的相互作用，以及可能对朝圣者产生的情感影响。正在进行的研究将进一步详细阐述这些结论，并阐明人工照明在萨莫色雷斯神庙建筑群中产生的效果，正如在古城中进行的发掘工作一样，必将揭晓令人着迷的新资料，说明人们是如何在白天和夜晚在古城中生活、活动和体验的，无论是在前往神殿的途中，将其作为终极的目的地，还是将之作为自己的真正家园。

致谢

非常感谢南希·贡琳和梅根·斯特朗邀请我为本书撰稿，并感谢她们对本文的初稿提出了有益的意见。我还要感谢科罗拉多大学出版社匿名审稿人的实用反馈。最后，我要对美国萨莫色雷斯发掘项目的主任博娜·维斯寇特表示深切的感谢，感谢她多年前欢迎我加入萨莫色雷斯项目的大家庭，并一直予我友谊，给我建议和智识上的启发。

参考文献

[1] Bille, Mikkel and Tim Flohr Sørensen. 2007. "An Anthropology of Luminosity: The Agency of Light." *Journal of Material Culture* 12 (3): 263–284.

[2] Blevins, Susan Ludi. 2017a. "Lamps." In *Samothrace: Excavations Conducted by the Institute of Fine Arts of New York University*. Vol. 9, *The Monuments of the Eastern Hill*, by Bonna D. Wescoat et al., 287–394. Princeton, NJ: American School of Classical Studies at Athens.

[3] Blevins, Susan Ludi. 2017b. "Pottery." In *Samothrace: Excavations Conducted by the Institute of Fine Arts of New York University*. Vol. 9, *The Monuments of the Eastern Hill*, by Bonna D. Wescoat et al., 359–386. Princeton, NJ: American School of Classical Studies at Athens.

[4] Chaniotis, Angelos. 2011. "Emotional Community through Ritual: Initiates, Citizens, and Pilgrims as Emotional Communities in the Greek World." In *Ritual Dynamics in the Ancient*

Mediterranean: Agency, Emotion, Gender, Representation, edited by Angelos Chaniotis, 263–290. Stuttgart: Franz Steiner Verlag.

[5]　Chaniotis, Angelos. 2018a. "Nessun Dorma! Changing Nightlife in the Hellenistic and Roman East." In *La nuit: Imaginaire et réalités nocturnes dans le monde grécoromain*, edited by Angelos Chaniotis, 1–49. Geneva: Fondation Hardt.

[6]　Chaniotis, Angelos. 2018b. "The Polis after Sunset: What Is Hellenistic in Hellenistic Nights?" In *The Polis in the Hellenistic World*, edited by Henning Börm and Nino Luraghi, 181–208. Stuttgart: Franz Steiner Verlag.

[7]　Clinton, Kevin. 2003. "Stages of Initiation in the Eleusinian and Samothracian Mysteries." In *Greek Mysteries: The Archaeology and Ritual of Ancient Greek Secret Cults*, edited by Michael B. Cosmopoulos, 50–78. London: Routledge.

[8]　Clinton, Kevin. 2010. "The Mysteries of Demeter and Kore." In *A Companion to Greek Religion*, edited by Daniel Ogden, 342–356. Malden, MA: Blackwell.

[9]　Cole, Susan Guettel. 1984. *Theoi Megaloi: The Cult of the Great Gods at Samothrace*. Leiden, Netherlands: Brill.

[10]　Constantakopoulou, Christy. 2017. *Aegean Interactions: Delos and Its Networks in the Third Century*. Oxford: Oxford University Press.

[11]　Dillehay, Tom D. 2018. "Night Moon Rituals: The Effects of Darkness and Prolonged Ritual on Chilean Mapuche Participants." In *Archaeology of the Night: Life after Dark in the Ancient World*, edited by Nancy Gonlin and April Nowell, 179–199. Boulder, CO: University Press of Colorado.

[12]　Dimitrova, Nora M. 2008. *Theoroi and Initiates in Samothrace: The Epigraphical Evidence*. Princeton, NJ: American School of Classical Studies at Athens.

[13]　Drosopoulos, Sakis, and Michael F. Claridge, eds. 2006. *Insect Sounds and Communication: Physiology, Behaviour, Ecology, and Evolution*. Boca Raton, FL: Taylor and Francis.

[14]　Edensor, Tim. 2017. *From Light to Dark: Daylight, Illumination, and Gloom*. Minneapolis: University of Minnesota Press.

[15]　Evershed, Richard P., Sarah J. Vaughan, Stephanie N. Dudd, and Jeffrey S. Soles. 1997. "Fuel for Thought? Beeswax in Lamps and Conical Cups from Late Minoan Crete." *Antiquity* 71 (274): 979–985.

[16]　Fraser, P. M. 1960. *Samothrace: Excavations Conducted by the Institute of Fine Arts of New York University*. Vol. 2.1, *The Inscriptions on Stone*. New York: Pantheon Books. Gaunt, Jasper. 2017. "Metal Objects." In *Samothrace: Excavations Conducted by the Institute of Fine Arts of New York University*. Vol. 9, *The Monuments of the Eastern Hill*, by Bonna D. Wescoat et al., 419–436. Princeton, NJ: American School of Classical Studies at Athens.

[17]　Gonlin, Nancy, and Christine C. Dixon–Hundredmark. 2021. "Illuminating Darkness in the Ancient Maya World: Nocturnal Case Studies from Copan, Honduras and La Joya de Cerén, El Salvador." In *Night and Darkness in Ancient Mesoamerica*, edited by Nancy Gonlin and David M. Reed, 103–140. Louisville, CO: University Press of Colorado.

[18]　Hamilakis, Yannis. 2013. *Archaeology and the Senses: Human Experience, Memory, and Affect*. New York: Cambridge University Press.

[19]　Kowalzig, Barbara. 2005. "Mapping out *Communitas*: Performances of *Theôria* in Their Sacred and Political Context." In *Pilgrimage in Graeco-Roman and Early Christian Antiquity: Seeing the Gods*, edited by Jaś Elsner and Ian Rutherford, 41–72. Oxford: Oxford University Press.

[20]　Lehmann, Karl. 1943. "Cyriacus of Ancona, Aristotle, and Teiresias in Samothrace." *Hesperia: The Journal of the American School of Classical Studies at Athens* 12 (2): 115–134.

[21]　Lehmann, Karl. 1950. "Samothrace: Third Preliminary Report." *Hesperia: The Journal of the American School of Classical Studies at Athens* 19 (1): 1–20.

[22]　Lehmann, Karl. 1951. "Samothrace: Fourth Preliminary Report." *Hesperia: The Journal of the American School of Classical Studies at Athens* 20 (1): 1–30.

[23]　Lehmann, Karl. 1952. "Samothrace: Fifth Preliminary Report." *Hesperia: The Journal of the American School of Classical Studies at Athens* 21 (1): 19–43.

[24]　Lehmann, Karl. 1960. *Samothrace: Excavations Conducted by the Institute of Fine Arts of New York University*. Vol. 2.2, *The Inscriptions on Ceramics and Minor Objects*. New York: Pantheon Books.

[25]　Lehmann, Karl. 1998. *Samothrace: A Guide to the Excavations and the Museum*. 6th ed. Rev. and enlarged. Thessaloniki: Institute of Fine Arts, New York University.

[26]　Lehmann, Phyllis Williams. 1962. *The Pedimental Sculptures of the Hieron in Samothrace*. Locust Valley, NY: Published for the Institute of Fine Arts.

[27] Lehmann, Phyllis Williams. 1969. *Samothrace: Excavations Conducted by the Institute of Fine Arts of New York University*. Vol. 3, *The Hieron*. 3 vols. New York: Pantheon Books.

[28] Lehmann, Phyllis Williams, and Denys Spittle. 1982. *Samothrace: Excavations Conducted by the Institute of Fine Arts of New York University*. Vol. 5, *The Temenos*. 2 vols. Princeton, NJ: Princeton University Press.

[29] Lewis, Naphtali, ed. 1959. *Samothrace: Excavations Conducted by the Institute of Fine Arts of New York University*. Vol. 1, *The Ancient Literary Sources*. New York: Pantheon Books.

[30] Marconi, Clemente. 2010. "*Choroi, Theoriai* and International Ambitions: The Hall of Choral Dancers and Its Frieze." In *Samothracian Connections: Essays in Honor of James R. McCredie*, edited by Olga Palagia and Bonna D. Wescoat, 106–135. Oxford: Oxbow Books.

[31] Mark, Ira. 1998. "The Victory of Samothrace." In *Regional Schools in Hellenistic Sculpture: Proceedings of an International Conference Held at the American School of Classical Studies at Athens, March 15–17, 1996*, edited by Olga Palagia and William D. E. Coulson, 157–165. Oxford: Oxbow Books.

[32] McCredie, James R. 1965. "Samothrace: Preliminary Report on the Campaigns of 1962–1964." *Hesperia: The Journal of the American School of Classical Studies at Athens* 34 (2): 100–124.

[33] McCredie, James R. 1968. "Samothrace: Preliminary Report on the Campaigns of 1965–1967." *Hesperia: The Journal of the American School of Classical Studies at Athens* 37 (2): 200–234.

[34] Mylonas, George E. 1961. *Eleusis and the Eleusinian Mysteries*. Princeton, NJ: Princeton University Press.

[35] Nilsson, Martin P. 1950. "Lampen und Kerzen im Kult der Antike." *Opuscula Archaeologica* 6: 96–111.

[36] Oustinoff, Elizabeth. 1992. "Marble Lamps." In *Samothrace: Excavations Conducted by the Institute of Fine Arts of New York University*. Vol. 7, *The Rotunda of Arsinoe*, by James R. McCredie, 329–330. Princeton, NJ: American School of Classical Studies at Athens.

[37] Palagia, Olga. 2010. "The Victory of Samothrace and the Aftermath of the Battle of Pydna." In *Samothracian Connections: Essays in Honor of James R. McCredie*, edited by Olga Palagia and Bonna D. Wescoat, 154–164. Oxford: Oxbow Books.

[38] Palagia, Olga, Yannis Maniatis, E. Dotsika, and D. Kavoussanaki. 2009. "New Investigations on the Pedimental Sculptures of the 'Hieron' of Samothrace: A Preliminary Report." In *Asmosia VII: Actes du VIIe colloque international de l'ASMOSIA, Thasos, 15–20 septembre 2003* [Proceedings of the 7th International Conference of Association for the Study of Marble and Other Stones in Antiquity, Thassos, September 15–20, 2003], edited by Yannis Maniatis, 113–132. Athens: École française d'Athènes.

[39] Parisinou, Eva. 1997. "Artificial Illumination in Greek Cult Practice of the Archaic and the Classical Periods: Mere Practical Necessity?" *Thetis* 4: 95–108.

[40] Parisinou, Eva. 2000. *The Light of the Gods: The Role of Light in Archaic and Classical Greek Cult*. London: Duckworth.

[41] Patera, Ioanna. 2010. "Light and Lighting Equipment in the Eleusinian Mysteries." In *Light and Darkness in Ancient Greek Myth and Religion*, edited by Menelaos Christopoulos, E. D. Karakantza, and Olga Levaniouk, 261–275. Lanham, MD: Lexington Books.

[42] Pettazzoni, Raffaele. 1908. "Una rappresentazione romana dei Kabiri di Samotracia." *Ausonia* 3: 79–90.

[43] Popkin, Maggie L. 2015. "Samothracian Influences at Rome: Cultic and Architectural Exchange in the Second Century B.C.E." *American Journal of Archaeology* 119 (3): 343–373.

[44] Popkin, Maggie L. 2017. "Stone Objects." In *Samothrace: Excavations Conducted by the Institute of Fine Arts of New York University*. Vol. 9, *The Monuments of the Eastern Hill*, by Bonna D. Wescoat, 444–452. Princeton, NJ: American School of Classical Studies at Athens.

[45] Price, Simon. 1999. *Religions of the Ancient Greeks*. Cambridge: Cambridge University Press.

[46] Stewart, Andrew. 2014. *Art in the Hellenistic World: An Introduction*. New York: Cambridge University Press.

[47] Tucci, Pier Luigi. 2015. "The Materials and Techniques of Greek and Roman Architecture." In *The Oxford Handbook of Greek and Roman Art and Architecture*, edited by Clemente Marconi, 242–265. Oxford: Oxford University Press.

[48] Wescoat, Bonna D. 2012. "Coming and Going in the Sanctuary of the Great Gods, Samothrace." In *Architecture of the Sacred: Space, Ritual, and Experience from Classical Greece to Byzantium*, edited by Bonna D. Wescoat and Robert G. Ousterhout, 66–113. Cambridge:

Cambridge University Press.

[49]　Wescoat, Bonna D. 2016. "New Directions in Hellenistic Sanctuaries." In *A Companion to Greek Architecture*, edited by Margaret M. Miles, 424–439. Hoboken, NJ: John Wiley and Sons, Inc.

[50]　Wescoat, Bonna D. 2017a. *Samothrace: Excavations Conducted by the Institute of Fine Arts of New York University*. Vol. 9, *The Monuments of the Eastern Hill*. Princeton, NJ: American School of Classical Studies at Athens.

[51]　Wescoat, Bonna D. 2017b. "The Pilgrim's Passage into the Sanctuary of the Great Gods, Samothrace." In *Excavating Pilgrimage: Archaeological Approaches to Sacred Travel and Movement in the Ancient World*, edited by Troels Myrup Kristensen and Wiebke Friese, 67–86. London: Routledge.

[52]　Wescoat, Bonna D., Susan Ludi Blevins, Maggie L. Popkin, Jessica Paga, Michael C. Page, William Size, and Andrew Farinholt Ward. 2020. "Interstitial Space in the Sanctuary of the Great Gods on Samothrace." In *Hellenistic Architecture, Landscape, and Human Action*, edited by Annette Haug and Asja Müller, 41–62. Leiden, Netherlands: Sidestone Press.

5 生灵之地：
夜色中的玻利维亚蒂亚瓦纳科古城

约翰·韦恩·雅努塞克

安娜·根格里奇

过去，考古学家在定义和识别"城市"时所采取的主要方法就是将城市与其周边的环境区分开来：城市是与乡村环境相矛盾的地方。但是，城市也有自己的景观，即所谓的城市生态——无论是19世纪初迅速崛起于密歇根湖畔的芝加哥，还是卡霍基亚（Cahokia）、特奥蒂瓦坎或库斯科（Cusco）这些前哥伦布时期古代美洲的国家组织的重要城市，都是如此。近几十年来的研究显示，在许多古代城市，农业与生产的基础设施不仅存在于城市景观中，而且还在社会和物质双重意义上与城市融为一体。例如，墨西卡人（Mexica，即阿兹特克人）的首都特诺奇蒂特兰就建在德斯科科湖（Lake Texcoco）中的一个小岛上，并依靠著名的浮园耕作法为其居民提供粮食（第10章）。同样，在墨西哥和其他的中美洲玛雅城市里，许多住宅群的中间地带留有专门用于建造水库的空地（French et al. 2020），当然还有米尔帕耕作法[1]和梯田那样分布广泛而密集的耕作系统（Isendahl 2012）。

---

1 米尔帕耕种法（milpas）是玛雅农民采用的一种原始耕种法。先把树木统统砍光，过一段时间干燥以后，在雨季到来之前放火焚毁，以草木灰作肥料，覆盖住贫瘠的雨林土壤（刀耕火种）。烧一次种一茬，其后要休耕1~3年，有的地方甚至要长达6年，待草木长得比较茂盛之后再烧再种。——译者注

古文明之夜

本章我们将从古代城市的城市生态研究中汲取灵感，考察城市景观中的一些情感和体验维度：回到800年，天黑之后，行走在前哥伦布时期的蒂亚瓦纳科古城会是一种怎样的体验？在回答这个问题时，我们非常荣幸地梳理了雅努塞克自1987年起，在蒂亚瓦纳科工作几十年间所积累的大量数据和想法。这座城市在500年左右崛起于安第斯高原，即今天玻利维亚的阿尔蒂普拉诺（altiplano）高原；直至约1000年，位于这座城市中心的神庙区一直是古代安第斯山脉最知名的朝圣中心之一。对来到此地的人们来说，当地举行的公共纪念仪式（其中许多仪式有可能在夜间举行）提供了激励人心、不同凡响的体验。然而，之前对蒂亚瓦纳科的研究虽然普遍强调现象学体验（Kolata 1993; Isbell and Vranich 2004; J anusek 2008，2016; V ranich 2016），但直到近期，研究人员才对昼夜体验的互补性展开探索（Vranich and Smith 2018）。

为了探索城市夜间景观的体验感，我们首先对500—1000年间，即鼎盛时期的蒂亚瓦纳科作空间和建筑结构上的简要介绍，然后探讨如今继续居住在现代的蒂亚瓦纳科文化的村镇的艾马拉人（Aymara）是如何体验夜晚时光的。他们对夜间的现代体验和感悟能提供分析框架，帮助我们理解过去的人们怎样度过夜晚时光（需着重关注夜晚既可怕又危险的特点）。然后，我们转向考古研究，对比分析生活实践中的三个侧面，特别强调了火和水的互补作用：首先，我们探讨水与火如何营造城市的室外空间；其次，我们会走进蒂亚瓦纳科居民舒适的土坯房，了解他们的夜间生活如何在壁炉和陶灯点亮的温暖空间中展开；最后，我们来到几个世纪以来一直吸引着朝圣者的雄伟的建筑群之前，在夜间仪式的场景中，人群活动、天体运行，还有灯火，都会使得栖居在建筑空间中的石雕变得生动起来。环顾整个城市景观，我们想要强调，在温暖、安全、局限的家庭空间之外，还存在着考古学家们能够观察到的多元、别样的夜间体验（Godin and Nowell，2018）；我们还想强调，城市生态的夜间图景能让我们更全面地理解，是什么造就了古代蒂亚瓦纳科城曾经的样子。

5 生灵之地：夜色中的玻利维亚蒂亚瓦纳科古城

蒂亚瓦纳科的地缘政治和生态背景

蒂亚瓦纳科位于今天玻利维亚的高原地区，即阿尔蒂普拉诺高原，是古代安第斯山脉最富盛名的宗教—政治中心之一。250年，蒂亚瓦纳科已经在安第斯地缘政治中扮演重要角色，成为的的喀喀湖盆地地区众多相互联系、相互影响的文化宗教中心之一，这些文化中心包括卡拉-乌尤尼（Kala Uyuni）、索纳吉（Sonaji）、卡拉-马尔（Kalla Marka）和孔霍-万卡内（Khonkho Wankane），它们拥有共同的核心宗教习俗、图像和建筑传统以及宗教团体。然而，在500年左右的某个时刻，蒂亚瓦纳科从这一地缘政治格局中脱颖而出，成为众多中心里的佼佼者，并一直保持着主导地位，直到公元1000年以后，它的政治秩序走向崩溃（Janusek 2012，2015）。关于当时政治格局的确切属性，至今仍然存在争议。不过可以明确的是，次一等的中心，如附近的卢库尔玛塔（Lukurmata），也是构成这种政治—宗教体系的一部分，它们给予蒂亚瓦纳科经济上的支持（Kolata 1993；Janusek 2008）；在偏远地区，如安第斯山东坡山麓地带和秘鲁的沿海山麓，可能还存在一些殖民地，被称作蒂亚瓦纳科的"流散地"（Goldstein 2000），那里的居民在文化、政治和经济上与中心城市保持着联系。蒂亚瓦纳科政权的属性究竟是什么，它是一个国家、一个帝国，还是一个独特的政治—宗教共同体呢？这仍然是个具有争议的问题。

蒂亚瓦纳科的地缘政治影响力的关键在于仪式性集会，即在纪念中心那精心设计的空间里举行的，内容极其丰富的仪式性集会。蒂亚瓦纳科首先是一个朝圣中心，它吸引了来自安第斯山脉南部，甚至远至智利和阿根廷的追随者和参与者。因此，对这个城市的体验研究必须以朝圣者周期性的涌入与离开作为基础，他们周期性地扩大了城市规模；事实上，周期性聚集的特点同样表现在身为蒂亚瓦纳科后裔的现代艾马拉人的传统节日中（Janusek 2006，2016）。与后来的安第斯政权，如印加帝国（the Inka）一样，在蒂亚瓦纳科城核心区域举行的仪式的主要特点是共生聚会，特别是那些以大规模消费玉米啤酒，即奇恰酒（chicha），以及其他改变心智的物质为重点的聚会（Torres 2001; Janusek 2008; B andy 2013）。

这类仪式在几个神庙区举行，它们集中于蒂亚瓦纳科城区的两个主要园区，以及西南几百米处的孪生园区普马彭谷（Pumapunku）。在蒂亚瓦纳科神庙区内，有3个最著名的公民宗教场所：卡拉萨萨亚（Klasasaya），一个面积为130米×120米的平台；紧靠卡拉萨萨亚东侧的下沉神庙（the Sunken Temple），在形成期晚期（the Late Formative Period）（公元前500—公元前100年）曾是蒂亚瓦纳科的祭祀中心；阿卡帕纳（Akapana），一个阶梯状金字塔形平台，位于卡拉萨萨亚和下沉神庙的南面，建于蒂亚瓦纳科文化的晚期（Kolata 2003）（图5-1）。这些景观设计都突出了空间的物理体验和情感体验，在通道的关键点设置了纪念碑式的门户，以引导朝圣者穿过这气势恢宏、引人瞩目的建筑群（Vranich 1999，2016; Janusek 2016）。但是，该布局是围绕一些石碑而存在的，其视觉和空间的焦点也是石碑：它们是具有纪念意义的人形石头雕塑，这些石雕被认为刻画了强大的祖先形象，也是他们主持了在那里举行的仪式（Posnansky 1945; Janusek 2006，2019; B andy 2013）（图5-2）。

我们必须代入到广阔的阿尔蒂普拉诺高原去理解蒂亚瓦纳科建筑的复杂性，

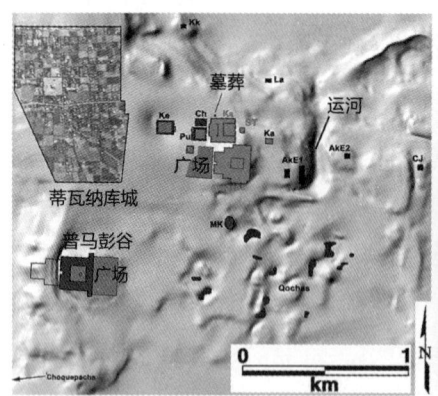

图5-1 （左图）蒂亚瓦纳科两个神庙区的位置（包括普马彭谷和蒂亚瓦纳科自身的）与现代蒂亚瓦纳科城的位置关系；文中提到的主要建筑：卡拉萨萨亚平台（Ka）、下沉神庙（ST）和阿卡帕纳平台。（右图）蒂亚瓦纳科神庙区主要纪念性建筑的俯视图。照片来源：Johan Reinhard

5 生灵之地：夜色中的玻利维亚蒂亚瓦纳科古城

图5-2 展示石碑：（a）贝内特石碑（Bennet Monolith）（b）彭斯石碑（Ponce Monolith）（c）福莱尔石碑（Fraile Monolith）（来自作者的19世纪明信片）。

因为高原的生态环境已经融入了城市的肌理。蒂亚瓦纳科海拔3800米，是前现代世界里海拔最高的中心城市之一，它那独特的经济、建筑和宗教特征正是在高原环境中产生的。大面积的浮园农田为城市中心密集的人口供应粮食，这些农田毗邻的的喀喀湖，依靠湖水灌溉或泄水（Kolata and Ortloff 2003; Janusek and Kolata 2004）。生产性质的基础设施同样是蒂亚瓦纳科的城市核心元素之一，尤其是水井和水利设施，它们为城内的美洲驼和羊驼畜牧业提供支持（Flores Ochoa 1987; Janusek and Bowen 2018）。除了生存活动，阿尔蒂普拉诺高原上方辽阔的夜空也为神庙区的布局提供了依据，如下沉广场（the Sunken Court）的主体建筑就是为了观测星座和其他天体而设计的（Benítez 2013; Vranich 2016; Vranich and Smith 2018）。同样重要的还有远处的山峰，如南面的基姆萨查塔（Kimsachata）以及西面和东面的卡皮亚（Ccapia）、伊利马尼（Illimani）。古往今来，许多安第斯民

103

族，包括现在的艾马拉人，都把山脉叫作阿普斯，他们认为山脉是有生命的存在，人类与之接触便能获取山脉的力量。蒂亚瓦纳科建筑的主要特征不仅在于与山峰的关联性，阿普斯还以巨石这一物质形式融入了城市本身。换言之，蒂亚瓦纳科城带给居民的感官体验建立在它所处的广阔高原的环境基础上；反过来说，居民的城市体验也成为蒂亚瓦纳科城在安第斯山脉南部获取地缘政治力量的基础。

夜晚是另一个本体论领域：艾马拉世界

现代的蒂亚瓦纳科城建立于16世纪的西班牙殖民统治时期，城市居民主要是艾马拉人，他们的祖先世代生活在不远处的前哥伦布时期的蒂亚瓦纳科古城中及其周边。了解艾马拉人的夜间世界体验，包括他们在现代的蒂亚瓦纳科的生活体验，或许可以提供一种有用的思路，帮助我们模拟出古城居民是如何构思城市夜间景观的。

对艾马拉人来说，白天和黑夜在传统上构成了一组对照领域，每个领域都居住着特定种类的生物，并有特定的活动。白天最显著的是太阳的运动，大多数农牧业生产都在白天进行。夜间则是月亮、银河和星座的运动领域。对于人类来说，夜晚是暗藏危险的，因为夜间栖居着许多可怕的非人类生物，包括令人恐惧的凯特（Kate），即无身体的脑袋（Tschopik 1946）；嘉娉鲁鲁（japiñuñu）——美丽又妖娆的女人，她们引诱男人，并用乳房将他们压碎（Canessa 1993, 139）；还有可怕的孔蒂纳斗（condenados，有罪者）——一种浑身是血、腐烂不堪的安第斯僵尸，他们在大地上游荡，为自己生前的自私而忏悔（Allen 2009）。然而，夜晚也是焚烧动物脂肪、糖果和美洲驼的胚胎等庄严祭品（艾马拉语为muxa misa，即甜祭品）的时间，以祭祀某个地区的阿普斯，当然还有大地，大地通常被视作有生命的女性（图5-3）。对居民而言，这是最吉祥的时刻，借此机会，他们可以与自己居住的环境建立起积极的互惠关系。不过，黎明和黄昏，作为两个领域交替的过渡时间，具有高度危险性。无论从事什么活动，到了这种临界时刻，人们都必须小心谨慎。

5　生灵之地：夜色中的玻利维亚蒂亚瓦纳科古城

图5-3　2005年，在可罕可胡里齐里齐（Qhunqhu Liqiliqi）举行的夜间祭祀仪式，美洲驼献祭是仪式的一部分。照片来源：John Wayne Janusek

　　还有一类会在夜晚醒来的非人类生物，同样为蒂亚瓦纳科的艾马拉居民所熟知：人形石雕，或称石碑。它们最初矗立在前哥伦布时期古城的中心位置，如下沉广场和阿卡帕纳的大型阶梯平台（图5-1）。有些石雕现今仍保留在游客能游览的区域（它们最初的位置），但大多数石雕已被重新安置到了新建成的博物馆里，还有一块被称作苏纳瓦石碑（the Suñawa Monolith）的石雕目前位于城镇广场上的一幢私宅中（Schaedel 1948; Guengerich and Janusek 2020）。镇上的居民讲述了许多夜间外出时撞见某块石雕的经历，不是看到石雕在移动，就是听到某一块石雕的说话声甚至哭泣声。许多居民说自己曾与石雕有过互动，或者认识与石雕互动过的人。值得注意的是，他们所说的这种互动带有危险性质：如果人们没有意识到自己刚才与一个石雕发生了互动，那他们有可能会陷入一种类似被催眠的状态，继而生病，如果不及时治疗，还可能死亡。由于石雕多以人的形态出现，对那些与巨石打过交道的人来说，尤其当他们处在虚弱、不稳定的状态时（通常是在喝醉的时候），他们很难意识到自己遭遇了"复活的"石雕。石雕只会在夜晚苏醒，因为夜晚是它们的领域。

105

古文明之夜

图5-4 石雕的夜间聚会。绘图来源：改编自胡安·鲁根达斯（Juan Rugendas）的素描（Diener Ojeda 1992）。

与艾马拉的许多夜行生物不同，石雕巨人一般都有特定的角色。例如，普马彭谷石碑（the Pumapunku Monolith）被认为是个美丽的女人，她引诱受害者，令其生病，最终杀死他们。它之所以被定义为女性，是因为现代研究者从这个巨型石雕上看到了一些女性特征，它的下半身穿着一件外翻的裙子（而非常见的带有传统元素的及膝、束腰的男子着装），形似艾马拉妇女今天穿的波耶拉（pollera）裙。最富传奇色彩的是苏纳瓦石碑，它于1948年被发现于城镇广场一所房屋的庭院的地下。在雅努塞克的访谈中，许多当地人都讲述了他们在夜间邂逅这块巨石并与之互动的精彩故事。在一些故事中，它看起来像是一个"在找脚"的人，因为石碑的基座和原来的脚不知什么时候被折断了。而在另一些叙述中，有人目睹石雕"苏醒"并离开它的位置，甚至跑到公共场所与其他苏醒的石雕聚会（图5-4）。无论何种情形，总会有一道亮光宣告巨石的苏醒。

例如，居住在苏纳瓦石碑所在街道附近的塞利诺·楚拉（Marcelino Chura）讲述了自己在20世纪中期目击石碑复苏的经历：

5 生灵之地：夜色中的玻利维亚蒂亚瓦纳科古城

当时是半夜，我躺在床上，一道亮光从窗外闪过。那道光和汽车的灯光一样明亮，但那时蒂亚瓦纳科还没有汽车。我下了楼，打开通往大街的那扇门，就看见苏纳瓦站在外面，周身罩着光。我吓坏了。苏纳瓦开始移动。它拐进广场，一直走到教堂前。我很好奇，就跟着它，但我的腿越来越沉重，像是要睡着。我强撑着转过拐角，看见苏纳瓦正在跟教堂入口两侧的两座雕像说话。它们谈了好长时间。它们在说什么？终于，它们一起往普马彭谷移动，这时狗开始叫了。我回到床上，害怕极了，浑身发抖。我无法入睡。天亮前，我听到广场有点吵闹，就又跑了出去，看见苏纳瓦在跟好几座从废墟中拖出来的石雕说着话，废墟在1000多米开外。最后，其他巨石纷纷离开，苏纳瓦回到了它原先待的那所房子门前，光亮突然熄灭了，就像关闭手电筒一样。（楚拉，个人信件，2010年，由本文作者翻译。）

蒂亚瓦纳科的巨石雕像与传统安第斯世界的各种非人类一样，存在于夜晚这样一个颠倒的世界，这个世界中生命与行为的法则都与正常世界相反，在这个世界中，人类是绝对弱势的。在夜晚的大部分情况下，人们或在室内从事夜间工作，或在温暖舒适、无风无雨的茅草土坯房里睡觉。只有身处户外，尤其是在意识不清、醉酒的状态下的人们会接触到居住在夜间领域的危险分子。当然，一个人晚上出门也有合法的、可被社会接受的理由，例如去高海拔牧场放牧，清晨垂钓，深夜旅行，向阿普斯焚烧祭品，或者参加庆祝社区守护神的历法节日的活动等。与此不同的是，那些夜间无故外出的人与非人类一样具有危险性。他们可能是小偷，或者更糟，是brujos（女巫）或kharisiris（吸血鬼）（Wachtel 1994），都是想从精神上削弱并最终杀死受害者的吸脂者。若是以夜间邪恶行为的潜在威力和危险性衡量，人类和非人类不分伯仲。

因此，对于现代艾马拉人来说，夜晚不只是一段特征为停止普通昼间活动的黑暗时期，相反，它还包括自己的本体论领域，人类大抵只能小心翼翼地步入其中。那么，对于前哥伦布时代的蒂亚瓦纳科古城居民来说，夜晚的时光是什么样的呢？是否有相似的力量在发挥作用——存在危险的神秘力量、家庭与外部的差异，或是强大的非人类？在本章的余下部分，我们将转向3种空间环境：户外空间、家庭室内空间以及神庙区的核心空间，通过考古探究这些空间环境，寻求这些问题的答案。

烟与雾：蒂亚瓦纳科的夜间城市生态

我们首先来到蒂亚瓦纳科的室外，即建筑之外的空间，这是城市生态的重要组成部分。我们将雅努塞克和众多同事多年来一直关注的两个研究课题——分布广大的灰坑和城市运河系统——汇集在一起。虽然关于这些景观的功能和起源的争论已经挥洒了诸多笔墨，但在这里，我们暂且搁置争议，转而聚焦它们对蒂亚瓦纳科户外环境的夜间体验所做的贡献。简而言之，是它们让蒂亚瓦纳科成了一个烟雾缭绕、雾气弥漫的地方。

今天，在蒂亚瓦纳科晴朗的夜晚，由于位于高海拔地区，空气刺骨寒冷，星星异常明亮。对于多数在城市中长大的人来说，这种自然的夜光是很容易被忽视的。然而，在埃尔阿尔托（El Alto）或拉巴斯（La Paz）这样处于现代城市光污染影响范围之外的城市，夜晚不只是简单的黑，天体为高原景观提供了大量的光线。仅星星就足以照亮大部分地貌；如果有月亮，月光的银辉更是明亮。然而，如同所有的现代城市，蒂亚瓦纳科古城也有自己的污染形态，并形成了自己的城市热岛类型——我们在此分别称之为烟雾包和雾气包。第一种现象，即烟雾包，是大量城市生活中司空见惯的燃烧活动的造成的。入夜，在寒冷的高原气候下，人们为了做饭、取暖，会点燃许多火堆，产生的烟雾便在城市中积聚。前哥伦布时期，城市日常生活中的其他惯常做法也可能加剧烟雾的笼罩，包括白天在露天烧制陶器和使用埋在地下的土灶烹饪，即瓦提亚（watia）[1]。高原上树木稀少，燃料主要来自美洲驼或羊驼等骆驼科动物的粪便，气味浓重，这是夜间用火的独特之处。

---

[1] watia，南美洲克丘亚语中是"土坑烧烤"的意思。——译者注

5 生灵之地：夜色中的玻利维亚蒂亚瓦纳科古城

正如斯拉（Sillar）（2000）所指出的那样，对于传统上依赖骆驼科动物粪便的安第斯人来说，用火产生的气味可能会唤醒强烈的安全感和舒适感：在诸多土灶的共同作用下，产生的气味可能被视为一种独特的"蒂亚瓦纳科"式嗅觉美学。虽然这些活动产生的雾霾在严重程度上必然不比现代工业化城市严重，但密集人口聚集的住宅区肯定会产生大量烟雾，很可能缭绕不散，直至夜晚。

图5-5 在蒂亚瓦纳科阿卡帕纳东部生活区挖掘出的灰坑。照片来源：John Wayne Janusek

除了古代城市中心典型的家庭生活习俗外，蒂亚瓦纳科古城还有一种独特的大规模燃烧文化，可能极大地加重了笼罩的烟雾，这就是安德鲁·洛迪克（Andrew Roddick）和雅努塞克（2011）指出在一处遗址中发现的结晶状灰坑。蒂亚瓦纳科的灰坑坑体巨大、无处不在，不仅分布于蒂亚瓦纳科古城，而且在整个南的的喀喀湖盆地地区的当代蒂亚瓦纳科文化中心都有发现（图5-5）。对于在该地区工作的研究人员而言，这些灰坑在考古记录中向来都是令人头疼的问题，

109

远非什么好事，因为它们对地层造成了严重的破坏，肆无忌惮地凿穿了埋藏在坑穴以下的前蒂亚瓦纳科文化土层。居民区房屋的内部和外部都发现了灰坑，其中总是充塞着灰烬，通常与零散的碳化了的驼粪颗粒混在一起，驼粪颗粒暗示了产生这些灰烬所用的燃料。在很多案例中，灰坑内还含有混合土质，包括烧焦的黏土。灰坑的特点是遗存密度高，其中包含植物和动物遗存以及与食物有关的各种陶器，如炊具（ollas）、储藏罐或发酵罐、盛具及礼器（Janusek 2003a; Janusek 2009; Roddick and Janusek 2011）。

这些灰坑的形态各异，表明它们用途多样。有些灰坑可能是为了建造土炉或烧陶而直接制作的，不过最初开掘灰坑的主要原因很可能是古人需要采掘该地区的黏土，以获取建造房屋和城市中心神庙区建筑所需的土坯。随后，大多灰坑被用于处理城市居民在家庭活动和仪式活动中长年累积下来的垃圾。事实上，我们或许可以说，蒂亚瓦纳科人在焚烧垃圾方面特别谨慎小心。

在考古记录中，这种形式的灰坑首次出现在公元前500年左右，这正好与蒂亚瓦纳科政权在该地区涌现的一系列特征相吻合。公共仪式使蒂亚瓦纳科成为地区性的政治宗教强者，鉴于共生活动在公共仪式中的重要作用，雅努塞克及其同事曾提出，大多数灰坑的产生，是为了处理这些极具蒂亚瓦纳科特色的消费活动所产生的大量有机垃圾。这些活动的规模影响了灰坑的规模：单个灰坑可宽达数米、深达5米；住宅区多达40%～50%的地表面积由诸如灰坑的二次沉积区域组成（Janusek 2003a，2004，2009; Roddick and Janusek 2011）。简而言之，燃烧垃圾所产生的烟雾确有可能缭绕至深夜，从而塑造了现有的地貌特征。

对城市夜间生态的形成同样具有重要作用的还有市中心无处不在的水源，水造就了我们所说的雾气包。就像其他著名的新世界城市——特诺奇蒂特兰、库斯科、奇穆（Chimor），蒂亚瓦纳科明显将主要的水资源纳入了自己的城市设计中。其中一些具有仪式效果，例如在雨季，雨水奔涌冲刷，穿过阿卡帕纳平台的地下运河时会发出隆隆声，再现了提供重要生命之水的神圣山脉（Kolata 2003）。一些水资源也提供了实用的工程功能，比如地下运河系统能在沉重的神庙区建筑下稳固地基。简而言之，蒂亚瓦纳科由复杂的陆地景观与水景组成，水的实用性和神圣性交织在一起，支撑着这座城市在世间的声望与权力（Janusek and Bowen 2018）。

在此，我们希望大家注意水利系统的露天组成部分，它们有可能是造成蒂亚瓦纳科雾气包的源头。这些露天设施包括桥查池，即下沉式水池，它们主要集中在东北部神庙区以南的住宅区。这些水池是人和美洲驼和羊驼依赖的水源，尤其是跟随商人和朝圣者来到蒂亚瓦纳科古城的大批美洲驼和羊驼（Flores Ochoa 1987）。其他特征还包括广阔的浮园农田（包括位于神庙区东北部北缘的浮园农田），它将浮园农田和蓄水的沼泽或沟渠连接在一起。在寒冷的高海拔气候中，大片的露天水源蒸发后会形成雾状的热气包，其特点是温度较高，可以保护农作物免受霜冻，霜冻正是高原农业最大的天灾之一（Kolata and Ortloff 2003）。

夜间雾气的第三个成因是环绕东北神庙区的巨大开放式水景（图5-6）。这一地貌的性质一直备受争议，早期的考古学家将其描述为一种防御性地貌或者一种在空间上划分精英区的手段，早期的术语"护城河"就代表了这样的性质（Posnansky 1945; Kolata 1993）。雅努塞克新近的合作项目（Ortloff and Janusek 2014; Janusek and Bowen 2018）以及其他团队进行的互补性遥感研究（Lasaponara and Masini 2014）表明，"边缘运河"一词更能表达这一地貌的主要功能，即缓慢但井然有序地将水输送到神庙区建筑群的周围。错综复杂、相互连接的运河系统与城市南侧的桥查池相连接，将水引入边缘运河；最后，源自南边基姆萨查塔山麓的泉水和溪流将运河充满；最终，边缘运河沿着蒂亚瓦纳科的北缘将水引入瓜基拉河（the Guaquira River）。这个由河流、运河和桥查池组成的系统造就了丰富的城市生产系统——从本质上讲，就是"城市农场"。

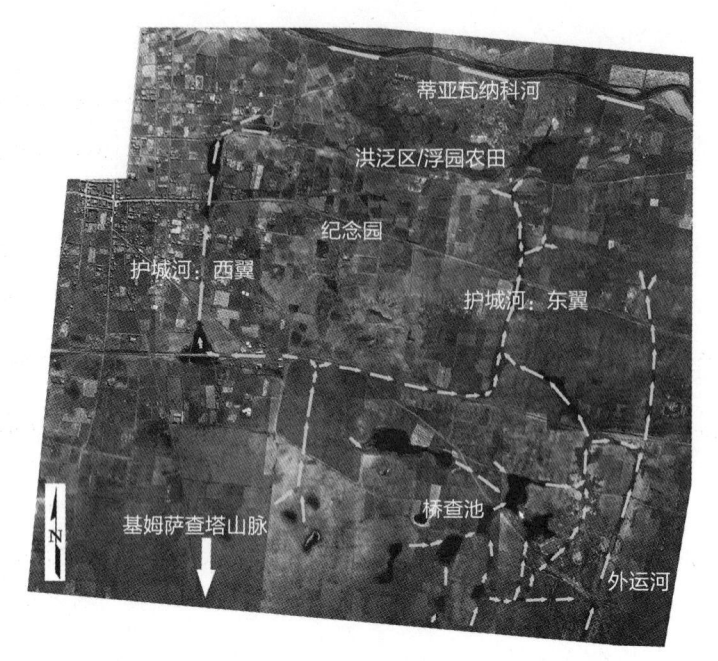

图5-6　重建的蒂亚瓦纳科边缘运河以及相互贯通的主要水资源。
图片来源：改编自Janusek and Bowen（2018）

这样的系统又能给夜间生态和夜间体验带来什么影响呢？至少在雨季（每年的12月至次年的3月），通过蒂亚瓦纳科巨大水网的水量很可能使城市的温度升高几度，并使居民感到更加温暖，因为水从露天运河、桥查池及浮园农田蒸发出来，产生的雾气包足以与高地系统产生的雾气包相媲美。结合城市用火在夜间产生的烟雾包，现今蒂亚瓦纳科上方生动明净的星空，曾经极大地启发了仪式核心区域的设计（Benítez 2013; Vranich 2016; Vranich and Smith 2018），但在当时，至少是一年当中的某些时候，其能见度和清晰度很可能受到了城市烟雾的严重影响。同时，蒂亚瓦纳科的街道和普通公共空间在这些时候极有可能因浓厚的大气而变得丰富起来，影响着人们的多重感受——温度、气味、视觉、湿度，并随着自然季节的节律（雨季和旱季）和一年中的仪式活动安排而起伏、变化，因为朝拜者会使当地的居住人口出现周期性波动。

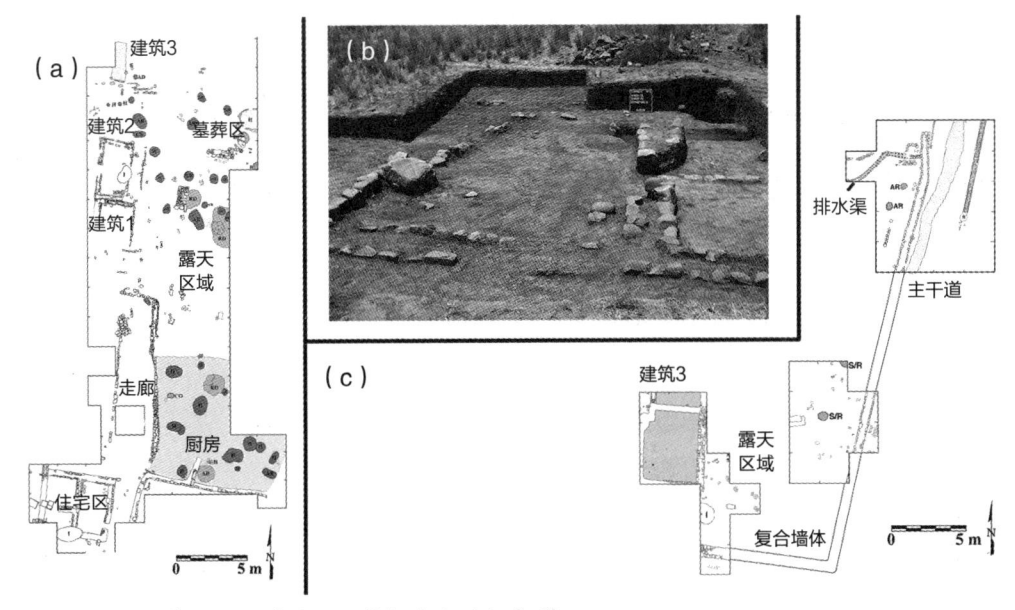

图5-7 蒂亚瓦纳科居住区挖掘出土的住宅群：
（a）阿卡帕纳东部1区南院；（b）阿卡帕纳东部6号建筑；
（c）阿卡帕纳东部1M号建筑。绘图来源：John Wayne Janusek

走进蒂亚瓦纳科的居住空间

在800年左右，蒂亚瓦纳科常住人口已经达到1~3万人（Janusek 2009，159），城市大部分景观都由住宅区组成。本节中，我们将从寒冷的高原步入室内，探讨在人类"安全"的居住空间里经历怎样的夜晚，那是恐怖而强悍的非人类无法涉足的领域。

蒂亚瓦纳科的住宅区一直延伸到遗址的边缘运河甚至运河以外的地方，它们共享着一个核心区域，即被住宅区层层包围的神庙区。纵观整个城市，各住宅区的空间结构略有不同，这可能与不同地区，或民族身份的差异，或某些街区的经济重心不同有关（Janusek 2004，2009）。不过，在古城遗址的大部分地区，住宅区都由多家庭的住宅群组成，区域之间以小型运河河道或大土坯墙为界（图5-7）。每个住宅群都包括多家住户，这与安第斯高原许多当代艾马拉人和克丘亚人

（Quechua）社区的居住组织形式类似。院墙内有各种建筑，比如厨房、附属建筑、庭院、储藏区、水井、垃圾堆，有些地方还有专门的生产区域。住宅和围墙通常由土坯砖，即tapia（填土块）组成，砌在鹅卵石地基上。围墙所使用的土质多与周边土壤中的黏土一致，开挖黏土所形成的形状各异的坑，后来被灰烬与垃圾填满。换句话说，住宅空间应该也被看作蒂亚瓦纳科广义上的城市生态的一部分。

雅努塞克对蒂亚瓦纳科住宅展开研究后，下了一个重要的结论：这些住宅区内的大多数建筑还不能确切地被称作住宅，住宅应该是指专门用于持续性居住和日常活动的建筑（Janusek 2003a, 2004, 2009）。然而，住宅区中的许多已发掘建筑似乎是为来蒂亚瓦纳科参加重要仪式活动的人所提供的临时住所，比如远道而来，需要在古城暂住的家人、朋友或宗教亲属，其中的许多人可能是为了在重大仪式活动的"紧要关头"提供帮助的，例如烹饪食物、酿造啤酒、制作陶器等。

与当代的艾马拉家庭一样，重要的日常活动和特殊活动可能都在住宅区宽敞的室外庭院举行。在这些场所出土的陶器中，用于储存、发酵、盛放食物和奇恰酒的器皿所占比例通常很高。在食器里，蒂亚瓦纳科标志性的高脚"凯罗杯"

图5-8 （a）未烧制和装饰的萨胡马多。（b）红釉装饰的萨胡马多。（c）猫形氪斯萨里瓯。（d）大号的摩恰楚亚。（e，f）未施釉的萨胡马多和氪斯萨里瓯及其抬高底座的细节。照片来源：John Wayne Janusek （keros），以及器型较矮、凹形（或双曲面），用于盛放炖菜、汤和其他固态食物的器皿tazones经常成组地高频出现。与共享的广场庭院空间相比，住宅建筑相对较小，通常包含带有一个或多个炉灶的狭小厨房，隔壁就是吃饭和睡觉的房间。在凛冽的高原之夜，每一个进入这些茅草覆顶、土坯为墙的房屋的人都能体会到，当壁炉燃烧时，住宅成为一个个温暖又私密的空间。

住宅区的建筑室内和周围的垃圾场中经常发现一类陶器，然而目前对这种陶器的研究仍显不足。这种陶器叫作"萨胡马多"（sahumador或sahumerio），这是一种凹形器皿，外壁的中部通常有成对的把手，器皿内部则有典型的火烧痕迹（图5-8）。器壁由厚实、柔软、粗糙的泥浆混合云母及其他矿物杂质构成，与烹饪器皿一样能膨胀和收缩，以防止开裂。萨胡马多还带有环形的凸起或"假"底座，这使器皿的底部被抬高，在将容器放置到纺织物、稻草等室内的平面上时，不必担心（这些平面的材质）易于引燃（Janusek 2003b）。对化学残留物的研究显示，萨胡马多内部的脂肪含量很高，这表明一些富含油脂的物质被用作灯芯，可能是树脂或骆驼科动物的脂肪（Tschopik 1950; Marchbanks 1991）——无论哪种物质，都可以将对萨胡马多的研究嵌入到更广泛的，包含对骆驼科动物或植物管理的城市生态中。

在当地文化中，萨胡马多有两种类型：一种是未经施釉也无装饰的类型，陶色从棕色至棕橙色不等；另一种是有装饰的类型，其特征是外部施以红釉，抛光，呈浅棕色，且器物外部绘有图案（图5-8 a、b）。图案类型通常包括沿着假底座外部的一圈空心或点状白色圆圈，以及色彩鲜艳的图形，这些图形多为几何图形，或常见的鸟类（秃鹫或者老鹰）形象，尤其注重表现鸟的翅膀（Janusek 2003b）。人们很容易认为未经装饰的萨胡马多主要用作灯具，而描绘鸟类翅膀或其他图案的红釉器皿主要作为祭祀场所的仪式器具。然而，这样的分类可能过于刻板，因为这两种形态的陶器在蒂亚瓦纳科的民居中都很常见，数量也很多。这样的分布状况表明，两种类型的器皿都频繁用于更为世俗的目的，或许可以称之为"实用"的目的：作为灯具。

还有一种更为人熟知的燃烧容器——动物肖像的氤斯萨里瓯[1]——有助于澄清这里涉及的一些表达差异。肖形氤斯萨里瓯是一种凹形容器，上面装有模制零件，通常是动物的头和尾巴，分别位于容器外壁的两侧；或者形似动物的脑袋从器物的侧面破壁而出，造型包括骆驼科动物、猫科动物（美洲狮或斑点低地猫）、鸟类（老鹰或秃鹰）等（Janusek 2003b）（图5-8c）。这种形式有一种变体，其器皿造型更加丰富，器身按照动物的身形制作，而不再是简单的凹形器皿样式。与萨胡马多一样，氤斯萨里瓯内部几乎都有明显的焚烧痕迹；它们在制作技术和外在形态上也具有相同特征，包括耐高温的陶质和假底座（图5-8e、f）。然而，与萨胡马多不同的是，氤斯萨里瓯主要发现于停尸房而非居住环境中，而且多数都在蒂亚瓦纳科以外的遗址中出土，尤其是的的喀喀湖中的岛屿，以及邻湖的一些遗址，如卢库尔玛塔（Lukurmata）（Janusek 2003b，2004）。

氤斯萨里瓯的制作工艺极为精致，很难让人联想到停尸房，这与蒂亚瓦纳科住宅区那些装饰多样、分布更广的萨胡马多形成了鲜明对比。两种形式的燃烧器具虽应用场景不同，但净化和照明作用可能是一致的。但是，按照本书所强调的古代照明技术主题，我们认为应当把萨胡马多用于夜间照明，以及为蒂亚瓦纳科房屋和庭院升温的灯具。这并不意味着它们没有仪式功能，相反，它们很可能用于仪式净化和感官转换，比如在家庭生活的重要时刻被用来燃烧气味浓厚的树脂。萨胡马多和氤斯萨里瓯之间的分别并不在于仪式／日常的分界，也不在于有无装饰，而是让我们重新考量起一个问题：区别因环境而生，正如考古学研究对家庭采用的多种区分方式一样（公共／私人，男性／女性，生产／再生产，等等）。事实上，也许恰恰是因为萨胡马多具有散发光亮、制造温暖和增强家庭氛围感的功能，它们才得以定期在家庭仪式活动中扮演着关键的角色。

---

1 incensarios，在西班牙语里是焚香器、香炉的意思。——译者注

5　生灵之地：夜色中的玻利维亚蒂亚瓦纳科古城

步入蒂亚瓦纳科的下沉式广场

最后，让我们走出温暖的土质住宅空间，穿过将城市分割成区的、烟雾弥漫的道路，来到蒂亚瓦纳科的内部圣所：与普马彭谷、阿卡帕纳和卡拉萨萨亚等著名神庙区建筑群相关的下沉式广场。蒂亚瓦纳科不仅是一个著名且强大的社会政治中心，也是一个朝圣和社交聚会中心。其纪念性的下沉式广场便是拥有这一功能的核心建筑，当时最负盛名的活动很有可能都在夜间举行。

正如阿列克谢·弗拉尼奇和斯科特·C.史密斯（2018）在上一本夜间考古论文集（Gonlin and Nowell，2018）里的文章所述，蒂亚瓦纳科的下沉式广场与主要的天文事件和月相活动相契合，沿袭了形成期晚期（the Late Formative Period）（公元前100—公元500年）南的的喀喀湖盆地地区其他政治—仪式中心的传统。在蒂亚瓦纳科，下沉神庙位于卡拉萨萨亚平台（the Kalasasaya platform）[1]的东面（图5-1），其朝向是为了让神庙与圣山基姆萨查塔（Mt.Kimsachata）上空的南天极[2]建立起视觉联系，同时能观察到形为美洲驼和她的幼崽的雅卡纳星座（the yacana constellation）的偕日升规律（Benítez 2013）。与夜间天象活动密切相关的例子还可以在附近的孔霍-万卡内遗址中找到，在形成期晚期，孔霍-万卡内和蒂亚瓦纳科构成了宗教和政治影响力的双子星。孔霍-万卡内位于蒂亚瓦纳科的正南方，进入或通过它的下沉广场，同样也能望向南天极（Vranich and Smith，2018）。

就蒂亚瓦纳科而言，600年左右修建的阿卡帕纳神庙（当时蒂亚瓦纳科正逐渐成为南的的喀喀湖盆地的主要政治中心）阻隔了从下沉神庙延伸到南天极、基姆萨查塔山和孔霍-万卡纳的视线（Vranich and Smith 2018）。同时在东西方向

---

[1] 卡拉萨萨亚平台是卡萨萨亚神庙的遗址，根据考古发掘，卡拉萨萨亚神庙最初建成时呈金字塔状。本文根据上下文会将"the Kalasasaya platform"译成"卡拉萨萨亚平台"或"卡拉萨萨亚神庙"。——译者注

[2] 南天极，天文学概念，指地球南极投射在天球上的点，也就是天球的南极。——译者注

建造起了新的纪念性建筑，这带来了太阳运动观测的新重点，例如在西边设置冬至和夏至日的观测点（Kolata 2003）。尽管如此，在建造安山岩走廊（Andesite Corridor）[1]这一新地貌的过程中，对应天体南北走向的建筑格局仍然得以保留。安山岩走廊位于卡拉萨萨亚平台西侧和普图尼宫殿（the Putuni Palace）之间，铺设醒目坚实的安第斯火山岩。该走廊提供了一条一眼就可以看到基姆萨查塔山和南天极的新视野，有效地恢复了形成期曾有过的重要天体定位，并使观测者得以重新关注陆地和天空景观的主要组成部分（Janusek and Bowen 2018; Janusek 2019）。显然，夜间举行的活动与仪式、景观的互动，在蒂亚瓦纳科的整个历史进程中都至关重要。

　　下沉式广场的功能就是观看天体和月球的剧场，这清楚地证明了它们的夜间属性。但我们同时也认为，它们最引人注目的功能并不在于观测者通过这些空间可以看到什么，而在于它们的内部空间中究竟发生了什么。下沉式神庙是蒂亚瓦纳科的内部圣所，是在重大宗教活动期间举行集体仪式的地方。当然，并不是说所有朝圣者都会进入这里，可能有许多人会因为官方的禁令或者出于恐惧而待在外面。以位于秘鲁中部海岸，后来成为朝圣中心和神谕圣地的城市帕查卡马克（Pachacamac）为例，进入这座城市需要长时间的斋戒、供奉和准备，且并不是所有人都有资格进入（Cobo 1990）。

　　就蒂亚瓦纳科的下沉式广场而言，这些封闭的空间因其中的物品——或者更为准确地说，是居住在其中的生灵——而被渲染成极富感染力的圣地。对于古代的蒂亚瓦纳科人来说，这些生灵被刻画成巨大的拟人雕像，我们认为这些雕像正是蒂亚瓦纳科社会政治和仪式活动围绕的中心。正因为通过供奉献祭、恳求恩惠、吟唱赞美诗等方式能与这些生灵产生接触，朝圣者、使者和游客才会来到蒂亚瓦纳科。就像前文记述的那样，如今的石碑雕像仍会以活物的形式被人邂逅于蒂亚瓦纳科城——尽管在引入电灯照明后，这样的邂逅已经变得少之又少。这些雕像作为生命

　　1　Andesite Corridor音译为安山岩走廊。名字中的andesite为安山岩，是以安第斯山的钙碱性喷出岩命名的一种岩石。安山岩产状以陆相中心式喷发为主，常与相应成分的火山碎屑岩相间构成层火山，主要分布于环太平洋活动大陆边缘及岛弧地区。——译者注

5 生灵之地：夜色中的玻利维亚蒂亚瓦纳科古城

体的性质，比它们在前哥伦布时代的社会所担当的核心角色更为重要。

最具气势的石碑就是我们所说的展示石碑（Guengerich and Janusek 2020），共有5块，与其他类型的石碑不同的是，它们的地理分布仅限于蒂亚瓦纳科遗址本身，很可能位于神庙区或其他对城市布局十分重要的关键空间。下沉神庙内立有蒂亚瓦纳科体量最大的展示石碑——贝内特石碑。这座庞然大物高达7米，砂岩质地，与所有的展示石碑一样，布满了错综复杂的图案。展示石碑因独特的姿态得名，它们的双臂紧抱在胸前，手持两件物品，一是凯罗杯，即高脚杯，另一件则是用于吸食致幻鼻烟的石板（Torres 2001）（图5-2）。当朝圣者们以不同的现象学、情感和本体论的方式集体进入蒂亚瓦纳科的神庙区时，这些能改变人心智的物质对于他们的体验以及蒂亚瓦纳科的声望起了重大作用（Janusek 2008，2016; Bandy 2013）。耐人寻味的是，展示石碑上总会展现两只左手（图5-2c）。对比后来的印加贵族饮酒习俗（Cummins 2002）（他们用左手与下级交换酒器，用右手与上级交换酒器），这种不同寻常的刻画可能暗示了展示石碑作为至高存在的性质，其恩泽无所不在、包罗万象，无法充当任何生灵的下级（Bandy 2013）。总之，我们认为展示石碑刻画的是蒂亚瓦纳科的伟大的祖先，他们邀请人类参加他

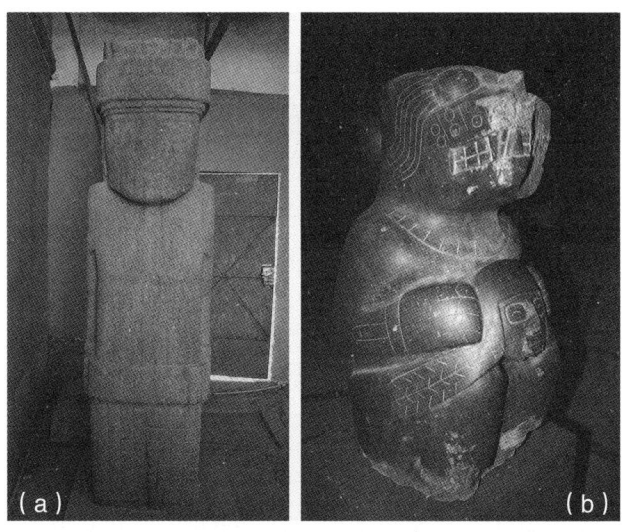

图5-9 （a）苏纳瓦石碑，一座保存完好的伸臂石碑。（b）在阿卡帕纳金字塔基座西面入口底部发现的玄武岩质地的查查普马。照片来源：John Wayne Janusek

们主持的仪式活动，引导人们在享受仪式过程带来的所有裨益和承诺时，成为"蒂亚瓦纳科的臣民"。

还有许多其他类别的生灵与展示石碑做伴，它们在石碑的主导下，也为蒂亚瓦纳科下沉式广场中的仪式贡献了戏剧性的作用。至少有两块展示石碑的两侧可能曾安放有一对直臂、男身的侍卫或随从，我们（Guengerich and Janusek 2020）称之为伸臂石碑（图5-9a）。这些石碑的特点是手掌硕大，其中一座石碑上还刻有武器图案。人像双臂收紧，贴在身侧，姿势守纪自律，全神贯注，似乎准备好随时展开保卫行动。第三类石碑称作查查普马（chachapumas），也与蒂亚瓦纳科的下沉式广场有关。它们通常成对地出现在空间入口处。跟其他石像不同的是，查查普马的形象为半人半兽，可以描述为类猫或类美洲驼，区分两者的关键是咆哮的表情和狰狞的獠牙（图5-9b）。它们被塑造为一手紧握斧头，一手拿着砍下的头颅的蹲姿的形象（Ponce Sanginés 1971，81-86; Sagárnaga and Korpisaari 2007; Kolata 2003，192-194），很可能就是二维图画中通常被称为"斩首者"的同类（Berenguer 2000，32; Sagárnaga and Korpisaari 2007）。

我们认为，伸臂石碑和查查普马在当时被视为一组生灵，只不过是以石头的形式存在，它们的作用是强化展示石碑在下沉式广场仪式中的地位，使得人们在仪式活动中与展示石碑的相遇更加庄严神圣（Janusek 2019; Guengerich and Janusek 2020）。可以说，展示石碑不仅仅代表伟大的先祖神主，还象征有要求的主人。他们向人索取臣服，伸臂石碑和查查普马则提供威慑力，以确保主人的要求得到满足。就像今天的蒂亚瓦纳科镇居民与非人生灵在夜间邂逅一样，蒂亚瓦纳科的下沉式神庙同样营造了一种颠覆界限、改变心智的状态，形成非常戏剧化的场域——一言以蔽之，能令人感到恐惧。

考古类型学为古城居民与非人类的相遇时刻提供了更多感官方面的细节。在下沉式广场及其周围的平台发现了许多萨胡马多，它们特征鲜明，被归纳为萨胡马多的亚型器，称为摩恰楚亚（mechachua）（图5-8d）。蒂亚瓦纳科的住宅区很少见到摩恰楚亚，城外也是如此（Janusek 2003b）。与其他类型的萨胡马多不同，摩恰楚亚内部装有一个空心陶柱，有时作为一个独立的部件，有时则被固定在器皿的底部。陶柱内部放置灯芯或树脂等燃料。大型的摩恰楚亚直径从30厘米到50厘米不等，仅见于蒂亚瓦纳科的仪式场合，比如卡洛斯·彭斯·桑吉内斯（Carlos Ponce Sanginés）在20世纪60年代的凯里卡拉（Kerikala）地区发掘的部分遗址（Ponce 1961）。在其他蒂亚瓦纳科文化的仪式场所及附近居住区，如普图尼（Putuni）和东阿卡帕纳（Akapana East），发现了中型的摩恰楚亚，直径在14厘米到30厘米之间（Couture and Sampeck 2003; Janusek 2003b，70-71）。

虽然彭斯在20世纪初至20世纪中叶所使用的考古发掘方法并不能精确地重现摩恰楚亚的原始位置，但尺寸巨大的摩恰楚亚与蒂亚瓦纳科纪念性仪式空间存在着普遍联系，让我们得以想象这样一个画面：众多摩恰楚亚被放置在石像底座周围，环绕着巨大的展示石碑、邻近的石头人像随从，以及守护入口的那些凶神恶煞的查查普马。大型摩恰楚亚带来摇曳的火光，从下方把石像们照亮，使伟大的石头先祖产生明暗对比的光影效果。今日，艾马拉人在蒂亚瓦纳科和孔霍-万卡内举行仪式庆典时，比如每年6月的夏至日，即艾马拉新年，也会在供桌周围和古代石碑雕像下方放置类似的现代燃烧器皿，以营造戏剧性的仪式效果。

蒂亚瓦纳科的石碑原料是来自卡皮亚山和基姆萨查塔山等圣山的石灰岩和安山岩，这些石碑在物质和符号学层面都反映出的的喀喀湖地区的特征。当朝圣者和信徒们在夜间来到下沉式广场与石身祖先们相遇并交流时，他们就成了这个广泛生态关系网络的一部分，其范围远远超出了城市及城市仪式的限制。空间以精心的设计影响着人类参与者的体验，并通过火焰、阴影、天空让人们清楚地认识到，在这里，他们正以血肉之躯与其他种类的强大生命体相遇。与此同时，神庙空间与观测天象、巨石生灵紧密联系，强化了空间、生灵与蒂亚瓦纳科周围景观的一体性。

结论

如果说，戏剧性的邂逅神灵和身临其境的感官体验是蒂亚瓦纳科古城声望和权力的核心内容，那么我们必须认识到，其中最重要的活动大都具有夜间属性。

尽管在公元600年以后，与太阳建立关联及日间活动在该城的仪式生活中占据了重要位置，但它们从未取代月球、星辰和夜间活动的首要地位（Vranich and Smith 2018）。城市景观的主要组成部分——位于神庙区的下沉式广场——被特意设计成了能增强夜间体验感的场所，它们依赖像大型摩恰楚亚这样的关键道具来营造氛围。夜间视角也向我们揭示了其他方面的城市生态在当时如何带给人们感官体验，尤其是那些没有明确针对感官设计的部分。如相对简陋的萨胡马多，不管是棕色的家常款，还是色彩鲜艳、视觉感染力强的精美类型，它们通过日常使用和特殊的仪式活动，每晚都为古城家庭带来温暖和幸福。而那些在夜间冒险跑到户外活动的人感受到的是，广阔的水域和燃烧垃圾后冒烟的余烬改变了城市中的空气，还可能模糊了仪式中极其重要的星空。所有考古证据——灰坑、运河、陶器、残留物和建筑——都有助于呈现对于聚集在蒂亚瓦纳科的各种人群，黑夜是什么样的。夜晚充满了生机与活力，但就像现在一样，夜间也是神秘生灵的领域，它们并不总是友善的。

致谢（安娜·根格里奇）

在此我要感谢本书编辑南希·贡琳和梅根·斯特朗，我们的通力合作让这一章得以顺利出版。这也是约翰——我的伴侣兼同事创作的最后一篇文章，它将约翰在蒂亚瓦纳科广泛而持久的研究生涯中获取的众多线索汇集在一起。了解约翰的人都知道，夜晚是他的挚爱时光。我相信，他也一定会感谢蒂亚瓦纳科和可罕可胡—里齐里齐的艾马拉族合作伙伴和朋友们，他们为他的研究介绍了入夜后在阿尔蒂普拉诺高原上发生的各种事件和活动——有吉利的，也有不祥的。我还要感谢阿列克谢·弗拉尼奇阅读了这篇文章并提出反馈意见，还有在本文的修改过程中做出贡献的匿名审稿人们。

参考文献

[1] Allen, Catherine. 2009. "Let's drink together, my dear: Persistent Ceremonies in a Changing Community." In *Drink, Power, and Society in the Andes*, edited by Justin Jennings and Brenda Bowser, 28–48. Gainesville: University of Florida Press.

[2] Bandy, Matthew. 2013. "Tiwanaku Origins and Early Development: The Political and Moral Economy of a Hospitality State." In *Advances in Titicaca Basin Archaeology II*, edited by Alexei Vranich and Abigail Levine, 135–150. Los Angeles: Cotsen Institute of Archaeology at UCLA.

[3] Benítez, Leonardo. 2013. "What Would Celebrants See? Sky, Landscape, and Settlement Planning in the Late Formative Southern Titicaca Basin." In *Advances in Titicaca Basin Archaeology II*, edited by Alexei Vranich and Abigail Levine, 89–104. Los Angeles: Cotsen Institute of Archaeology at UCLA. Berenguer, José. 2000. *Tiwanaku: Lords of the Sacred Lake*. Santiago: Banco Santiago / Museo Chileno de Arte Precolombino, Santiago.

[4] Canessa, Andrew. 1993. "The Politics of Pacha: The Conflict of Values in an Andean Community," Unpublished PhD diss., London School of Economics and Political Science, London.

[5] Cobo, Bernabé. 1990. *Inca Religion and Customs*. Translated by R. Hamilton, foreword by J. Rowe. Austin: University of Texas Press.

[6] Couture, N., and K. Sampeck. 2003. "Putuni: A history of Palace Architecture in Tiwanaku." In *Tiwanaku and Its Hinterland: Archaeology and Paleoecology of an Andean Civilization*. Vol. 2, edited by Alan Kolata, 226–263. Washington, DC: Smithsonian Institute.

[7] Cummins, Tom. 2002. *Toasts with the Inca: Andean Abstraction and Colonial Images on Quero Vessels*. Ann Arbor: University of Michigan Press.

[8] Diener Ojeda, Pablo, ed. 1992. *Rugendas: América de punto a cabo. Rugendas y la Araucanía*. Santiago: Editorial Alena.

[9] Flores Ochoa, Jorge. 1987. "Cultivation in the Qocha of the South Andean Puna." In *Arid Land Use Strategies and Risk Management in the Andes: A Regional Anthropological Perspective*, edited by David L. Browman, 271–296. Boulder, CO: Westview Press.

[10] French, Kirk D., Kirk D. Straight, and Elijah J. Hermitt. 2020. "Building the Environment at Palenque: The Sacred Pools of the Picota Group." *Ancient Mesoamerica* 31 (3): 409–430.

[11] Goldstein, Paul. 2000. "Communities without Borders: The Vertical Archipelago and Diaspora Communities in the Southern Andes." In *The Archaeology of Communities: A New World Perspective*, edited by Marcello Canuto and Jason Yaeger, 182–209. Routledge: London.

[12] Gonlin, Nancy, and April Nowell. 2018. "Introduction to the Archaeology of the Night." In *Archaeology of the Night: Life After Dark in the Ancient World*, edited by Nancy Gonlin and April Nowell, 5–24. Boulder: University Press of Colorado.

[13] Guengerich, Anna, and John Wayne Janusek. 2020. "The Suñawa Monolith and a genre of extended–arm sculptures at Tiwanaku." *Ñawpa Pacha* 41 (1): 19–46. Isbell, William, and Alexei Vranich. 2004. "Experiencing the Cities of Wari and Tiwanaku." In *Andean Archaeology*, edited by H. Silverman, 167–182. Malden, MA: Blackwell.

[14] Isendahl, Christian. 2012. "Agro–urban Landscapes: The Example of Maya Lowland Cities." *Antiquity* 86 (334): 1112–1125. Janusek, John Wayne. 2003a. "The Changing Face of Tiwanaku Residential Life: State and Social Identity in an Andean city." In *Tiwanaku and Its Hinterland: Archaeology and Paleoecology of an Andean Civilization*. Vol. 2, edited by Alan Kolata, 264–295. Washington, DC: Smithsonian Institute.

[15] Janusek, John Wayne. 2003b. "Vessels, Time, and Society: Toward a Chronology of Ceramic Style in the Tiwanaku Heartland." In *Tiwanaku and Its Hinterland:Archaeology and Paleoecology of an Andean Civilization*. Vol. 2, edited by Alan Kolata, 30–92. Washington, DC: Smithsonian Institute.

[16] Janusek, John Wayne. 2004. *Identity and Power in the Ancient Andes: Tiwanaku Cities through Time*. London: Routledge.

[17] Janusek, John Wayne. 2006. "The Changing 'Nature' of Tiwanaku Religion and the Rise of an Andean state." *World Archaeology* 38 (3): 469–492.

[18] Janusek, John Wayne. 2008. *Ancient Tiwanaku*. Cambridge: Cambridge University Press.

[19] Janusek, John Wayne. 2009. "Residence and Ritual in Tiwanaku: Hierarchy, Specialization, Ethnicity, and Ceremony." In *Domestic Life in Prehispanic Capitals: A Study of Specialization, Hierarchy, and Ethnicity*, edited by Linda Manzanilla and Claude Chapdelaine, 149–169. Ann Arbor: Michigan Museum of Anthropology, University of Michigan.

[20]　Janusek, John Wayne. 2012. "Incipient Urbanism at the Early Andean Center of Khonkho Wankane, Bolivia." *Journal of Field Archaeology* 40 (2): 127–142.

[21]　Janusek, John Wayne. 2015. "Understanding Tiwanaku Origins: Animistic Ecology in the Andean Altiplano." In *The Past Ahead: Language, Culture, and Identity in the Neotropics*, edited by Christian Isendahl, 111–138. Uppsala, Sweden: Uppsala University Department of Archaeology and History.

[22]　Janusek, John Wayne. 2016. "Processions, Ritual Movements, and the Ongoing Production of Pre-Columbian Societies with a Perspective from Tiwanaku." In *Processions in the Ancient Americas*, edited by Susan T. Evans, 1–26. *Occasional Papers in Anthropology* 33. University Park: Pennsylvania State University.

[23]　Janusek, John Wayne. 2019. "Assembling Tiwanaku: Water and Stone, Humans and Monoliths." In *New Materialisms Ancient Urbanisms*, edited by Timothy Pauketat and Susan Alt, 94–129. London: Routledge.

[24]　Janusek, John Wayne, and Corey Bowen. 2018. "Tiwanaku as Tectonic Waterscape: Water and Stone in a Highland Andean City." In *Powerful Landscapes*, edited by Justin Jennings and Edward Swenson, 209–246. Albuquerque: University of New Mexico Press.

[25]　Janusek, John Wayne, and Alan Kolata. 2004. "Top-Down or Bottom-Up: Rural Settlement and Raised-Field Agriculture in the Lake Titicaca Basin, Bolivia." *Journal of Anthropological Archaeology* 23 (4): 404–430.

[26]　Kolata, Alan. 1993. *The Tiwanaku*. New York: Blackwell. Kolata, Alan. 2003. "Tiwanaku Ceremonial Architecture and Urban Organization." In *Tiwanaku and Its Hinterland: Archaeology and Paleoecology of a Native Andean Civilization*. Vol. 2, edited by Alan Kolata, 175–201. Washington, DC: Smithsonian Institution.

[27]　Kolata, Alan, and Charles Ortloff. 2003. "Tiwanaku Raised-Field Agriculture in the Lake Titicaca Basin of Bolivia." In *Tiwanaku and Its Hinterland: Archaeology and Paleoecology of a Native Andean Civilization*. Vol. 1, edited by Alan Kolata, 109–152. Washington, DC: Smithsonian Institution.

[28]　Lasaponara, Rosa, and Nicola Masini. 2014. "Beyond Modern Landscape Features: New Insights in the Archaeological Area of Tiwanaku in Bolivia from Satellite Data." *International Journal of Applied Earth Observation and Geoinformation* 26 (2014): 464–471.

[29] Marchbanks, Michael. 1991. "Organic Residue Analysis of Tiwanaku Ceramics: Preliminary Results." Manuscript in the research archives of the Proyecto Wila Jawira, Department of Anthropology, University of Chicago.

[30] Ortloff, Charles, and John Wayne Janusek. 2014. "Hydraulic Engineering of the Tiwanaku." In *Encyclopedia of the History of Science, Technology, and Medicine in Non-Western Cultures*, edited by Helaine Selin, 2267–2281. Heidelberg, Germany: Springer–Verlag.

[31] Ponce Sanginés, Carlos. 1961. "Informe de labores." La Paz: Centro de Investigaciones Arqueológicas en Tiwanaku, Publicación 1.

[32] Ponce Sanginés, Carlos. 1971. "Examen arqueológico de las ruinas precolombinas de Pumapunku." In *Procedencia de las areniscas utilizadas en el tempo precolombino de Pumapunku*, edited by Carlos Ponce Sanginés, Arturo Castaños Echazu, Waldo Ávila Salinas, and Fernando Urquidi Barrau, 13–205. La Paz: Academia Nacional de Ciencias de Bolivia.

[33] Posnansky, Arthur. 1945. *Tiahuanacu: The Cradle of Andean Man*. New York: J. J. Agustin.

[34] Roddick, Andrew, and John Wayne Janusek. 2011. "From Profanity to Profundity: (Grudgingly) Learning to Appreciate Tiwanaku 'Ash Pits' as Tiwanaku Cultural Practice." Paper presented at the fifty–first annual meeting of the Institute for Andean Studies, University of California–Berkeley, January 7.

[35] Sagárnaga, Jedu, and Antti Korpisaari. 2007. "Hallazgos en la Isla de Pariti echan nuevas luces sobre los 'chachapumas' tiwanakotas." *Chachapuma: Revista de Arqueología Bolivia* 2: 5–28.

[36] Schaedel, Richard. 1948. "Monolithic sculpture of the Southern Andes." *Archaeology* 1 (2): 66–73.

[37] Sillar, William. 2000. "Dung by Preference: The Choice of Fuel as an Example of How Andean Pottery Production Is Embedded within Wider Technical, Social, and Economic Practices." *Archaeometry* 42 (1): 43–60.

[38] Torres, Constantino. 2001. "Iconografía Tiwanaku en la parafernalia inhalatoria de los Andes centro–sur." *Boletín de Arqueología PUCP* 5: 427–454.

[39] Tschopik, Harry. 1946. "The Aymara." In *The Andean Civilizations: Handbook of South American Indians*. Vol. 2, edited by Julian Stewart, 501–573. Washington, DC: Smithsonian Institution.

[40]　Tschopik, Harry. 1950. "An Andean Ceramic Tradition in Historical Perspective." *American Antiquity* 15 (3): 196–219.

[41]　Vranich, Alexei. 1999. "Interpreting the Meaning of Ritual Spaces: The Temple Complex of Pumapunku, Tiwanaku, Bolivia." Unpublished PhD diss., University of Pennsylvania, Philadelphia.

[42]　Vranich, Alexei. 2016. "Monumental Perception of the Tiwanaku Landscape." In *Political Landscapes of Capital Cities*, edited by Jessica Joyce Christie, Jelena Bogdanović, and Eulogio Guzmán, 181–211. Boulder: University Press of Colorado.

[43]　Vranich, Alexei, and Scott C. Smith. 2018. "Nighttime Sky and Early Urbanism in the High Andes: Architecture and Ritual in the Southern Lake Titicaca Basin during the Formative and Tiwanaku Periods." In *Archaeology of the Night: Life After Dark in the Ancient World*, edited by Nancy Gonlin and April Nowell, 121–138. Boulder: University Press of Colorado.

[44]　Wachtel, Nathan. 1994. *Gods and Vampires: Return to Chipaya*. Translated by C. Volk. Chicago: University of Chicago Press.

6　古玛雅城市的月亮神力

克里斯廷·V. 兰道

克里斯托弗·埃尔南德斯

南希·贡琳

　　每当夕阳西下，古代城市的人们开始感受到一丝凉意，耳边不时传来蝉的欢鸣，他们或许还会提前准备点夜宵（图6-1）。然而，由黄昏入夜，人们的视野变得模糊起来，需要借助某种形式的照明方能识人辨物、打理事务或铺床夜眠。然而，当太阳完全落下，大自然就会提供其他光源：古玛雅精英人士称之为Uh和Ek'ob，即月亮和星星（图6-2 a、b）。众所周知，古玛雅人创造了美洲最复杂的原住民社会，特别是在250—900年的古典期，拥有数万人口的大城市不断经历兴衰变迁。古典玛雅人居住在现今墨西哥、危地马拉、伯利兹、洪都拉斯和萨尔瓦多的新热带地区，但他们从未形成统一的帝国或国家（Sharer and Traxler 2005; Martin 2020）。玛雅象形文字现已基本被破译，为这一地区本已数量庞大的考古项目增添了新的研究内容（Coe and Van Stone 2005; Martin and Grube 2008; Houston and Inomata 2009; Martin 2020）。古玛雅人通常会将与王室有关的事件统统记录下来，如死亡、出生、结婚、日历周期结束和国王登基等。我们结合古玛雅人精心制定的历法（Stuart 2020a），就月亮及其在王权统治中所扮演的显著角色提出最新的分析。本研究是以前人的成果为基础的，他们明确地将夜晚和黑暗纳入考古学研究中，以便让世人对古玛雅人的日常生活有全景式的了解（Dowd and Hensey 2016; Gonlin and Nowell 2018; Gonlin 2020a，2020b; Gonlin and Nowell 2020; Gonlin and Reed 2021; Nowell and Gonlin 2021）。

图6-1 墨西哥恰帕斯州门萨巴克的齐巴纳湖（Laguna Tzi'ban）的日落。图片来源：Christopher Hernandez

在本章中，我们将探讨古典期玛雅人是如何看待月相周期的。我们回顾了三种王权模式，以说明古代统治者是如何利用月亮来行使权力的。在城市中，统治者在其支持者、普通百姓和敌人面前举行登基仪式，以凸显其尊贵的地位和他与神祇之间的联系，舞蹈是仪式表演的重要组成部分（Grube 1992; Looper 2009; Jackson 2013，67，74）。关于玛雅古典期统治者的登基日期，尽管之前的研究并未发现特别显著的规律（Martin 2020，112），但我们认为月相周期是一个重要的考量因素。除古典期外，来自后古典期（900—1519年）、殖民时期以及人种史、民族志的重要资料，为解读玛雅人的习俗和信仰提供了更广阔的语境，使本文内容更为翔实。相关统计学分析有力地支持了我们的结论，也是我们从人文和科学视角进行解读的有益增补。首先，我们将讨论古代玛雅人普遍了解的有关月亮以及其与生物相关性的一些基本信息。

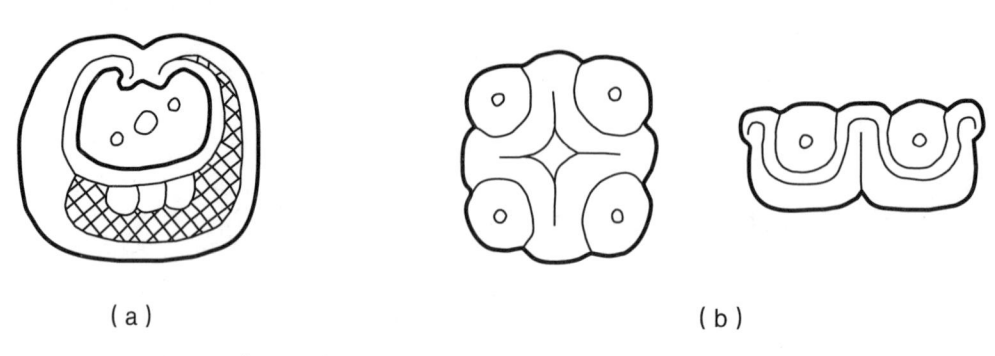

(a)　　　　　　　　　　　　　　(b)

图6-2　古玛雅象形文字：（a）Uh（月亮）以及（b）Ek'（星星）。绘图来源：Christopher Hernandez（根据Stone and Zender 2011,147,151）

古典期玛雅人对月相周期的理解

在地球引力作用下，我们看到的月亮总是相同的一面。月亮被日光照亮的部分从0（新月）到100%（满月）不等。从新月到满月的过程中，月亮日渐丰盈，先是蛾眉月，然后是超过半满的凸月。到第15天，即月圆周期的一半，一轮100%的明亮的满月便在日落后升起。继而逐渐依次复为凸月和蛾眉月，直至最后再次完全消失，又成为新月（图6-3）。这个月相周期被称为月亮的会合周期，每29.53天重复1次，与人类女性的月经周期、龙舌兰酒（中美洲一种用龙舌兰为原料酿制的酒）的发酵期和兔子的妊娠期相同。这些与月相关的事物对于了解中美洲文化及其与月亮的联系具有重要意义。

很多民族都从月亮中观察到了一只兔子，其中就包括古玛雅人，另外还有中国人、日本人、众多北美原住民群落和墨西哥人（Aveni 2001）。中美洲气候炎热潮湿，兔子通常白天待在洞穴里，晚上出来觅食，每天的生活节奏跟月亮同步（Milbrath 1999，110）。一只兔子每年可产下高达75只幼兔（平均每胎6只），

6 古玛雅城市的月亮神力

是已知繁育能力最强的哺乳动物之一，是生物学术语中所谓的R-策略者[1]。从月亮上看到兔子这一行为将天文学和生物学上的孕育周期联系在一起。表示月亮的象形文字（图6-2a）中，阴影部分的3个圆圈代表玉米种子，直接将月亮与农业繁育联系起来。蛾眉月被视为一个盛水的容器，每当雨季来临，里面盛装的水便倾倒而出（Stone and Zender 2011; Hull 2020）。

图6-3 月相变化周期。照片来源：NASA。

---

1 R-strategist，又叫R-选择物种，是生态学家麦克阿瑟和威尔逊提出的一个理论术语。R-选择物种一般以繁殖数量多、存活率低、寿命短为特征。——译者注

古文明之夜

　　古典玛雅时期指称月亮的象形文字的诸多特征，都源自与月亮女神有关的悠久传统。月亮女神可谓一神两面，即年轻的一面和年长的一面，分别代表月相周期的盈和亏。她与水和大地有关，被认为具有妻子、母亲和祖母等多重身份，也是纺织、占卜、怀孕和分娩的守护神（Milbrath 1995; Clancy 2015）。她的领地被想象为凉爽、潮湿的洞穴，与火热、红色的太阳形成鲜明对比（Stone and Zender 2011）。在古典时期的石碑作品中，月亮女神通常身着格子裙或网裙，与玉米神的服饰相似。事实上，科潘古城石碑H上的人物（图6-4）有男性玉米神、变装的神或国王、女性神祇等多种解释（Joyce 1996; Newsome 2001; Looper 2002）。该石碑还有可能是月亮女神和玉米神的合体，代表了月相中女性（蛾眉月）和男性（满月）的两面（Milbrath 1999）。整个中美洲地区的月神往往都性别模糊，这或许反映了月亮本身的多变性（Milbrath 1995）。有趣的是，根据铭文上记载的日期，石碑H是在满月时竖立的，此时其男性寓意的特征最强。

图6-4　科潘石碑H线描图。绘图来源：洛杉矶郡艺术博物馆舍勒绘画收藏

132

6　古玛雅城市的月亮神力

有关月亮和相关神祇的各种观念，或许广泛存在于古典时期的雅玛社区中。玛雅象形文字研究的最新进展表明，很多城市，诸如墨西哥的帕伦克（Palenque）或危地马拉的拉科罗纳（La Corona）等，均拥有自己的专属神祇，虽然他们只是在外表上与分布更广泛的神祇有细微差别而已（Baron 2016）。例如，亚斯奇兰（Yaxchilan）的守护神阿吉·卡赫克·奥·查赫克（Aj Kahk O' Chahk）是从流传更广的玛雅雨神恰克（Chahk）演化而来（Stuart 2013; Baron 2016）。要想深入了解月亮女神等神祇在整个玛雅地区的演化路径，还需进一步研究。不过，我们感兴趣的是月亮的神力如何在城市社区显现，故而我们需要重点了解玛雅人对于月亮的普遍观念，以研究王室成员如何利用城市夜晚图景维护权威，巩固权力。

古玛雅的抄写员、祭司和统治者不间断地追踪月亮变化（例如Saturno et al. 2012）。较之太阳，月亮的外观和周期变化要复杂得多。月亮位相的变化规律有助于预测日食。玛雅人的历法包括所谓的长纪年历（Long Count）、历法循环（Calendar Round）和月序历（Lunar Series）。长纪年历表示自玛雅第0日（这一日对应公历的公元前3114年8月12日）以来已过去的天数。历法循环显示的是年月日，与公历一样。

月序历由10个象形文字组成，用来记录月龄、一年中已经过去的月相周期数、特定月份的天数（29天或30天）以及当前月份在半年周期中所处的位置。其中有些象形文字到底在记录什么周期，其含义为何，玛雅考古学家和石碑铭文研究者至今仍未完全搞清楚。新破译的与月序历相关的象形文字可能有助于我们更好地将玛雅长纪年历与公历联系起来（Stuart 2020b）。月序历在记录周期结束、统治者登基和公共仪式的纪念性建筑上尤为常见（Milbrath 1999，110）。它出现在留出书写空间的介质上，例如高大的石碑。我们将此类石碑视为一种基础设施——由国家拨款的建筑物（Wilkinson 2019; 第1章）。根据其投入使用的确切时间及其在古代城市中安放的位置，刻有铭文的石碑符合达里尔·威尔金森（Darryl Wilkinson）提出的4类基础设施（如静态基础设施、循环基础设施、边界基础设施和信号基础设施）定义中的一种或全部。由于石碑通常与统治者和城市的王室建筑有关，那么记录月序历是否与统治和权力有关呢？玛雅人将重要的政治活动与

133

天象联系起来，这是否会更加凸显权力的威严呢？接下来，我们将结合天文现象来探讨玛雅古典时期的权力和统治及其表现形式。

王权模式

马克斯·韦伯（Max Weber 1977）在其人类学经典著作中，根据政权的合法性基础，划分出3种不同的类型。首先，传统型统治将日常惯例作为行为规范，不可侵犯。过去如何，现状怎样，将来是什么样子，其拥趸对之抱有虔诚之心。一成不变才是安全的，可预知的。其次，法理型统治的核心是客观的法律体系和司法秩序，立法者也不可凌驾其上。最后，魅力型统治指被统治者因相信某特定人物的超凡品质而对其服从。魅力型统治建立在超凡力量和英雄崇拜的基础上，并最终通过惠及被统治者的福祉来实现。其统治根基是不稳固的，因为统治者必须不断展示出英雄的价值。韦伯解释说，魅力型领袖的统治权不是通过自己的意愿或某种选举形式产生，而是主要通过演说，使人们认同其统治的正当性。魅力型领袖的沉浮起落，全在于人民支持与否，而非在于统治者或精英本身。

韦伯提出的上述3种统治类型在玛雅这样的复杂社会的统治者身上同时存在，但是通过魅力来取得政权合法性的类型现已成为考古学家了解玛雅各城邦的关键。例如，古玛雅分枝式国家形式的政治组织的支持者（Demarest 1992; Fash 1994; Fox et al.1996; Fitzsimmons 2015）认为，玛雅统治者完全依赖于戏剧—国家的仪式（和意识形态使其权力合法化。玛雅各城市从各自为政转变为具有凝聚性的统一整体，关键因素是由精英阶层赞助和组织的大规模戏剧展演的不断重复（Inomata 2006，818; Inomata and Coben 2006）。以公共纪念碑（如石碑）的形式将仪式具象化，是一种有效、持久和明确的权力信息（Miller and Tilley 1984; DeMarrais et al.1996; Stuart 1996）。

举个例子，矗立于城市中心开阔广场上的科潘石碑，精雕细刻，呈现出立体感的丰姿，这需要时间、劳动力、技术和神学知识等各方面的专业协调。石碑宽约1米，厚约1米，高近4米。需要先从科潘山谷周围山顶的火山凝灰岩采下大块石料，然后运下山，接下来可能会运进石雕坊。具有数年甚至数十年丰富经验的工匠必须与抄写员、祭司或统治者本人，就石碑设计、历法信息以及雕刻细节等，进行密切沟通。在科潘古典晚期（600—800年），石碑是由统治者下令并按照其模样创作的（Newsome 2001）。因为科潘的王室成员和精英或许能阅读象形文字，但普罗大众应当看不懂（Houston 2000）。经过数月或数年的工作，雕刻精致的石碑才能够在某个具有重要天文学意义的公共场所矗立起来（Pineda de Carias et al.2017）。总而言之，巨型石块上的精美雕工让人联想到卡尔·马克思提出的凝结形态劳动这一概念：投入大量劳动时间的产品，令人感到惊叹（Miller and Tilley 1984; Miller 2005）。

石碑不仅气势宏伟，其落成仪式也颇为隆重，观者莫不受其感染（Houston 2006）。这是一个重大时刻，现场气氛神秘而庄严，点燃的树脂散发出缕缕芳香。摇铃、喇叭、鼓、哨子、笛子等乐器奏响，将场面渲染得更为壮观。表演者剧烈摇动着身体，拖动着双脚，信奉超自然力量的观者看得如醉如痴（Houston 2006）。接下来会举行"k'altun"仪式，让石碑"就位"或"固牢"，这一幕不禁令人联想到国王登基仪式的流程。雕刻着王室成员的石碑并不只是雕像，更是他们的化身或延伸，亘古不变地再现王室盛典（Stuart 1996）。总而言之，这些石碑的制刻和放置实际上寓意着王者的神性，彰显着他们的权力。

在此，我们将探讨月亮在石碑设计和大规模戏剧展演中所扮演的功能性和象征性角色，以及月亮位相变化如何被写入月序历的象形文字中。我们提出如下问题：月亮在古玛雅仪式活动中，尤其是在城市，扮演了怎样的角色？这些活动主要在夜间、特定的月相下进行，是祭司和抄写员特意安排的吗？或许这种时间安排有其现实目的，即为观看和参加这类仪式提供自然光亮。再或许，月光是否也具有象征意义？总之，我们思考的是古代玛雅统治者如何利用夜晚，利用月光的力量来强化他们在城市居民中的权威。黑暗蕴藏着统治者能获取并施展的力量（第1章）。

古玛雅的月亮神力

为了回答上述问题,我们编制了一份清单,列出了玛雅古典时期的11座主要城市、84位统治者的登基日期(Martin and Grube 2008; Stuart and Stuart 2008; Skidmore 2010; Pitts 2011)(表6–1)。之所以选择这些城市(卡拉克穆尔、卡拉科尔、科潘、多斯皮拉斯、纳兰霍、帕伦克、彼德拉斯内格拉斯、奎里瓜、蒂卡尔、东尼娜、亚斯奇兰),是因为它们具有悠久的政治历史,我们可获得大量已公布的登基日期,而且学者们普遍对这些日期没有异议(关于亚斯奇兰和纳兰霍更多有关月亮的信息,见Iwaniszewski 2008;2018)。玛雅其他地区,例如尤卡坦半岛(Yucatán Peninsula)北部低地,也有政治历史悠久的大城市,但统治者即位时间留存较少,且有争议,或未公布。分析这些即位日期时,我们首先使用公认的584、285相关常数将长纪年历日期转换为公历日期。然后,我们利用月相历史数据来确定特定日期的月相(moonpage.com,与Goldstine[1973]完全一致)。我们将月亮被照亮的百分比(从0%的新月到100%的满月)转换成农历日,或月亮在其29.5天周期内的月龄(此处为从第1天到第29/30天)。第1天是新月,第14—15天是满月,第29—30天复为新月。

这11座城市涉及84个不同的即位日,最早的是378年,位于彼德拉斯内格拉斯市,最晚的是822年,位于科潘市。总之,我们所做的初步研究证实,古代玛雅人偏爱在新月和满月期间举行庆祝仪式和国王登基仪式(图6-5)。例如,822年2月10日,按照计划,科潘第17位统治者乌斯特图克(Ukit Took')要举行登基仪式;这一天月亮的亮度为99.3%,即人们肉眼所见的"满月"。我们用卡方检验[1]进行验算,结果表明,如果统治者即位在整个月相周期内发生的概率相同,可能性基本为零($X^2 = 69.39$,$p < 2.49 \times 10^{-9}$,$df = 14$)。此外,如果统治者是随机挑

---

1 Chi-squared,数学术语,一种检验假设的方法。卡方值越大,样本的实际观测值与理论推断值之间的偏差程度越大;反之,二者偏差越小;卡方值为0时,表明理论与实际完全相符。

选了一个农历日登基，那么选在新月或满月登基的可能性在统计上非常显著（满月 z 值= 5.93，$p < 3.10 \times 10^{-9}$；新月 z 值=4.61，$p<4.11 \times 10^{-6}$）。在95%的置信区间内，统治者在新月或满月登基的可能性是其他任何一天的2倍。将这些日期与日食或月食事件相互参照（Aveni and Hotaling 1994），我们发现，没有一位统治者在日食或月食日登基。也许他们在刻意躲避这个时间，因为对古代中美洲人来说，日食和月食乃不祥之兆（Aveni 2018）。为了弄明白这种月亮计时对玛雅王室和观众的重要意义，我们翻阅了历史文献和民族志，发现其中关于月相和农业之间的联系比比皆是。

表6-1 玛雅古典时期11座主要城邦统治者登基日期

	统治者	登基日期（卓尔金历[1]）	登基日期（换算成公历）	月球亮度（%）	月相
帕伦克					
1	库克·巴拉姆（K'uk' Bahlam）	8.19.15.3.4 1 K'an 2 K'ayab	431年3月11日	89.76	渐盈凸月
2	统治者二世（卡斯珀）〔Ruler II（"Casper"）〕	8.19.19.11.17 2 Kaban 10 Xul	435年8月10日	0	新月
3	布兹阿塞克·奇克（Butz'aj Sak Chihk）	9.2.12.6.18 3 Etz'nab 11 Xul	487年7月29日	47.54	下蛾眉月（残月）
4	阿卡尔·莫纳布一世（Ahkal Mo' Nahb I）	9.3.6.7.17 5 Kaban "seating of" Sots'	501年6月5日	13.62	上蛾眉月
5	坎·霍伊·奇塔穆（K'an Joy Chitam）	9.4.14.10.4 5 K'an 12 K'ayab	529年2月25日	2.08	新月
6	阿卡尔·莫纳布二世（Ahkal Mo' Nahb II）	9.6.11.5.1 1 Imix 4 Zip	565年5月4日	89.05	渐亏凸月
7	坎·巴拉姆（Kan Bahlam）	9.6.18.5.12 10 Eb Seating of Wo	572年4月8日	72.65	渐盈凸月
8	伊克斯·约尔·马特（Ix Yohl Ik'nal）	9.7.10.3.8 9 Lamat 1 Muwaan	583年12月23日	12.73	上蛾眉月
9	阿震·约尔·马特（Ajen Yohl Mat）	9.8.11.9.10 8 Ok 18 Muwaan	605年1月4日	64.93	渐盈凸月
10	哈纳布·帕卡尔（Janab Pakal）	未知			

古文明之夜

（续表）

	统治者	登基日期（卓尔金历）	登基日期（换算成公历）	月球亮度（%）	月相
11	穆瓦安·马特（Muwaan Mat）	9.8.19.7.18 9 Etz'nab 6 Keh	612年10月22日	54.18	下蛾眉月（残月）
12	基尼什·哈纳布·帕卡尔（K'inich Janab Pakal）	9.9.2.4.8 5 Lamat 1 Mol	615年7月29日	2.93	新月
13	基尼什·坎·巴拉姆（K'inich Kan Bahlam）	9.12.11.12.10 8 Ok 3 K'ayab	684年1月10日	92.44	渐亏凸月
14	基尼什·坎·霍伊·奇塔姆（K'inich K'an Joy Chitam）	9.13.10.6.8 5 Lamat 6 Xul	702年6月3日	10.03	上蛾眉月
15	基尼什·阿卡尔·莫纳布（K'inich Ahkal Mo' Nahb）	9.14.10.4.2 9 Ik' 5 K'ayab	700年1月3日	88.31	渐盈凸月
16	乌帕卡尔·基尼什·哈纳布·帕卡尔（Upakal K'inich Janab Pakal）	未知			
17	基尼什·坎·巴拉姆二世（K'inich Kan Bahlam II）	未知			
18	基尼什·库克·巴拉姆（K'inich K'uk' Bahlam）	9.16.13.0.7 9 Manik 15 Wo	764年3月8日	1.42	渐盈凸月
彼德拉斯内格拉斯					
0	统治者C（Ruler C）	9.3.19.12.12 9 Eb 10 Sek	514年7月2日	35.29	渐亏凸月
1	基尼什·约纳尔·阿赫一世（K'inich Yo'nal Ahk I）	9.8.10.6.16 10 Kib 9 Mak	603年11月17日	61.18	渐盈凸月
2	统治者2（Ruler 2）	9.10.6.5.9 8 Muluk 2 Sip	639年4月15日	39.13	上蛾眉月
3	基尼什·约纳尔·阿赫二世（K'inich Yo'nal Ahk II）	9.12.14.13.1 7 Imix 19 Pax	687年1月5日	98.67	满月
4	统治者4（Ruler 4）	9.14.18.3.13 7 Ben 16 K'ank'in	729年11月13日	91.4	渐亏凸月
5	哈金·休克（Ha' K'in Xook）	9.16.16.0.4 7 K'an 17 Pop	767年2月18日	100	满月
6	约纳尔·阿赫三世（Yo'nal Ahk III）	9.16.6.17.1 7 Imix 19 Wo	758年3月14日	0	新月
7	统治者7（Ruler 7）	9.17.10.9.4 1 K'an 7 Yaxk'in	781年6月4日	56.56	渐盈凸月
亚斯奇兰					

6　古玛雅城市的月亮神力

（续表）

	统治者	登基日期 （卓尔金历）	登基日期 （换算成公历）	月球亮度 （％）	月相
1	尧帕特·巴拉姆一世 （Yopaat Bahlam I）	8.16.2.9.1? 7 Imix? 14 Sots'	359年7月24日	94.72	渐盈凸月
2	伊察姆纳哈·巴拉姆一世 （Itzamnaaj Bahlam I）	未知			
3	飞鸟·美洲虎一世 （Bird Jaguar I）	8.17.1.17.16? 2 Kib 14 Mol	378年10月7日	0	新月
4	雅克斯·鹿角·骷髅 （Yax Deer-Antler Skull）	8.17.13.3.8? 4 Lamat 11 Ch'en?	389年10月21日	100	满月
5	统治者5 （Ruler 5）	8.18.6.5.13? 10 Ben 11 Mol	402年9月28日	98.39	满月
6	基尼什·塔特布·骷髅一世 （K'inich Tatbu Skull I）	未知			
7	月亮·骷髅 （Moon Skull）	未知			
8	飞鸟·美洲虎二世 （Bird Jaguar II）	9.1.12.7.8 2 Lamat 1?Keh	467年10月17日	10.6	上蛾眉月
9	扭结眼·美洲虎 （Knot-eye Jaguar）	未知			
10	基尼什·塔特布·骷髅二世 （K'inich Tatbu Skull II）	未知			
11	扭结眼·美洲虎二世 （Knot-eye Jaguar II）	未知			
12	伊察姆纳哈·巴拉姆二世 （Itzamnaaj Bahlam II）	未知			
13	基尼什·塔特布·骷髅二世 （K'inich Tatbu Skull II）	9.4.11.8.16 2 Kib 19 Pax	526年2月13日	100	满月
14	飞鸟·美洲虎三世 （Bird Jaguar III）	9.9.16.10.13 9 Ben 16 Yax	629年9月18日	20.76	下蛾眉月 （残月）
15	尧帕特·巴拉姆二世 （Yopaat Bahlam II）	未知			
16	飞鸟·美洲虎四世 （Bird Jaguar IV）	9.16.1.0.0 11 Ajaw 8 Sek	752年5月3日	100	满月
17	伊察姆纳哈·巴拉姆四世 （Itzamnaaj Bahlam IV）	未知			

139

古文明之夜

（续表）

	统治者	登基日期（卓尔金历）	登基日期（换算成公历）	月球亮度（%）	月相
18	基尼什·塔特布·斯基尔四世（K'inich Tatbu Skill IV）	未知			
科潘					
1	基尼什·亚克斯·库克莫（K'inich Yax K'uk'Mo'）	8.19.10.10.17 5 Kaban 15 Yaxk'in	426年9月6日	87.9	渐亏凸月
2	基尼什·波波尔·霍尔（K'inich Popol Hol）	未知			
3	卡克？？阿霍（K'ahk'?? Ajaw）	未知			
4	卡尔图恩·希克斯（K'altuun Hix）	未知			
5	尤库？？阿（Yu Ku?? A）	未知			
6	穆亚尔·乔尔？？（Muyal Jol ??）	未知			
7	巴拉姆·尼恩（美洲虎之镜，睡莲美洲虎）（Bahlam Nehn[Jaguar Mirror,Water lily Jaguar]）	9.4.9.17.0 5 Ajaw 8 Yaxk'in	524年8月6日	66.45	渐亏凸月
8	维约尔·基尼什（Wi'Yohl K'inich）	9.4.18.6.12 8 Eb 0 Mak	532年11月24日	84.15	渐盈凸月
9	萨克·卢（Sak Lu）	9.5.17.13.7 2 Manik' 0 Muwan	551年12月30日	96.24	满月
10	月亮·美洲虎（Moon Jaguar）	9.5.19.3.0 8 Ajaw 3 Mak	553年5月26日	2.22	新月
11	布茨昌（Butz'Chan）	9.7.5.0.8 8 Lamat 6 Mak	578年11月19日	25.97	上蛾眉月
12	卡克乌提维茨卡威尔（烟雾伊米克斯）（K'ahk'Uti'Witz'K'awiil[Smoke Imix]）	9.9.14.17.5 6 Chikchan 18 K'ayab	628年2月8日	5.83	下蛾眉月（残月）
13	瓦夏克拉君·乌巴·卡威尔（Waxaklajuun Ubaah K'awiil）	9.13.3.6.8 7 Lamat 1 Mol	695年7月9日	42.97	下蛾眉月（残月）

6 古玛雅城市的月亮神力

（续表）

	统治者	登基日期（卓尔金历）	登基日期（换算成公历）	月球亮度（%）	月相
14	卡克乔普拉·昌·卡威尔（K'ahk'Joplaj Chan K'awiil）	9.15.6.16.5 6 Chikchan 3 Yaxk'in	738年6月11日	72.12	渐亏凸月
15	卡克伊普拉·昌·卡威尔（K'ahk'Yipyaj Chan K'awiil）	9.15.17.13.10 11 Ok 13 Pop	749年2月18日	13.48	下蛾眉月（残月）
16	亚克斯·帕萨赫·昌·约帕特（Yax Pasaj Chan Yopaat）	9.16.12.5.17 6 Kaban 10 Mol	763年7月2日	93.23	渐亏凸月
17	乌基特·图克（Ukit Took'）	9.19.11.14.5 3 Chikchan 3 Wo	822年2月10日	99.3	满月
蒂卡尔					
1	雅克斯·努恩·阿欣一世（Yax Nuun Ahiin I）	8.18.8.1.2 2 Ik' 10 Sip	404年6月18日	24.1	下蛾眉月（残月）
2	西哈伊·昌·卡威尔二世（Sihyaj Chan K'awiil II）	8.18.15.11.0 3 Ajaw 13 Sak	411年11月29日	6.12	下蛾眉月（残月）
3	坎·奇塔姆（K'an Chitam）	9.1.2.17.17 4 Kaban 15 Xul	458年8月9日	97.86	满月
4	查克·托克·伊查克二世（Chak Tok Ich'aak II）	未知			
5	蒂卡尔夫人（Lady of Tikal）	9.3.16.8.4 11 K'an 17 Pop	511年4月21日	56.56	渐盈凸月
6	卡卢姆特·巴拉姆（Kaloomte' Bahlam）	未知			
7	鸟·爪（Bird Claw）	未知			
8	瓦克·昌·卡威尔（Wak Chan K'awiil）	9.5.3.9.15 12 Men 18 K'ank'in	537年12月31日	100	满月
9	野兽·骷髅（Animal Skull）	未知			
10	统治者23（Ruler 23）	未知			
11	统治者24（Ruler 24）	未知			

141

古文明之夜

（续表）

	统治者	登基日期（卓尔金历）	登基日期（换算成公历）	月球亮度（%）	月相
12	努恩·乌乔尔·查克（Nuun Ujol Chaak）	未知			
13	贾索·昌·卡威尔一世（Jasaw Chan K'awiil I）	9.12.9.17.16 5 Kib 14 Sotz'	682年5月6日	39.56	下蛾眉月（残月）
14	伊金·昌·卡威尔（Yik'in Chan K'awiil）	9.15.3.6.8 3 Lamat 6 Pax	734年12月12日	91.04	渐盈凸月
15	统治者28（Ruler 28）	未知			
16	雅克斯·努恩·阿欣二世（Yax Nuun Ahiin II）	9.16.17.16.4 11 K'an 12 K'ayab	768年12月29年	97.17	满月
17	努恩·乌乔尔·金尼奇（Nuun Ujol K'inich）	未知			
18	黑暗·太阳（Dark Sun）	未知			
19	伊韦尔·卡威尔（Jewel K'awiil）	未知			
20	贾索·昌·卡威尔二世（Jasaw Chan K'awiil II）	未知			

多斯皮拉斯

	统治者	登基日期（卓尔金历）	登基日期（换算成公历）	月球亮度（%）	月相
1	巴赫拉赫·昌·卡威尔（Bajlaj Chan K'awiil）	未知			
2	伊察姆纳哈·卡威尔（Itzamnaaj K'awiil）	9.13.6.2.0 11 Ajaw 18 Wo	698年3月27日	80.72	渐盈凸月
3	统治者3（Ruler 3）	9.14.15.5.15 9 Men 13 K'ayab	727年1月10日	96.09	满月
4	卡威尔·昌·基尼什（K'awiil Chan K'inich）	9.15.9.17.17 13 Kaban 20 Yaxk'in	741年6月27日	66.54	渐盈凸月
5	塔恩·特·基尼什（Tahn Te' K'inich）	9.16.19.0.14 5 Ix 12 Pop	770年2月2日	4.2	新月
6	阿豪·博特（Ajaw Bot）	9.17.0.0.0 13 Ajaw 18 Kumk'u	771年1月24日	13.91	上蛾眉月
7	查克·拉卡姆图恩（Chak Lakamtuun）	未知			

（续表）

	统治者	登基日期 （卓尔金历）	登基日期 （换算成公历）	月球亮度 （%）	月相
8	拉查恩·卡威尔·阿豪·博特 （Lachan K'awiil Ajaw Bot）	9.18.11.13.4 10 K'an 2 Xul	802年5月5日	0	新月
纳兰霍
1	阿豪·沃萨尔·昌·基尼什 （Aj Wosal Chan K'inich）	9.5.12.0.4 6 K'an 3 Sip	5月7, 546	64.87	渐亏凸月
2	库哈哈 （K'uxaj）	未知			
3	卡赫·骷髅·昌·查克 （K'ahk' Skull Chan Chaak）	未知			
4	六天夫人 （Lady Six Sky）	未知			
5	卡赫·蒂利乌·昌·查克 （K'ahk Tiliw Chan Chaak）	9.13.1.3.19 5 Kawak 2 Yaxk'in	5月21, 693	82.28	渐盈凸月
6	雅克斯·马尤伊·昌·查克 （Yax Mayuy Chan Chaak）	未知			
7	卡赫·伊皮伊伊·昌·查克 （K'ahk' Yipiiy Chan Chaak）	9.15.15.3.16 7 Kib 14 Yax	8月19, 746	4.56	新月
8	卡赫·乌卡劳·昌·查克 （K'ahk Ukalaw Chan Chaak）	9.16.4.10.18 9 Etz'nab 11 Muwan	11月22, 755	99.11	满月
9	蝙蝠·卡威尔 （Bat K'awiil）	未知			
10	伊察姆纳哈·卡威尔 （Itzamnaaj K'awiil）	9.17.13.4.3 5 Ak'bal 11 Pop	2月8, 784	94.53	渐盈凸月
11	瓦夏克拉君·乌巴阿·卡威尔 （Waxaklajuun Ubaah K'awiil）	9.19.4.1.1 1 Imix 19 Mol	6月28, 814		
卡拉科尔
1	特卡布·查克 （Te' K'ab Chaak）	未知			

古文明之夜

（续表）

	统治者	登基日期 （卓尔金历）	登基日期 （换算成公历）	月球亮度 （％）	月相
2	卡赫·乌乔尔·基尼什一世 （K'ahk' Ujol K'inich I）	未知			
3	亚豪·特基尼什 （Yajaw Te' K'inich）	9.2.9.0.16 10 Kib 4 Pop	484年4月13日	6.49	上蛾眉月
4	坎一世 （K'an I）	9.4.16.13.3 4 Ak'bal 16 Pop	531年4月15日	96.77	满月
5	亚豪·特基尼什 （Yajaw Te' K'inich II）	9.5.19.1.2 9 Ik' 5 Wo	553年4月18日	76.09	渐亏凸月
6	扭结·阿豪 （Knot Ajaw）	9.8.5.16.12 5 Eb 5 Xul	599年6月26日	2.88	新月
7	坎二世 （K'an II）	9.9.4.16.2 10 Ik' 0 Pop	618年3月25日	54.76	渐盈凸月
8	卡赫·乌乔尔·基尼什二世 （K'ahk' Ujol K'inich II）	9.11.5.14.0 12 Ajaw 18 Xul	658年6月25日	75.01	渐亏凸月
9	统治者7 （Ruler 7）	未知			
10	图姆·约尔·基尼什 （Tum Yohl K'inich）	未知			
11	基尼什·乔伊·卡威尔 （K'inich Joy K'awiil）	9.18.9.5.9 6 Muluk 2 K'ayab	799年12月12日	82.91	渐盈凸月
12	尼尼什·图比尔·约帕特 （K'inich Toobil Yopaat）	9.18.13.10.19? 9 Kawak? 7 Sip	804年3月10日	27.72	下蛾眉月 （残月）
13	坎三世 （K'an III）	未知			
14	统治者13 （Ruler 13）	未知			

奎里瓜

	统治者	登基日期 （卓尔金历）	登基日期 （换算成公历）	月球亮度 （％）	月相
1	托克·卡斯珀 （Tok Casper）	8.19.10.11.0 8 Ajaw 18 Yax	426年9月19日	6.96	上蛾眉月
2	图图姆·约尔·基尼什 （Tutuum Yohl K'inich）	未知			
3	统治者3 （Ruler 3）	未知			
4	卡威尔·约帕特 （K'awiil Yopaat）	未知			

（续表）

	统治者	登基日期（卓尔金历）	登基日期（换算成公历）	月球亮度（%）	月相
5	卡赫·蒂利乌·昌·约帕特（K'ahk' Tiliw Chan Yopaat）	9.14.13.4.17 12 Kaban 5 K'ayab	725年1月2日	98.89	满月
6	天空·休尔（Sky Xul）	9.17.14.16.18 9 Etz'nab 1 K'ank'in	785年10月15日	47.45	渐盈凸月
7	翡翠·天空（Jade Sky）	未知			
卡拉克穆尔					
1	斯科尔·蛇（Scroll Serpent）	9.7.5.14.17 11 Kaban 10 Ch'en	579年9月4日	5.77	下蛾眉月（残月）
2	尤克努姆·提查恩（Yuknoom Ti' Chan）	未知			
3	塔朱姆·乌卡布·卡克（Tajoom Uk'ab K'ahk）	9.9.9.0.5 11 Chikchan 3 Wo	622年3月31日	98.55	渐盈凸月
4	尤克努姆·海德（Yuknoom Head）	未知			
5	尤克努姆·奇恩二世（Yuknoom Ch'een II）	9.10.3.5.10 8 Ok 18 Sip	636年5月1日	73.05	渐亏凸月
6	尤克努姆·伊查克·卡克（Yuknoom Yich'aak K'ahk'）	9.12.13.17.7 6 Manik' 5 Sip	686年4月6日	49.07	上蛾眉月
7	尤克努姆·图克·卡威尔（Yuknoom Took K'awiil）	未知			
东尼娜					
1	统治者1（Ruler 1）	未知			
2	美洲虎·鸟·貘（Jaguar Bird Tapir）	9.6.8.17.2 7 Ik' 0 Pax	563年1月16日	44.64	上蛾眉月
3	查克·博隆·查克（Chak Bolon Chaak）	未知			
4	基尼什·巴拉姆·查帕特（K'inich Bahlam Chapaat）	9.9.1.13.11 10 Chuwen 9 K'ayab	615年2月2日	1.76	新月
5	统治者2（Ruler 2）	9.11.16.0.1 1 Imix 9 Mol	668年7月23日	61.7	渐盈凸月

（续表）

	统治者	登基日期 （卓尔金历）	登基日期 （换算成公历）	月球亮度 （％）	月相
6	基尼什·巴克纳尔·查克 （K'inich Baaknal Chaak）	9.12.16.3.12 5 Eb 0 Yaxk'in	688年6月19日	100	满月
7	统治者4 （Ruler 4）	9.13.16.16.18 9 Etz'nab 6 Muwan	708年11月28日	81.86	上蛾眉月
8	基尼什·伊查克·查帕特 （K'inich Ich'aak Chapaat）	9.14.12.2.7 5 Manik' 0 Muwan	723年11月19日	91.3	渐亏凸月
9	基尼什·图恩·查帕特 （K'inich Tuun Chapaat）	未知			
10	统治者8 （Ruler 8）	未知			
11	乌·查帕特 （U Chapaat）	未知			
12	统治者10 （Ruler 10）	未知			

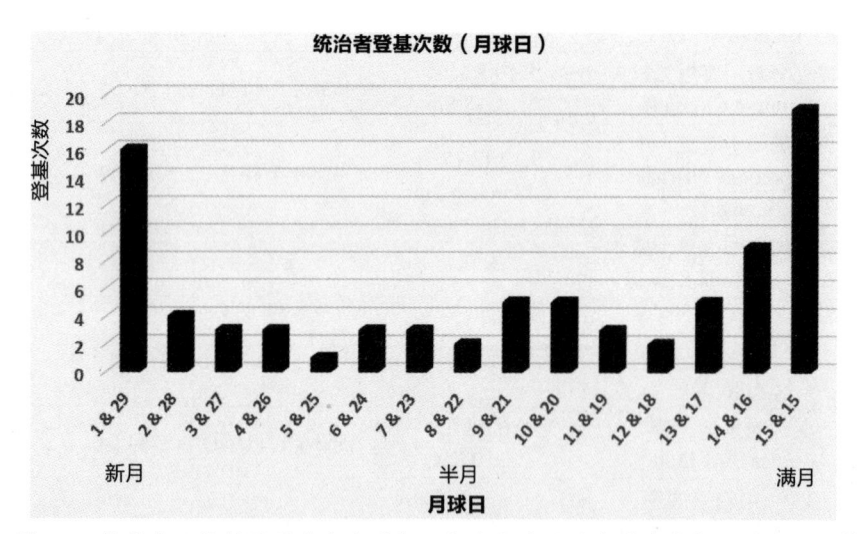

图6-5 按月球日绘制的玛雅古典时期11个城市的统治者登基次数。月球日从第1天（新月）到第8天（半月，上弦月），到第15天（满月），到第22天（半月，下弦月），然后重回起点（新月）。图表来源：Kristin V. Landau

中美洲月亮神力的记述：
来自后古典期和殖民时期的历史和民族志文献

古典期之后的后古典期（900—1519年），月亮一如旧例，在中美洲文化和意识形态中扮演着重要角色。殖民时期的编年史学家弗雷·贝尔纳迪诺·德·萨阿贡（Fray Bernardino de Sahagun）（2009; Taube）为我们提供了有关墨西哥山谷居民的丰富文献，他写道，月亮从两个祭祀仪式中诞生。经历5次创世失败，众神聚集在墨西哥中部的大城市特奥蒂瓦坎（如今已入选联合国教科文组织世界遗产名录），决定从中选出一位神灵献祭，变成新的太阳。他们挑选了两位神灵作为候选，但在最后的紧要关头，其中一位却犹豫不决，最终他只能变成了月亮。这一创世传说成为墨西卡人对外征服的驱动力，因为据说太阳和月亮需要祭供，才能继续在天上运转。因此，墨西卡人需要通过战争来获取俘虏，用于祭祀太阳，助力其与黑暗势力做斗争（Taube 1993; Brumfiel and Feinman 2008）。

《波波尔乌》（Popol Vuh）中也有类似的创世传说，这是一部18世纪玛雅基切语（K'iche'）的叙事文本，讲述了玛雅人从宇宙起源到后古典期帝国扩张的历史。关于人类诞生之前的那段历史，《波波尔乌》讲述了一对男性双胞胎英雄逃脱冥界的种种磨难，最终成为太阳和月亮的故事。虽然《波波尔乌》成书于西班牙殖民统治之后，但它对玛雅神话有非常详尽的记载，如刚刚提及的双胞胎英雄神话，可以追溯到2000多年前（Coe 1973; Saturno et al. 2005; Taube et al. 2010）。玛雅和墨西卡（Mexica）基切语的创世神话显著反映出月亮在中美洲多变的性别关联。虽然月亮被普遍视为女性和太阳之妻，但一些中美洲人认为月亮起初为男性（Thompson 1970）。然而，自创世以来，这个重要天体就与太阳形成一对密切的搭档，它还与意识形态关联起来，例如墨西卡人声称发动战争是为了维护宇宙的正常运行。

根据历史资料，中美洲文化中的一些活动是根据月相周期来安排时间的。15世纪的编年史学家雷·迭戈·德·兰达（Fray Diego de Landa）（Tozzer 1941）

指出了月相与降雨量之间的关系："在旱季的1月和2月，只有新月那天才可能下雨"（Bassie-Sweet 2008，34）。根据查尔斯·威兹德姆（Charles Wisdom 1940）的人种史描述，危地马拉的乔尔蒂（Chortí）玛雅人将上弦月与农业和人类的生长（伤口愈合，长出成人牙齿等）联系在一起。拉斐尔·吉拉德（Rafael Girard 1949，192）补充说，乔尔蒂人关于男女床事的时间有严格规定："必须在满月时才可行房交欢，这样后代方能茁壮成长，就跟种庄稼一样。"在后古典期和之后的各个时期，月亮被视为盛水的罐子，上弦月期间往里灌水，满月代表罐满，而下弦月则往外倒水（Girard 1949; Iwaniszewski 2006）。17世纪的编年史学家哈辛托·德·拉·塞尔纳（Jacinto de la Serna）指出，墨西卡妇女会根据月相来计算怀孕时间（Nuttall 1904，495）。16世纪，萨阿贡（2009）做了这样的记录：墨西哥山谷的孕妇惧怕月食出现，因为她们担心可能会失去腹中胎儿，而诞下一只老鼠。

　　人类学的相关数据显示，在中美洲文化中，诸如耕种、收割、伐木、性交繁衍，甚至牲畜阉割等诸多人类活动，都可能会根据月相周期来安排时间（Thompson 1970，243–244; Iwaniszewski 2006）。基切、乔尔蒂、卡奇克尔和其他一些存世的玛雅种族，至今仍然根据月相来安排农时，例如何时播种、何时收获等；他们热衷于遵守这些规则。玛雅基切人认为，新月和满月时雨水较多。他们说，月亮在新月和满月时"异常温柔"，因此有许多禁忌（Remington 1977）。对危地马拉乔尔蒂人进行的人类学研究表明，农人都知道避免新月时播种，因为"植物的根会长不壮"；他们可能会一直等到满月再播种，以确保作物能获得最佳播种时机和最佳生长态势（Hull 2020，222–223）。例如，在今日的科潘，一些农民在每个月的第3或第4天，新月或上弦月时播种；第26或第27天，月缺时进行收获（personal communication to K. Landau 2009）。在墨西哥恰帕斯州的拉坎顿丛林地区，策尔塔尔人（Tzeltal）和拉坎顿（Lacandon）玛雅人在满月时种植各种作物，如豆类、大蕉和丝兰。拉坎顿玛雅人、农学家钱金·巴伦苏埃拉·戈麦斯（Chankin Valenzuela Gómez）让我们注意到一些科学研究，其结果表明月亮确实会影响作物生长（personal communication to C. Hernandez，April 6，2019）。这类时间规律很可能反映了月球对地球水分的引力。虽然拉坎顿属于热带雨林地区，不存在海洋潮汐，但月球仍可能对植物吸收水分施加影响（Beeson 1946; Brown and Chow 1973; Barlow 2012; Barlow and Fisahn 2012; Torres M. 2012）。例如，月球引力可能会影响水分在根系或细胞内的流动（Barlow and Fisahn 2012）。尽管这项研究目前还存在争议，但它有可能会进一步印证原住民世世代代遵循的习惯是值得信赖的。

加里·H. 戈森（Gary H. Gossen 1974）记录了墨西哥恰帕斯州查穆拉社区关于热和冷、太阳和月亮以及性别的普遍观念。戈森的交谈对象全是男性，因此其研究失之偏颇（1974，394），所以我们在此讲述此书更重要的几个方面。在查穆拉社区的佐齐尔玛雅人中，热量和太阳（如耶稣基督般的存在）是整个社会的组织法则。人们认为太阳给宇宙带来了秩序，而它创立秩序的力量被称为热量。他们认为男性在一生中会逐渐变热，而女性则会逐渐变冷。因此，晚间进餐时男性会坐在椅子上，抬高位置，使自己远离冰冷的女性大地（Gossen 1974，393）。相反，女性则席地而坐，赤脚行路。赤脚是女性直接与大地相连的象征。查穆拉人认为月亮诞下太阳，如圣母玛利亚诞下耶稣——月亮诞下一个儿子，孰料孩子却被邪恶势力所杀，死后变成了太阳，为宇宙带来了秩序。秩序建立后，月亮和太阳每天会行至地球边缘，从那里坠入大海，复又从海中升起。这种不断地循环往复，就解释了两个天体每日升落的现象。虽然随着时间的推移，古玛雅月亮女神的性别曾发生过转变，但人们赋予其性别的观念却始终存在，尽管殖民者当初曾试图消灭玛雅人在前哥伦布时期形成的信仰。

关于生育这一主题，约翰·汤普森（John Thompson）（1970，243–244）指出，佐齐尔人群体曾经认为，在满月期间，女性生育能力最强，怀孕概率最大。汤普森在文中讲述了这样一件事：他在伯利兹有一位玛雅人同事，同事的祖父曾谈到，过去有男女只在满月和新月时行房事的习俗。尽管月亮能对人类活动施加影响，但它仍然需要人类的辅佐才能安居天穹。据拉坎顿长者们说，月亮需要人类提供给养和关爱（McGee and Reilly 1997）。与早先提到的墨西卡人和基切人的信仰相似，拉坎顿人认为，维持夜空秩序需要不断向月亮祭祀，但他们不再用人来献祭了（例如McGee 1990）。总之，我们推测，新月日和满月日与降雨、生育、丰收等存有关联，因此尤其被统治者视为登基之吉兆。

讨论

　　不论古今，玛雅人都将神圣的月相周期与水、耕作、生育和丰收等联系在一起。这种象征意义与古典时期统治者的登基有何关联呢？在古玛雅文化中，统治者是神圣的，能代表普罗大众与宇宙对话，他们的职责中包含确保带来适当降雨量、玉米产量和土地丰产的宇宙平衡不被打破。月相周期及其与水、生长和生育的多重关联很可能是更广泛的玛雅（甚至是泛中美洲）信仰模式中的一部分（Nuttall 1904; Wisdom 1940; Milbrath 1995, 1999; Iwaniszewski 2006; Bassie-Sweet 2008）。一如每日的黎明和黄昏，统治者的即位同样是一个脆弱而关键的时刻：他是否领导有方，前途是否光明，一切还是未知数。挑选月亮的吉相之夜，上演精心编排的登基大典，就是为了给民众吃下一颗定心丸，使他们心悦诚服地拥戴新君。月相很可能是构成登基仪式合法化的因素之一（Schele and Miller 1986）。如果登基仪式在夜间举行，正如我们的资料所示，通过壮观的场面和"引人注目的"仪式表演，民众就会真切地看到和感受到新统治者的权力和威严。正如韦伯所讲，新领导人是否合法，是否具有神一般的权威感召力，这要由人民来决定。新月日和满月日与作物生长的关联犹如君王登基的一面镜子：月亮也好，君王也罢，二者都将日臻成熟，为不断扩张的城市提供补养、掌控方向。

　　统治者在夜间进行的权力秀会强化王室对城市居民的影响力。当月光映照在"白色之路"上，很多城市居民受到吸引，纷纷向城市中心汇集，来见证并参与登基仪式。以科潘为例，被粉刷成白色、布满石碑的大广场映耀着满月的光辉，灿烂而明亮，为居住在周围山坡上的人们树立起一座灯塔。由于夜间湿度发生变化，仪式的喧嚣、树脂和红酸枣树枝燃烧散发的香气、火把的光亮等扩散得更远，吸引更多的人前来参加（Shields and Bass 1977）。虽然少见登基仪式的相关描述，但不难想象，一众王公贵族簇拥着新君，见证并拥戴他登上大位（Martin 2020, 115）。在科潘，这一仪式可能是在4号金字塔顶端举行的，这是一座位于大广场南侧的放射性金字塔。月亮的光辉从台面上反射向空中，将君王和一众随从的形象映衬得更为高大。

一日分白昼和黑夜，是中美洲思想中一个基本的二元论例子（Bassie-Sweet 2008）。白天安全无虞，夜晚则危险暗涌，很多危险的生物，如蛇、美洲虎和其他许多食肉动物到了夜晚会变得更加活跃。然而夜晚也是充满力量的时刻，是与先人对话的绝佳时机（Taube 1993）。我们通常认为，古典期玛雅城市的白天是一派熙攘繁忙的景象，包括货物交易（King 2015）、社会交往、商品生产（Widmer 2009）、政治活动、仪式典礼、日常生活等（Gonlin 2020a; Robin 2020）。对王宫及其周边社区遗址的考古分析可以揭示出很多内容，例如一个政权内部的权力关系（Landau 2021）。然而，作为玛雅社会生活另一面的夜晚，长期以来也形成了自己的活动传统（Gonlin and Dixon 2018; Gonlin and Dixon-Hundredmark 2021）。尤其是在重要的城市中心，夜晚是社会等级和王室权力合法性的集中体现。

结论

本研究所提供的分析案例，表明了统治者如何在城市的夜晚巩固王权，抬高自身威望。统治者会充分利用夜晚优势，为自己的统治背书，并告慰祖先亡灵，为臣民谋福祉。对普罗大众而言，君王登基会是一个非常关键的时间节点，因为在这个阈限期内，未来的统治者和城市居民都被置于动荡无常的可能性之中。统治者苦心经营的夜间仪式和集会可能为塑造魅力型领导人创造一个绝佳时机，他们借此一方面安抚民众，使其对未来的风调雨顺、农业丰产充满信心，另一方面强化各阶层间的团结和等级稳固。因此，我们发现月相与古典玛雅统治者登基之间存在关联也就不足为奇了。月亮在统治者手中化为神力，在维护政权稳固上举足轻重，不舍昼夜。

致谢

感谢在阿尔伯克基举行的美国考古学会第84届年会"天黑之后"（After Dark）会议的组织者邀请我们为这一创新而有趣的主题撰写文章。此文的最初构思源自兰道的本科毕业论文，指导老师为安东尼·阿韦尼（Anthony Aveni）。我们也要感谢洪都拉斯人类学和历史研究所（IHAH）以及墨西哥国立人类学历史学研究所（INAH），感谢他们允许兰道和埃尔南德斯进行实地考察。我们还要感谢来自科潘和门萨巴克的同事，感谢他们耐心回答我们关于月亮、天文学和农业的问题。特别感谢阿尔玛学院的布拉德·韦斯特盖特（Brad Westgate）教授和南·乐（Nhan Le）教授在统计学方面提供的帮助，以及感谢猫咪露娜不断给予我们灵感。

参考文献

[1] Aveni, Anthony F. 2001. *Skywatchers*. Austin: University of Texas Press.

[2] Aveni, Anthony F. 2018. "Night in Day: Contrasting Maya and Hindu Responses to Total Solar Eclipses." In *Archaeology of the Night: Life after Dark in the Ancient World*, edited by Nancy Gonlin and April Nowell, 139–154. Boulder: University Press of Colorado.

[3] Aveni, Anthony F., and Lorren D. Hotaling. 1994. "Monumental Inscriptions and the Observational Basis of Maya Planetary Astronomy." *Archaeoastronomy*. Supplement to the *Journal for the History of Astronomy* 25 (19): S21–S54.

[4] Barlow, Peter W. 2012. "Moon and Cosmos: Plant Growth and Plant Bioelectricity." In *Plant Electrophysiology*, edited by Alexander G. Volkov, 249–280. Berlin: Springer.

[5] Barlow, Peter W., and Joachim Fisahn. 2012. "Lunisolar Tidal Force and the Growth of Plant Roots, and Some Other of Its Effects on Plant Movements." *Annals of Botany* 110 (2, 1): 301–318.

[6] Baron, Joanne P. 2016. *Patron Gods and Patron Lords: The Semiotics of Classic Maya Community Cults*. Boulder: University Press of Colorado.

[7]　Bassie-Sweet, Karen. 2008. *Maya Sacred Geography and the Creator Deities*. Norman: University of Oklahoma Press.

[8]　Beeson, C.F.C. 1946. "The Moon and Plant Growth." *Nature* 158 (4017): 572–573. Brown, Frank A., and Carol S. Chow. 1973. "Lunar-Correlated Variations in Water Uptake by Bean Seeds." *Biology Bulletin* 145 (2): 265–278.

[9]　Brumfiel, Elizabeth M., and Gary M. Feinman, eds. 2008. *The Aztec World*. New York: Harry N. Abrams.

[10]　Clancy, Flora S. 2015. "The Ancient Maya Moon: Calendar and Character." In *Cosmology, Calendars, and Horizon-Based Astronomy in Ancient Mesoamerica*, edited by Anne S. Dowd and Susan Milbrath, 229–248. Boulder: University Press of Colorado. Coe, Michael D. 1973. *The Maya Scribe and His World*. New York: Grolier Club.

[11]　Coe, Michael D., and Mark Van Stone. 2005. *Reading the Maya Glyphs*. New York: Thames and Hudson.

[12]　Demarest, Arthur A. 1992. "Ideology in Ancient Maya Cultural Evolution: The Dynamics of Galactic Polities." In *Ideology and Pre-Columbian Civilizations*, edited by Arthur A. Demarest and George Conrad, 135–157. Santa Fe, NM: School of American Research Press.

[13]　DeMarrais, Elizabeth, Luis Jaime Castillo, and Timothy K. Earle. 1996. "Ideology, Materialization, and Power Strategies." *Current Anthropology* 37 (1): 15–31.

[14]　Dowd, Marion, and Robert Hensey, eds. 2016. *The Archaeology of Darkness*. Oxford and Philadelphia: Oxbow Books.

[15]　Fash, William L. 1994. "Changing Perspectives on Maya Civilization." *Annual Review of Anthropology* 23: 181–208.

[16]　Fitzsimmons, James L. 2015. "The Charismatic Polity: Zapote Bobal and the Birth of Authority at Jaguar Hill." In *Classic Maya Polities of the Southern Lowlands: Integration, Interaction, Dissolution*, edited by Damien B. Marken and James L. Fitzsimmons, 225–242. Boulder: University Press of Colorado.

[17]　Fox, John W., Garrett W. Cook, Arlen F. Chase, and Diane Z. Chase. 1996. "Questions of Political and Economic Integration: Segmentary versus Centralized States among the Ancient Maya." *Current Anthropology* 37 (5): 795–801.

[18]　Girard, Rafael. 1949. *Los Chortis ante el problema maya*. Mexico City: Antigua Librería

Robredo.

[19]　Goldstine, Herman H. 1973. *New and Full Moons 1001 BC to AD 1651*. Philadelphia: American Philosophical Society.

[20]　Gonlin, Nancy. 2020a. "Household Archaeology of the Classic Period Lowland Maya." In *The Maya World*, edited by Scott R. Hutson and Traci Ardren, 389–406. London: Routledge.

[21]　Gonlin, Nancy. 2020b. "Urban Nightscapes of the Late Classic Maya of Mesoamerica." In *ICNS Proceedings*, 1st ed., edited by Manuel Garcia-Ruiz and Jordi Nofre, 166–183. Lisbon: ISCTE Instituto Universitário de Lisboa.

[22]　Gonlin, Nancy, and Christine C. Dixon. 2018. "Classic Maya Nights at Copan, Honduras, and El Cerén, El Salvador." In *Archaeology of the Night: Life after Dark in the Ancient World*, edited by Nancy Gonlin and April Nowell, 45–76. Boulder: University Press of Colorado.

[23]　Gonlin, Nancy, and Christine C. Dixon-Hundredmark. 2021. "Light, Darkness, and Luminosity in the Late Classic Maya World: Illuminating Nocturnal Case Studies from Copan, Honduras and La Joya de Cerén, El Salvador." In *Night and Darkness in Ancient Mesoamerica*, edited by Nancy Gonlin and David M. Reed, 205–241. Louisville: University Press of Colorado.

[24]　Gonlin, Nancy, and April Nowell, eds. 2018. *Archaeology of the Night: Life after Dark in the Ancient World*. Boulder: University Press of Colorado.

[25]　Gonlin, Nancy, and April Nowell. 2020. "Life after Dark in the Cities of the Ancient World." In *ICNS Proceedings*, 1st ed., ed. Manuel Garcia-Ruiz and Jordi Nofre, 61–74. Lisbon: ISCTE Instituto Universitário de Lisboa.

[26]　Gossen, Gary H. 1974. "To Speak with a Heated Heart: Chamula Canons of Style and Good Performance." In *Explorations in the Ethnography of Speaking*, edited by Richard Bauman and Joel Sherzer, 389–413. Cambridge: Cambridge University Press.

[27]　Grube, Nikolai. 1992. "Classic Maya Dance: Evidence from Hieroglyphs and Iconography." *Ancient Mesoamerica* 3 (2): 201–218. https://doi.org/10.1017/S0956536100 00064X.

[28]　Houston, Stephen D. 2000. "Into the Minds of the Ancients: Advances in Maya Glyph Studies." *Journal of World Prehistory* 14 (2): 121–201.

[29]　Houston, Stephen D. 2006. "Impersonation, Dance, and the Problem of Spectacle among the Classic Maya." In *Archaeology of Performance: Theaters of Power, Community, and Politics*, edited by Takeshi Inomata and Lawrence S. Coben, 135–155. New York: AltaMira Press.

[30] Houston, Stephen D., and Takeshi Inomata. 2009. *The Classic Maya*. New York: Cambridge University Press.

[31] Hull, Kerry. 2020. "A Cosmology of Water: The Universe According to the Ch'orti.'" In *Reshaping the World: Debates on Mesoamerican Cosmologies*, edited by Ana Díaz, 209–247. Louisville: University Press of Colorado.

[32] Inomata, Takeshi. 2006. "Plazas, Performers, and Spectators: Political Theaters of the Classic Maya." *Current Anthropology* 47 (5): 805–842.

[33] Inomata, Takeshi, and Lawrence S. Coben, eds. 2006. *Archaeology of Performance: Theaters of Power, Community, and Politics*. Lanham, MD: Altamira Press.

[34] Iwaniszewski, Stanislaw. 2006. "Lunar Agriculture in Mesoamerica." *Mediterranean Archaeology and Archaeometry* 6 (3): 67–75.

[35] Iwaniszewski, Stanislaw. 2008. "Lunar Cycles and the Ruler's Life at Yaxchilan, Chiapas, Mexico." In *Astronomy of Ancient Societies*, edited by T. M. Potyomkina, 162–171. Moscow: Nauka.

[36] Iwaniszewski, Stanislaw. 2018. "The Observations of the Moon at Naranjo: New Facts and Interpretations." *Mediterranean Archaeology and Archaeometry* 18 (4): 191–198. Jackson, Sarah E. 2013. *Politics of the Maya Court: Hierarchy and Change in the Late Classic Period*. Norman: University of Oklahoma Press.

[37] Joyce, Rosemary A. 1996. "The Construction of Gender in Classic Maya Monuments." In *Gender and Archaeology: Essays in Research and Practice*, edited by Rita P. Wright, 167–195. Philadelphia: University of Pennsylvania Press.

[38] King, Eleanor M., ed. 2015. *The Ancient Maya Marketplace: The Archaeology of Transient Space*. Tucson: University of Arizona Press.

[39] Landau, Kristin V. 2021. "The Dynamics of Maya State Process: An Integrated Perspective from the San Lucas Neighborhood of Copán, Honduras." *American Anthropologist* 123 (1): 1–20.

[40] Looper, Matthew G. 2002. "Women–Men (and Men–Women): Classic Maya Rulers and the Third Gender." In *Ancient Maya Women*, edited by Traci Ardren, 171–202. Walnut Creek, CA: AltaMira Press.

[41] Looper, Matthew G. 2009. *To Be Like Gods: Dance in Ancient Maya Civilization*. Austin: University of Texas Press.

[42] Martin, Simon. 2020. *Ancient Maya Politics: A Political Anthropology of the Classic Period 150–900 CE*. New York: Cambridge University Press.

[43] Martin, Simon, and Nikolai Grube. 2008. *Chronicle of the Maya Kings and Queens: Deciphering the Dynasties of the Ancient Maya*. New York: Thames and Hudson Ltd.

[44] McGee, R. Jon. 1990. *Life, Ritual, and Religion among the Lacandon Maya*. Belmont, CA: Wadsworth Publishing Company.

[45] McGee, R. Jon, and Kent F. Reilly III. 1997. "Ancient Maya Astronomy and Cosmology in Lacandon Maya Life." *Journal of Latin American Lore* 20 (1): 125–142.

[46] Milbrath, Susan. 1995. "Gender and Roles of Lunar Deities in Postclassic Central Mexico and Their Correlations in the Maya Area." *Estudios de Cultura Nahuatl* 25: 45–93.

[47] Milbrath, Susan. 1999. *Star Gods of the Maya: Astronomy in Art, Folklore, and Calendars*. Austin: University of Texas Press.

[48] Miller, Daniel, ed. 2005. *Materiality*. Durham, NC: Duke University Press.

[49] Miller, Daniel, and Christopher Y. Tilley, eds. 1984. *Ideology, Power, and Prehistory*. New York: Cambridge University Press.

[50] Newsome, Elizabeth A. 2001. *Trees of Paradise and Pillars of the World: The Serial Stela Cycle of "18-Rabbit-God K," King of Copan*. Austin: University of Texas Press.

[51] Nowell, April, and Nancy Gonlin. 2021. "Affordances of the Night: Work after Dark in the Ancient World." In *Rethinking Darkness: Cultures, Histories, Practices*, edited by Nick Dunn and Tim Edensor, 27–37. London: Routledge.

[52] Nuttall, Zelia. 1904. "The Periodical Adjustments of the Ancient Mexican Calendar." *American Anthropologist* 6 (4): 486–500.

[53] Pineda de Carias, María C., Nohemy L. Rivera, and Cristina M. Argueta. 2017. "Stela D: A Sundial at Copan, Honduras." *Ancient Mesoamerica* 28 (2): 543–557.

[54] Pitts, Mark. 2011. "A Brief History of Piedras Negras—As Told by the Ancient Maya." FAMSI. Accessed April 2, 2019. http://www.famsi.org/research/pitts/pitts_piedras_negras_history.pdf.

[55] Remington, Judith A. 1977. "Current Astronomical Practices Among the Maya." In *Native American Astronomy*, edited by Anthony F. Aveni, 75–88. Austin: University of Texas Press.

[56] Robin, Cynthia. 2020. "Archaeology of Everyday Life." *Annual Review of Anthropology*

49: 373–390.

[57] Sahagún, Fray Bernardino de. 2009. *Historia general de las cosas de la Nueva España II*. Barcelona: Linkgua Ediciones S.L.

[58] Saturno, William A., David Stuart, Anthony F. Aveni, and Franco Rossi. 2012. "Ancient Maya Astronomical Tables from Xultun, Guatemala." *Science* 336 (6082): 714–717. Saturno, William A., Karl Taube, and David Stuart. 2005. *The Murals of San Bartolo, Petén, Guatemala. Part 1: The North Wall*. Ancient America 7. Barnardsville, NC: Boundary End Archaeology Research Center.

[59] Schele, Linda, and Mary Ellen Miller. 1986. *The Blood of Kings: Dynasty and Ritual in Maya Art*. New York: George Braziller.

[60] Sharer, Robert J., and Loa P. Traxler. 2005. *The Ancient Maya*. 6th ed. Stanford, CA: Stanford University Press.

[61] Shields, F. Douglas, and Henry E. Bass. 1977. "Atmospheric Absorption of High Frequency Noise and Application to Fractional–Octave Bands." NASA Contractor Report, 2760. Released June 1977.

[62] Skidmore, Joel. 2010. "The Rulers of Palenque." Mesoweb. www.mesoweb.com/palenque/resources/rulers/PalenqueRulers-05.pdf.

[63] Stone, Andrea, and Marc Zender. 2011. *Reading Maya Art: A Hieroglyphic Guide to Ancient Maya Painting and Sculpture*. New York: Thames and Hudson Ltd.

[64] Stuart, David. 1996. "Kings of Stone: A Consideration of Stelae in Ancient Maya Ritual and Representation." *RES* 29 and 30 (Spring and Autumn): 149–171.

[65] Stuart, David. 2013. "Report: Two Inscribed Bones from Yaxchilan." In *Maya Decipherment: Ideas on Ancient Maya Writing and Iconography*. https://decipherment.wordpress.com/category/yaxchilan/.

[66] Stuart, David. 2020a. "Yesterday's Moon: A Decipherment of the Classic Mayan Adverb *ak'biiy*." In *Maya Decipherment: Ideas on Ancient Maya Writing and Iconography*. https://mayadecipherment.com/2020/08/01/yesterdays-moon-a-decipherment-of-the-classic-mayan-adverb-akbiiy/.

[67] Stuart, David. 2020b. "Maya Time." In *The Maya World*, edited by Scott R. Hutson and Traci Ardren, 624–647. London: Routledge.

[68]　Stuart, David, and George Stuart. 2008. *Palenque: Eternal City of the Maya*. London: Thames and Hudson.

[69]　Taube, Karl. 1993. *Aztec and Maya Myths*. Austin: University of Texas Press.

[70]　Taube, Karl, William A. Saturno, David Stuart, and Heather Hurst. 2010. *The Murals of San Bartolo, Petén, Guatemala. Part 2: The West Wall*. Ancient America 10. Barnardsville, NC: Boundary End Archaeology Research Center.

[71]　Thompson, John Eric Sidney. 1970. *Maya History and Religion*. Norman: University of Oklahoma Press.

[72]　Torres M., Alex. 2012. "Determinar la influencia de la luna en la agricultura." BS licenciatura, Facultad de Ciencias Agropecuarias, Universidad de Cuenca. Tozzer, Alfred M. 1941. *Landa's Relación de las Cosas de Yucatan, Papers of the Peabody Museum of American Archaeology and Ethnology*, Vol. 18. Cambridge, MA: Harvard University Press.

[73]　Weber, Max. 1977. *The Theory of Social and Economic Organization*. Translated by Talcott Parsons. New York: Free Press.

[74]　Widmer, Randolph J. 2009. "Elite Household Multicrafting Specialization at 9N–8, Patio H, Copan." *Archaeological Papers of the American Anthropological Association* 19 (1): 174–204.

[75]　Wilkinson, Darryl. 2019. "Towards an Archaeological Theory of Infrastructure." *Journal of Archaeological Method and Theory* 26: 1216–1241. https://doi.org/10.1007/s10816-018-9410-2.

[76]　Wisdom, Charles. 1940. *The Chorti Indians of Guatemala*. Chicago: University of Chicago Press.

7 日夜交替：
秘鲁瓦里帝国的夜生活和宗教

玛莎·卡布雷拉·罗梅罗

J. 安东尼奥·奥查托马·卡布雷拉

以夜晚为考古对象是探索古代世界的一个新视角，它促使我们去重新解释已有的考古证据，并开辟了众多新的研究领域（Gonlin and Nowell 2018a; Gonlin and Reed 2021）。本章以瓦里帝国（Wali Empire）为切入点，来探究古代夜晚的动态世界。首先，我们将瓦里和康乔帕塔（Conchopata）这两座城市作为深入了解这一南美原住民文化的背景，给予重点关注。接下来，我们描述瓦里的空间组织特征，其无疑与星辰的位置有密切关系。但奇怪的是，这一点尚未引起广泛关注。最后我们从认知层面来探讨瓦里的夜晚，因为它与宗教、仪式和信仰有关，并且这种关联一直延续至今。

夜晚因素直接渗透到瓦里文化的诸多方面。夜晚与秘鲁高地居民的仪式规范、宗教以及日常生活息息相关，尽管这一点以前未被认真研究过。瓦里文明和美洲其他的众多原住民文明一样，以勇猛的武士和杰出的建筑师、工匠、天文学家著称。城市的建造风格反映出瓦里人在上述领域积累的丰富知识，他们还建造了这种文化所独有的圣地。在本章中，我们将探讨在瓦里帝国各遗址中发现的神秘D形建筑，并详细介绍这些建筑的功用，以及它们与城市夜间景观的关系。要了解瓦里人的宗教、城市圣地和神像，就必须先考查瓦里人所掌握的天文知识。

观测天穹可能是人类最古老、最神秘的活动之一。星辰运行、月相规律以及

古文明之夜

其他天体的变化，都唤起人们的探索欲望，想弄清楚这些天象背后隐藏的奥秘。根据从观测中总结出的天文知识，古人就能制定出意义重大的历法。古人对天象的理解往往会反映在建筑物和城市规划所呈现的建造环境之中，并融入重要的仪式。

在前哥伦布时期的社会中，仪式是社会融合的主要机制之一，因为仪式能在不同社会群体之间建立起横向联系，也能在他们的日常生活与祖先的经验之间建立起纵向联系。生态人类学家罗伊·拉帕波特（Roy Rappaport 1999）强调了环境以及人类适应环境能力的重要性，并探讨了宗教对人类适应生存环境所起到的推动作用。拉帕波特（1999，1–2）因而断言：

> 鉴于古今中外宗教因素在人们的思想和行为中占据着核心位置，以及人类付出了大量的精力、鲜血、时间和财富等代价来建造庙宇、供养祭司、祭祀神灵和屠杀异教徒，很难想象，宗教（尽管其某些表现形式看似怪诞）在某种程度上对人类而言并非不可或缺。

从这个意义上讲，仪式对公共空间和建筑的创造至关重要。墨西哥中部的特奥蒂瓦坎是这一互动关系中最具代表性和研究价值的案例之一。特奥蒂瓦坎是一个多民族聚居的中心城市，城市布局可谓精心设计，在一些学者看来，其灵感来自对天象的观测。事实上，世界在水平与垂直方向上分为四大方位是中美洲世界观中一个根深蒂固的概念（Cowgill 2008）。在城市建造过程中，正交布局反映了城市统治者掌控下的有序世界，而不同的社区和住宅则表达了种族多样性（Manzanilla 2009，2017）。路易斯·巴尔瓦（Luis Barba）等人（2007，56）在评论仪式空间概念时认为：

> 宗教在这座城市中的重要性可以从几个不同的层级来评估：市中心巨大的广场和庙宇；描绘一众祭司和其他官员的壁画；神灵的象征物（雕塑、城垛、花瓶、壁画等）等等。另外，似乎还有一些将城市特

7 日夜交替：秘鲁瓦里帝国的夜生活和宗教

定区域居民融合在一起的区级神庙。最后是家庭中的仪式庭院，设有祭坛和神庙，祭祀祖先和神祇的仪式以及终止仪式，都可以从这里追溯得到。

我们之所以将仪式进行等级划分，是因为这样有助于把特奥蒂瓦坎定义为一个整体，其建筑设计、手工制作和贸易都是由国家控制和规定的（Manzanilla 2009）。尽管特奥蒂瓦坎有信仰一众主神的国教，但也有一些barrios，即外来族群聚居的住宅群，他们有自己的神祇，因此也有不同等级和类型的仪式活动。巴尔瓦（Barba）及其同事（2007，76）通过对其中一个住宅群的地面进行系统网格取样和庭院化学残留物分析，证实"该住宅群内的家庭等级体系也在仪式中体现了出来"，因此，最大的仪式庭院与带有风暴神符号的家庭有关。风暴神被视为这座城市的主神之一，他的形象遍布整个城市，尤其是在壁画、雕塑和罐子上（Cowgill 2015，30）。在这个庭院中发现的不属于特奥蒂瓦坎的外来物数量最多，如陶器和石头。较小的庭院则举行过另外一些次等级神的祭祀仪式（Barba et al.2007），这一点可以根据家庭的神灵崇拜得到证明。

在中安第斯地区的秘鲁，有一座与特奥蒂瓦坎特征相似的古城，名叫瓦里。在所谓的中地平线时期（the period of Middle Horizon）（500—1100年），瓦里帝国逐渐崛起并向外扩张，控制了今天秘鲁的大部分地区。该文明的首都就是瓦里古城，一个组织有序、建造复杂的中心城市，可能需要成百上千人的参与建设。精通工程学的专家用复杂而隽永的数学线条勾画建筑空间的方位和样式，并在整个城市修建了复杂的地下排水系统，用于雨季（9月至次年3月）防洪，这属于一种基础设施（第1章）。工匠们制作出精美的器皿，上面雕刻着表达宇宙观的神像，这些神祇大多承继自远古的祖先，与查文文化（Chavín civilization，公元前200年以后）的神祇一样古老（Menzel 1964; Cook 1994; Ochatoma and Cabrera 2002，2010; Cabrera 2007）。瓦里人掌握的知识传播到了中安第斯大部分地区。瓦里人善于研究和观察所处环境中的一切东西：植物和动物、白天和黑夜、洪水和干旱。瓦里人白天观察太阳的轨迹，晚上则仰望星空，观察星辰运行和月相周期与降水和作物的生长有何关联。

瓦里建筑的一个突出特点是被称为"天井群"的建筑布局，即建筑物环绕广场而建（Isbell 1991）。整个瓦里帝国的天井群建筑可正式分为3种类型。第一类是被标记为"瓦里帝国建筑"的遗址，其外观是以矩形平面为基础的一个几何图形，很容易辨认，这些遗址位于帝国的一些重要省份：彼基拉克塔（Pikillacta）、维拉科恰潘帕（Viracochapampa）、阿桑加罗（Azangaro）、印加（Inka）、雅莫班巴（Yamobamba）和帕塔拉亚（Pataraya）（Anders 1991; Isbell and McEwan 1991; Schreiber 1992，2013; Isbell 2004; Schreiber and Edwards 2010; McEwan and Williams 2013）。第二种类型位于省级遗址，其建造技术和风格各不相同，但都遵循天井群建造规范，包括康乔帕塔、洪科潘帕（Honcopampa）、塞罗堡尔（Cerro Baúl）和埃斯皮里图帕（Espíritu Pampa）（Isbell 1991，2000，2008; Ochatoma and Cabrera 2001，2002，2010）。与第一类不同，此类遗址的显著特征是拥有D形祭祀建筑。第三种类型包括上述两种建筑风格，为首都所独有。瓦里首都分布着的一些天井群，结构布局缺乏统一规划，有些为D形结构，有些则为矩形结构。

安第斯古人之夜

首批关于古秘鲁黑夜的人类学研究报告可追溯到15世纪。就本研究的目的而言，胡安·德·贝坦索斯（Juan de Betanzos，［1551–1557］1880）所描述的内容是有颇有价值的，因为他提到了一个至高无上的创世神，这个神的出现可以追溯到蒂亚瓦纳科文化，比印加文化的出现还要早很多年。这位最高神被称为康蒂奇维拉科查（Con Tici Viracocha），他创造了天和地、光明和白昼、月亮、太阳和星星。贝坦索斯（2-3）讲述道：

> 古时候，据说秘鲁大地一片黑暗，没有光，也没有白昼……人们不记得自己的名字，也不知道主宰自己的神。这个时期只有黑夜，他们说，

7　日夜交替：秘鲁瓦里帝国的夜生活和宗教

在这片土地整夜黑暗的时候，从一个湖里……走出来了一位神，他们称之为康蒂奇维拉科查……然后，他们突然说他创造了太阳和白昼，他命令太阳沿着既定的路线移动；然后他们又说他创造了星星和月亮。

贝坦索斯指出，康蒂奇维拉科查在其他族人的陪伴下从的的喀喀湖水域出现，他们在蒂亚瓦纳科古城（又称蒂瓦纳科）定居下来。这位神手持双杖，将生活在黑暗时代的人们变成石头。这个故事让人立刻联想到蒂亚瓦纳科和瓦里的杖神（Staff God）（图7-1a），在蒂亚瓦纳科的太阳门（有关蒂亚瓦纳科的资料详见第5章）的正面和瓦里器皿上，都有杖神的形象。伴在杖神身边的人全以侧脸出现（图7-1b和7-1c），而蒂亚瓦纳科人（第5章）和瓦里人被他变成了石碑雕像。

另一位编年史学家波洛·德·翁德加尔多（Polo de Ondegardo）（Jimenez［1881-1897］1965）列出了一条通往库斯科的道路经过的众多圣地，其中提到了一个神庙，那里供奉着一些石头，这些石头是"被变成石头并在夜间行走的提奇·维拉科查（Ticci Viracocha）的妻子们"。最后，费尔南多·蒙特西诺斯（Fernando Montesinos，［1642］1882）编写了一个与黑暗时期有关的故事，当"死物"复活，它们会与驯化的动物一起反噬人类。这一事件与两个天文现象密切相关：出现了两颗彗星和两次日食。蒙特西诺斯（［1642］1882，48）描述了这一事件：

几年以后，有两颗可怕的彗星分别以狮子和蛇的形状出现。出现日食和月食两次异象之后，国王曼科·卡帕克（Manco Capac）派人召集占星家和圣哲。在请教了神谕以后才明白，魔鬼（the Devil）为了惩罚人类犯下的罪孽，意欲毁灭这个世界。于是他派了一头狮子和一条蛇来摧毁月亮。曼科·卡帕克把所有人聚集在一起，妇女和孩子们纷纷啜泣起来，狗也一块儿掉眼泪，据人们说，无辜者的眼泪和哀叹会引来造物主的怜悯。战士们投入了战斗，他们敲锣打鼓，向月亮投以箭矢和石块，做出攻击狮子或蛇的样子，因为据他们说，这样做能使狮子或蛇惊慌失

古文明之夜

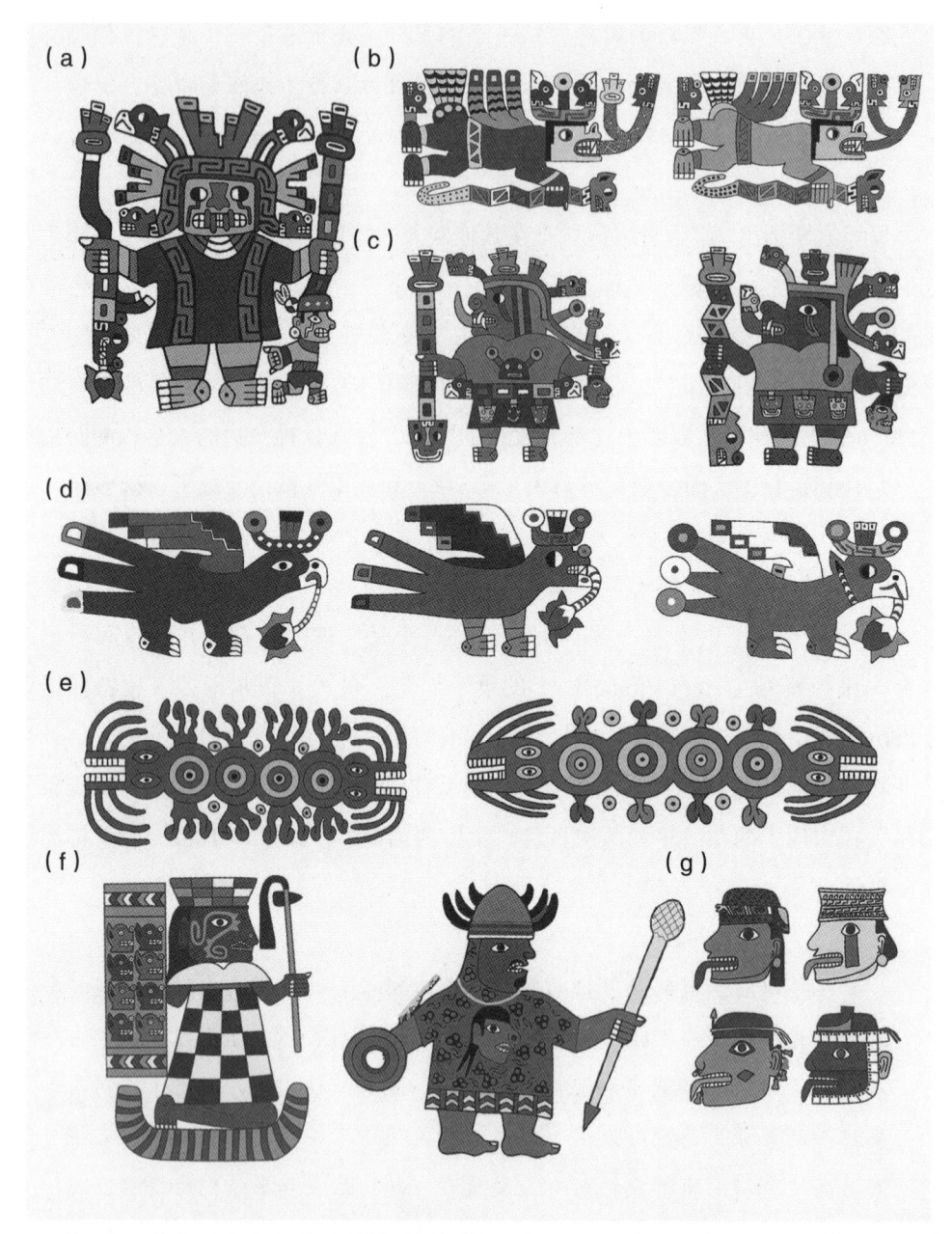

图7-1 （a）瓦里文化中的杖神（b）"Ccoa"或飞行的猫（c）瓦里文化中护卫杖神的神灵（d）喙中衔着气管、心脏和肺的猎鹰（e）蛇，或称为"阿玛鲁"（Amaru），其身上有水井图案（f）乘坐"托托拉"船的战士（左）和用作项链的战利品头颅（右）（g）作为战利品的安第斯各地区部落首领的头颅。绘图来源：J. Antonio Ochatoma Cabrera

措,从而(无法)摧毁月亮。他们知道,如果狮子和蛇得手,世界就会变成一片黑暗,男人和女人手中所有的工具都会变成狮子和蛇,女人的纺锤会变成毒蛇。

在《瓦罗奇尔夫手稿》(*Huarochiri Manuscript*)(弗朗西斯·德·阿维拉[Francisco de Avila]17世纪时在安第斯地区传教期间编纂的安第斯神话和信仰故事)中讲述了一个颇为相似的故事,大意是这样的:"人们说,在远古时代,太阳消失了,地球黑暗了5天,石头彼此相遇,石臼起来反抗它们的主人,并要吞噬他们"(Arguedas et al.[1598] 1966, n.p.)。这些无生命体和动物的反叛事件揭示了人类在阴影和黑暗肆虐下丧失力量的古老意识。黑夜和黑暗被赋予了一种近乎神性的力量。这些事件大多与星辰密切相关。

虽然这些手稿是在印加帝国灭亡之后写就的,但里面隐约提到了一个比印加更古老的社会,这个社会可能起源于蒂亚瓦纳科的康蒂奇维拉科查神,又称杖神。尤其是在瓦里地区,这位神祇的形象常在制作精美的大瓮和"凯罗杯"[1]上出现,这些容器是在D形建筑中举行祭祀活动不可或缺的物品,仪式中的器皿或被取来使用,或被打碎,甚至有时会被焚烧。

瓦里帝国的主要城市:瓦里和康乔帕塔

我们在这里要讲一讲瓦里帝国两大主要城市,为后文讨论的夜间习俗提供背景资料。公元6世纪和7世纪,中安第斯地区不同文化之间交往密切,瓦里帝国此时开始崛起(600—1000年)。瓦里帝国的特征与印加帝国(正式名称为塔万廷苏尤[Tawantinsuyo]帝国,1450—1532年)颇为相似。这两大文明都将政治权力集中于都城,下设不同等级的省级城市和行政中心(Lumbreras 2010),因此各地区之间组织紧密。为了有效控制偏远地区,瓦里人建立了省级中心城市,并修建了

---

1 原文"kero",来自克丘亚语"qiru",指一种通常为木质、呈截锥体形状的祭祀容器。

发达的道路网络，这为了不起的印加古道（Qhapac Ñan）奠定了基础。因此，瓦里人能统治着辽阔的版图。他们控制经济生产和分配，通过国教和与宗教相关的象征符号使其权力合法化，以此维护帝国统治（Schreiber 2013）。

具体来说，在秘鲁中南部高地的阿亚库乔盆地（Ayacucho basin），有两大中心城市成为瓦里文明最重要的行政中心。第一个是首都瓦里，第二个是康乔帕塔，后者是一个重要的手工匠人聚居区，以陶器上描绘着丰富的图像而闻名（Menzel 1964; Isbell and McEwan 1991; Ochatoma and Cabrera 2002; Ochatoma 2007; Ochatoma et al.2015）。这两大遗址所在的阿亚库乔盆地相对开阔，白天平均温度较高，而夜间温度却很低。该地区季节分明：12月至来年4月为雨季，5月至11月为旱季。

首都瓦里位于海拔2750米的狭长高原带上，面积约260公顷，有2万~4万居民生活其中（Isbell 2008）。瓦里的城市结构错综复杂，缺乏在主要的省级中心城市都能看到那种严谨的、方正的规划和设计。形成这种复杂结构是由首都规模不断扩大导致的，从侧面反映出帝国不断壮大的过程。瓦里城市内曾不间断地增设新的街区（McEwan and Williams 2013）。由于保存状况欠佳，以及被茂密的植被所覆盖，在帝国存续的500年时间里，首都瓦里的空间结构和基础设施演变情况尚不明确。不过，随着考古发掘工作不断深入，一些主要建筑遗址的出现，正帮助我们逐步接近瓦里城市化的本质特征（Benavides 1991; Isbell and McEwan 1991; Isbell et al.1991; Ochatoma et al.2015; Cabrera and Ochatoma 2019）。考古学家在瓦里城的东部和北部发现了一些被称为"宫殿"的建筑。这类建筑所在地很有可能是瓦里城中唯一具有方正规划的区域，高大的城墙具有纪念碑的意义，有几处甚至高8米以上。

最近被考古学家确定的"圣区"，涵盖瓦里城（图7-2a）西部的蒙卡查约克（Monqachayoq）、维卡查约克（Vegachayoq）和卡皮拉帕塔（Capillapata）等地（Ochatoma et al.2015）。最初对这一地区进行发掘的恩里克·布拉加约克（Enrique Bragayrac）和恩里克·冈萨雷斯·卡雷（Enrique González Carré）将其称为大神庙，当时他们发现了一个被高墙围起的金字塔形土丘，唯一的入口位于南侧。这是一座神庙,神庙主体由两个交错的平台组成,平台上残留着红白灰泥。其中一座金字塔神庙的下部墙壁上有四角形结构,上有火烧过的痕迹。所有神庙出入口都通向一个梯形大广场,广场的主要特征是D形建筑物,入口朝北。这一发现促使路易斯·G.伦布雷拉斯(Luis G. Lumbreras 2010)将这一区域认定为"圣区"。何塞·奥查托马·帕拉维西诺(José Ochatoma Paravicino)和玛尔塔·卡布雷拉(本章作者之一)在研究中发现了种类繁多的墓葬建筑:简陋墓穴、复合式墓穴、地下长廊、巨石陵墓(建在地下8米处)以及7座神庙(即D形建筑),其规模和朝向不一。下文将对此进行讨论。

工匠之城康乔帕塔位于今天阿亚库乔市东北方向的高地,首都瓦里西南10千米处。这座城市占地面积不小,可能有140公顷。然而,由于1960年此处开始修建阿亚库乔机场(Coronel FAP Alfredo Mendivil Duarte Airport)以及军营和现代住宅,进行考古的遗址面积缩小至3公顷。新修建的军队大道(Ejército Avenue)从南至北穿过该地区,一直通往机场,将遗址一分为二(A区和B区)(图7-2b)。

我们下文介绍和分析的资料是奥恰托马·帕拉维西诺和卡布雷拉于1997年和1998年在B区进行考古发掘的结果(Ochatoma and Cabrera 2001,2002;Ochatoma 2007)。

长期以来,康乔帕塔一直被认为只是一个专门从事陶器制作的村庄(Lumbreras 1974;Pozzi-Escot 1985)。因此,研究人员将注意力都集中在陶器上雕刻的图案,这些图案与蒂亚瓦纳科太阳门上的神像和符号相似:杖神及其同伴(Menzel 1964)。通过对照曼萨尼利亚(Manzanilla 1990,2009)在研究中美洲城市特奥蒂瓦坎时提出的家庭区空间规划概念,研究人员确定,在康乔帕塔,陶器作坊并不是专门聚集在一起,而是分散依附于住宅。于是,在一所家庭住宅内,应分为睡眠区、日常食物准备区、陶坊以及临时准备区(Ochatoma 2007)。

睡眠区的建筑构造并不一致,各有特点。有些墙壁和地面是抹了灰或粉刷过的,有的地面还处理了两遍。所有住宅都有食物准备间/厨房,有时候厨房兼做陶窑之用。然而,制陶作坊并不一定在住宅内,有些作坊被置于庭院、通道、或

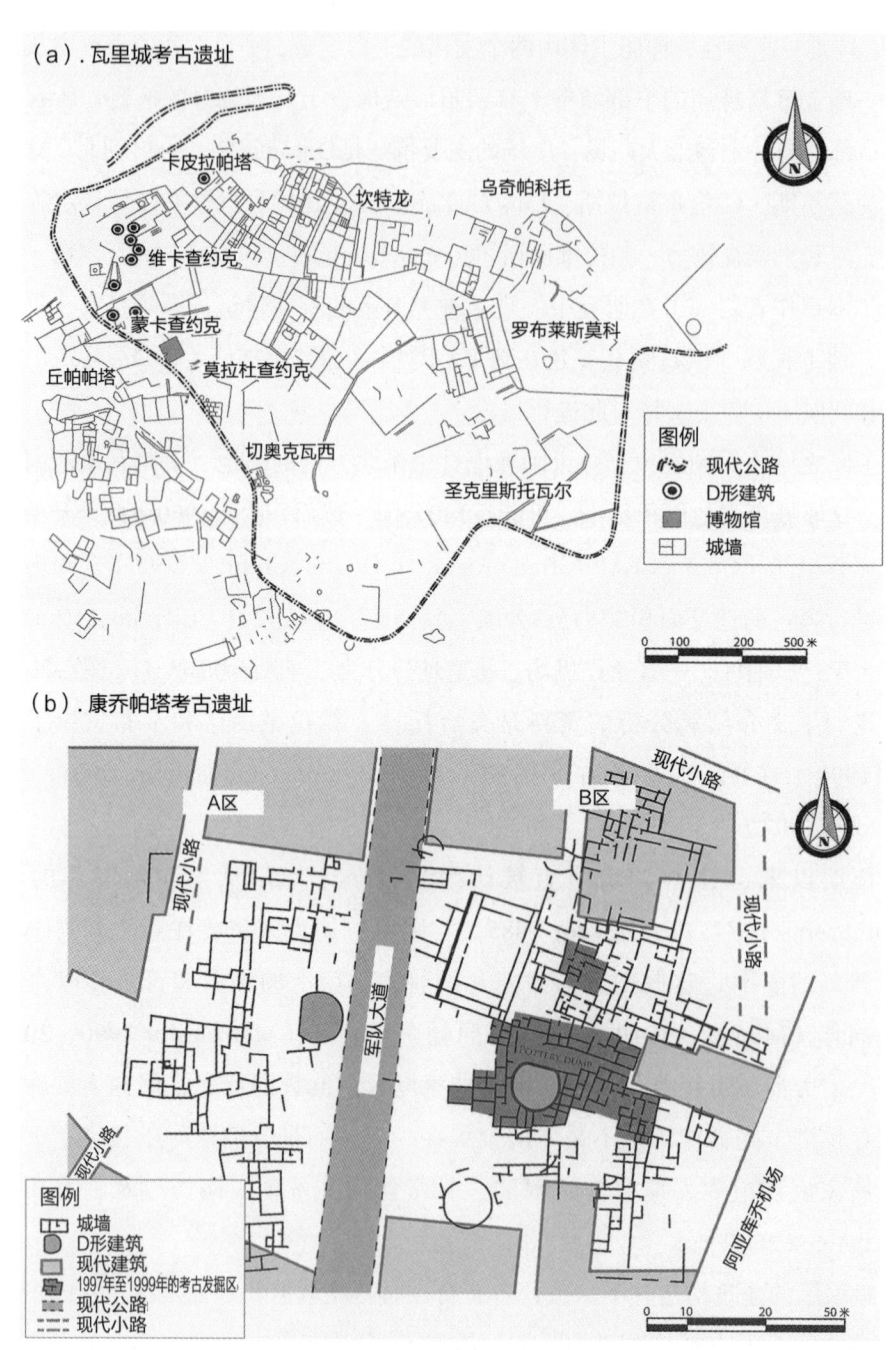

图7-2 （a）首都瓦里及其D形建筑分布图。（b）康乔帕塔地图。地图来源：依据胡安·卡洛斯·布莱克（Juan Carlos Blacker）绘制的遗址地图

7 日夜交替：秘鲁瓦里帝国的夜生活和宗教

有专门的空间。以露天庭院（patio）为代表的临时准备区可以进行许多活动，有跟作坊相似的功能。露天庭院可用于与其他人交流，也可用以制陶备料、晾晒、储藏，甚至烧制。烧制区主要位于露天庭院中，更明确的是在D形建筑中。奥恰托马·帕拉维西诺和卡布雷拉于1997年发现并发掘的其中一处遗址，或许可以作为了解D形建筑与宗教和仪式生活之间联系的最佳范例。

瓦里人的仪式和圣地

与任何国家或帝国组织一样，瓦里帝国的统治集团运用权力策略来实现特定目标。有时候，治国策略在很大程度上依靠强制性的军事权力；有时候则依靠体现在商品生产和分配领域的经济权力；还有的时候，依靠在政治和社会生活中发挥基础性作用的意识形态（DeMarrais et al.1996）。就瓦里帝国而言，我们发现了一种明确的图像权力（Cook 1994），这个图像的本尊便是杖神。杖神通常为正脸形象，戴着精致的头饰，身穿短袍。双臂伸向外侧，双手各持一根长长的竖杖（图7-1a）。次神或"伴神"则以侧脸表现，综合了人类特征（头、身体、手臂、腿）以及鸟类和猫科动物的特征（图7-1c）。关于它们的形象，最著名的案例便是蒂亚瓦纳科的太阳门。在更早期的文化中也有类似形象，如早期地平线时期（the Early Horizon，公元前3000—前2200年）兴盛的查文文化。社会统治阶层使用这些符号，唤起了人们对过去时代的记忆，任何安第斯原住民都不会怀疑符号所代表的社会和政治权力（Schreiber 2005，135）。伊丽莎白·德马雷斯（Elizabeth DeMarrais）及其同事（1996年）研究并总结出将意识形态具象化的几种方式，其中有两种是通过公共纪念碑和仪式活动达成。就瓦里帝国而言，这两种方式都被确认存在，尤其是在D形神庙中。

D形仪式建筑是瓦里文化典型的建筑样式，它与古典时期相对应（Ochatoma 2007），当时出现了代表高原地区的图像符号（Ochatoma et al.2015）。过去10年里，此类建筑在散布于安第斯地区的各个遗址内被考古人员发现，包括位于库斯科丛林（the jungles of Cuzco）中的埃斯皮里图帕（Espíritu Pampa）、莫克瓜

（Moquegua）的塞罗堡尔（被认为是瓦里和蒂亚瓦纳科的交界地区）以及兰巴耶克（Lambayeque）（秘鲁北海岸）的圣罗莎·德·普卡拉（Santa Rosa de Pucala）等。不过，数量最多的还是在阿亚库乔地区，其中两处位于康乔帕塔遗址，而首都瓦里遗址迄今为止已发现了10处。

顾名思义，D形建筑呈D形构造（图7-3和7-4）。在各省级城市、康乔帕塔和首都，大多数此类建筑物直径约为10米。不过，最新研究发现了一个更大的D形建筑，直径达22米，墙壁厚1.7米。此外还发现了两个直径为3.2米的小型D形建筑（Ochatoma et al.2015）。迄今为止，已确认的D形建筑有3种规格（小型、中型和大型）。这类建筑都面向一个开放的广场或庭院，可通过平直的那堵墙中央的开口进入。

D形建筑内墙上有壁龛，壁龛的数量和分布因建筑规模而异。最大的建筑共有18个壁龛，成组分布，两侧各有一组，每组5个，底部为一组4个，底部这组的

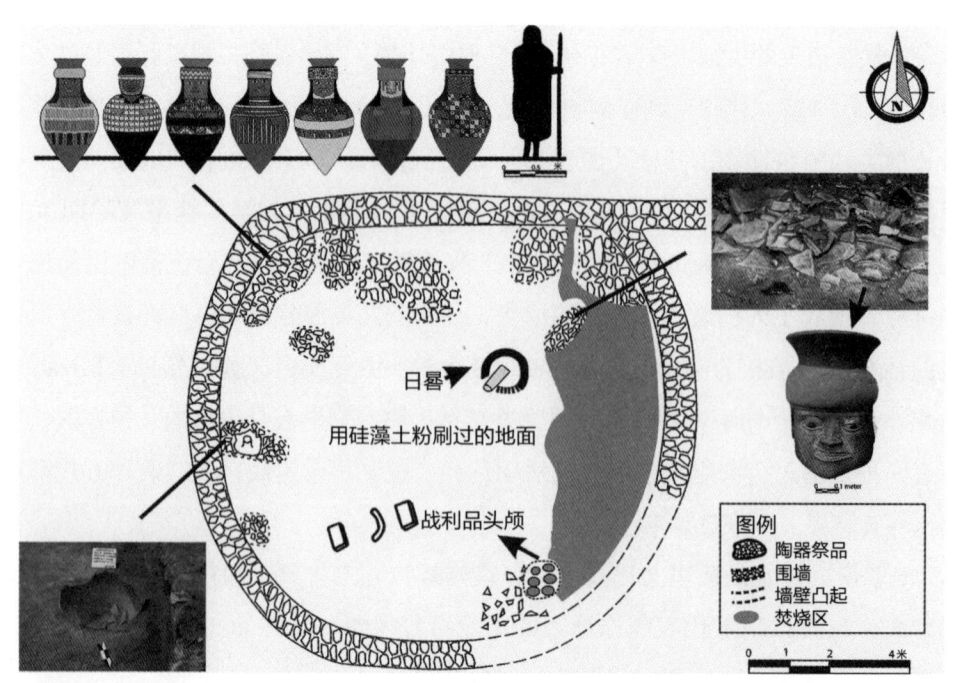

图7-3 康乔帕塔D形建筑中祭品和日晷的分布情况。绘图来源：J. Antonio Ochatoma Cabrera

7 日夜交替：秘鲁瓦里帝国的夜生活和宗教

两翼则各有2个壁龛，形同护卫。中型D形建筑的壁龛数量不一，在阿亚库乔地区以外的省级遗址发现的中型D形建筑中有16个壁龛，每4个为一组；而在首都发现的中型D形建筑的壁龛数量18~22个不等，也都以5个、4个或2个壁龛为一组。中型D形建筑的壁龛位于进出口所在的直墙上，这是其主要特征（图7-3）。D形建筑还有一个特征，即内部有一个垂直的管状石块，称为日晷或Intiqawana（图7-3），不过，这一特征目前只在康乔帕塔和首都瓦里发现的D形建筑中出现。最后要说明的一点是，上述种种特征仅为大、中型的D形建筑所有，小型D形建筑并不得见，它们仅满足D形构造、出入口位于直墙上这两个基本特征而已。

康乔帕塔遗址中有一座D形建筑被长方形围墙和石墙通道包围着。该建筑的直墙朝北，上面有进出口。其直径为10.5米，墙壁顶部到地面高度为40~60厘米不等。东、西、南墙厚72~76厘米，北墙厚50厘米（Ochatoma and Cabrera 2001, 2002; Ochatoma 2007; Ochatoma et al.2015）。经过考古发掘，研究人员有如下发现：战利品头颅（被斩首的人头骨）、大面积焚烧区、日晷和一层层故意打碎的陶器（Ochatoma and Cabrera 2001, 2002; Ochatoma 2007）。陶片上雕刻着大量瓦里精英人士、动物神灵、超自然生物和神祇的图像（图7-3）。祭品大多为陶瓷，上面装饰的图像包括杖神、手持武器、乘坐"托托拉"[1]木船的战士（图7-1f）以及身着华服、面容雕刻精美的贵族（显然是统治精英）（图7-1g）等。这些图像对于了解瓦里人的意识形态和宗教起源，以及瓦里文化与蒂亚瓦纳科文化之间复杂而鲜为人知的关系是至关重要的（Ochatoma and Cabrera 2001）。

蒂芬妮·通（Tiffiny Tung 2012）认为，在瓦里帝国，仪式活动与军事密切相关，是瓦里领导人强化对外扩张，在其领土范围内维护其统治正当性的手段。然而，骨质学和陶器图像等证据表明，军事领袖和祭祀领袖之间存在某种权力关系。蒂芬妮·通认为是协调而非冲突的关系，因为战利品头颅和残肢来自外敌。这样，军事领袖提供俘虏的敌人，而祭祀专家则负责将其肢解和断首，将这一过程变成了一种仪式（图7-1f、g）。

---

1 托托拉（Totora）学名为Schoenoplectus californicus，是一种类似香蒲草的水生多年生植物，是安第斯地区在前哥伦布时期用以制作独木舟或船只的原材料。——译者注

在该D形建筑的西区，发现了直径为40厘米的锥形孔，这些孔是支撑锥形底陶瓮的支座。孔的底部铺满了陶罐碎片，还有棕色有机物的痕迹（图7-3）。在中央发现了日晷，它是一个以火山凝灰岩为材料、直径1米的"微型D形建筑"，与一个长60厘米、直径25厘米的管状石头相连（Ochatoma and Cabrera 2001）。在D型建筑的西北端，集中出土了大量陶器，是祭祀时用来盛放液体的巨大人面细颈陶器（图7-3）。

在该D形建筑的南区，6颗火烧过的幼年人类头骨被埋葬在碎石围起的直径为1.2米的区域内。头骨上覆盖着一层烧焦的泥土（Ochatoma and Cabrera 2001; Ochatoma 2007）。蒂芬妮·通进行的生物考古分析（2012）显示，战利品头颅的切割痕迹是在软组织上留下的，也就是说，它们来自"新鲜"的尸体，而非陈旧的骸骨。战利品头颅最显著的特征之一是头顶（或前囟门）上钻有孔洞，目的是让绳索可以从中穿过，方便运输。

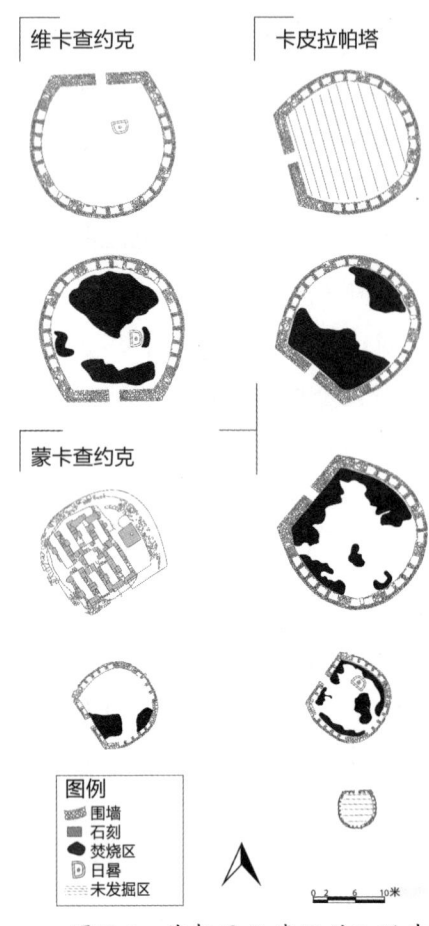

图7-4 首都瓦里遗址的D形建筑。绘图来源：J. Antonio Ochatoma Cabrera

此外，鉴于战利品头骨部分呈现灰白色和玻璃化状态，可以证明这些头骨曾承受过高温火烧，估计足有800摄氏度。其中两颗头骨部分被烧焦，这表明在火烧之前，有些头骨上的皮肤还是完好的，足以辨认面目。瓦里陶器上的图案进一步证实了这种猜想，在这些图案中，战利品头骨成为神祇的服饰和战士颈上佩戴的项链（Tung 2012，170）（图7-1和7-5）。

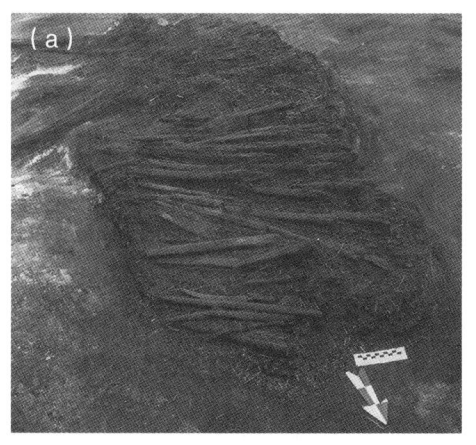

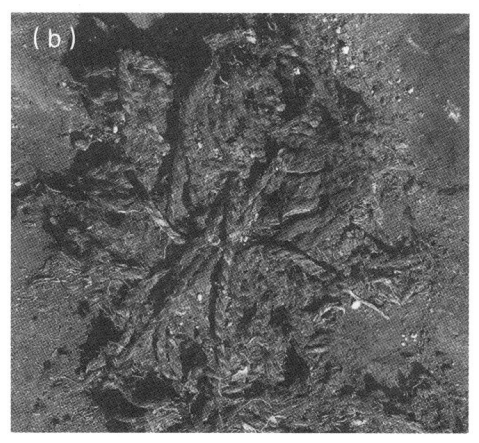

7 日夜交替：秘鲁瓦里帝国的夜生活和宗教

图7-5 瓦里维卡查约克区域D形建筑中的祭品。（a）40根烧焦的长矛；（b）大小、粗细不一的烧焦绳索。照片来源：Martha Cabrera

考古人员在瓦里古城遗址的维卡查约克、蒙卡查约克、卡皮拉帕塔和奥科帕（Ocopa）等区域也发现了很多D形仪式建筑。它们的特点是地面上有大量的燃烧痕迹。这些建筑都经过了烈火熊熊的火祭仪式，温度非常高，以至于地面上的遗留物变得油光发亮。在瓦里遗址，焚烧痕迹几乎遍及整个D形建筑内部，这一点异于康乔帕塔。

要对首都瓦里遗址发现的D形建筑全部描述一番，太过于耗时费力。不过，许多这类建筑表现出某些共同特征（图7-4）：其一，在中型和大型D型建筑中，日晷（上文讲述康乔帕塔时提到过）和大面积的焚烧地面很常见；其二，在其封闭之前，地面上一般会挖一些大洞；其三，这些建筑具有相同的封闭方式（填满碎石泥土，将其完全覆盖），只不过在朝向和封闭前留下的祭品方面有所不同，有的地方供奉的是鹿角，有的地方供奉的是装饰精美的线锤，还有些地方供奉的是来自帝国北疆（秘鲁北部）著名的卡哈马卡（Cajamarca）风格的陶器。

首都瓦里最具代表性的D形建筑之一位于维加恰约克。焚烧区留有大量稻草、芦苇、用植物纤维绳捆扎的粗细树干、骆驼科动物的毛、棉花和玉米粒的痕迹。西北端整齐地码放着烧焦的稻草以及40根由棕榈枝（一种热带树木）制成的长矛残迹、芦苇和交织捆绑的粗细树干。另外，这附近还发现了烧焦的玉米和豆子的

173

残留物。值得注意的是，还发现了用作祭品的烧焦的绳索，大小和粗细不一。这些东西可能是奇普[1]，正如我们后文将讨论的，结绳文字是储存知识的重要工具（图7-5）。火延烧到了墙壁，导致上面的部分灰泥脱落，这使我们得以观察墙壁上不同的灰泥焚烧层，并推测出墙壁焚烧和重新抹刷灰泥的做法发生在不同的场合，并不仅仅在弃之不用时。每次进行火烧仪式时，内墙都会被烧焦，然后再抹刷一层新的灰泥，遮盖住烧焦的地方，使之焕然一新。而最后一次火烧仪式结束后，该D形建筑便进行系统性的废弃封闭操作，并用石块和黏土进行填埋。

火祭仪式

这种建筑内存在烈火燃烧的现象可能指向有目的的活动，因为在瓦里传统中，火是宇宙时间和神圣时间的标志。火在古代世界所有社会的主要神话和仪式中都发挥着作用。火与自然的关系体现在与农业周期相关的重要庆典中火所起的作用。在社会层面上，重要的火祭仪式都是在某个特定时间节点进行，因此也是某个阶段和周期开始或结束的表现（参见第10章关于阿兹特克新火仪式的内容）。因此，火在生命周期仪式中占据了中心位置。例如，在瓦里和康乔帕塔的D形建筑中发现的烈火燃烧的考古证据表明，火在标志着周期结束和开始的神圣空间和仪式中具有重要意义。

这种仪式活动不禁令人想起安第斯地区的最后古风时期（Final Archaic period，公元前2600—前1500年）最早的纪念性建筑遗址（Kaulicke 2010）。以东京大学日本科考队为首的考古人员对秘鲁中北部高地的科托什（Kotosh）遗址进行了发掘，发现了很多错综交叠的四方形庙宇，面积从5米×5米到10米×10米不等。考古学家如此解释这些遗迹：庙宇庭院的中央部分先举行过火烧祭品仪式，由一条地下管道供给燃料，随后庙宇进行了翻修（Onuki 2014）。这种做法并不是科托什遗址所特有，在最后古风时期，安第斯中北部地区几乎所有

---

[1] Quipus，古秘鲁人的一种结绳文字。——译者注

的庙宇都有这种做法。因此，这种做法被称为"神话传统"（Mito Tradition）（Bonnier 1977）。

天文观测台

古人的夜间活动之一无疑是观测月亮和星座。天象观测使瓦里人对空间和时间的认知形成了原始而具革新意义的规范，并在此基础上制定了自己的历法。在他们看来，白昼和黑夜的流转不休或许是与神灵有关的超自然事件。因此，西班牙殖民统治之前的天文祭司设计了一种方法，通过在特定的吉日选择朝向日出和日落的方向，从而确定最具象征意义的建筑的朝向（Galindo 2016）。或许D形建筑的功能之一便是跟踪时间的轨迹。日晷产生的阴影以及D形建筑内部壁龛的分布和组织可以标记周期的开始或结束。

安第斯地区时空合一的世界观，在印加帝国得到了最典型的体现。西班牙编年史中的神话故事进一步丰富了我们对这种世界观的理解，因此可以勾勒出安第斯地区思想的精髓。汤姆·祖伊德马（Tom Zuidema）（2010，2015）经过长期、深入和广泛的研究，首次描述了从奇普（结绳文字）中发现的印加历法，出于兴趣，他进而发现印加历法的根源在瓦里文化和蒂亚瓦纳科文化。奇普是一种信息存储工具，由各种颜色的驼羊毛或棉线组成，上面打有绳结。祖伊德马认为，印加人有3种天文观测系统：太阳、月亮和塞克斯[1]。最后一种观测系统由假想路线组成，这些路线源于库斯科中心的科里坎查（Coricancha）起始的4个主轴，然后辐射向所有华卡[2]，共形成328个华卡。印加人依据这一观测系统，每年举行祭神仪式，表示由雨季进入旱季。再说回瓦里人，祖伊德马基于对一块纺织品的分析，定义了一个由360个单位构成的观测体系：以圆环代表周期，每30个圆环为1组，共12组。然后继续细分为36列，每列10个圆环（Zuidema 2015，134）。也就是

---

[1] ceques，指道路体系。——译者注

[2] huaca，在克丘亚语中指神圣实体，包括事物、祖先木乃伊（mallquis），以及大自然的代表——山脉、河流、洞穴、天然泉流等。——译者注

说，他清晰阐述了瓦里人的太阳观测系统。

尽管这项研究在了解瓦里天文观测系统及其世界观方面前进了一大步，但在瓦里古都中分布的D形建筑和其他建筑构件中可能还存在其他观测系统，仍有待破解。我们大胆假设，这些物体的功能相当于天文镜。到目前为止，我们已经区分出3类天文观测台：一种类似于大型的反射池，另一种是中间开凿小孔的四方形石块，还有一种是带有小孔的未加工石块（图7-6）。

在维卡查约克地区发现了两个反射池样本，其中一个长6.7米，宽2.3米，厚0.16~0.18米不等。它与一个大黑曜石块（0.37米×0.38米）和两个完整的香炉相关联，香炉上有蒂亚瓦纳科的经典图案，是焚烧祭品的一部分。第二块样本尺寸为6米×2米，厚0.5米。朝向与第一个相同（Ochatoma et al.2015）（图7-6a）。这些水池能反射出天穹的某些区域。在单独的四方形石块样本中，内部做了部分雕刻。它的底面不是平的，而是分布着很多小孔，呈矩形排列（图7-6b）。

最后，第三类天文观测台位于瓦里古城南侧，紧靠一个洞穴（被称为圣克里斯托瓦尔 [San Cristóbal]），该洞穴至今仍是一个圣地。此地发现了一些花岗岩石，工匠们在上面雕刻了小孔，大小各异，深浅不一，数量也从1~7不等（图7-6c）。其中有一块非常引人注目：它有7个排列整齐的小孔，各孔之间有螺旋状凹槽相互连接。它似乎是在描绘猎户座，而其他石块则与神圣动物星座相关（图7-6c）。本文仅初步且粗略地展示了这些石器的功能。为了更好地了解这些石器的价值，我们还可以进一步深入研究，明确和拓展瓦里人天文观测的手段。毋庸置疑，D形建筑物扮演着与天文和仪式生活密切相关的角色。对其在天文和历法方面的功用，还有待进一步分析。我们将要探讨的是，在这些建筑中，人们举行重要的仪式活动。

7 日夜交替：秘鲁瓦里帝国的夜生活和宗教

图7-6 在瓦里发现的3种天文观测台：(a) 反射池 (b) 带孔的反射池 (c) 多孔的花岗岩石块。照片来源：Martha Cabrera，José Ochatoma and J. Antonio Ochatoma Cabrera

夜神和冥神

在西班牙殖民者到来之前，安第斯地区的社会视自然为神圣的力量，是一众神灵的化身，包括地貌、山脉、雪山以及具有特定能力和属性的动物。安第斯的宗教为多神教，因此，自然万物被视为不同神灵的化身。

杜蒙特（Dumont）及其同事（2010）认为神像是关于象征意义、宗教以及社会等诸多价值观的表达。这种象征的表现手法强化了西班牙殖民统治以前安第斯地区人们的宗教世界观，他们崇拜特定种类的动物，如猫科动物、蛇、猎鹰以及该文化体系里其他重要的兽类。蒂亚瓦纳科太阳门上的杖神所代表的神性，是瓦里文明最本源的宗教表征（Menzel 1964; Lumbreras 1974，1985; Cook 1994; Ochatoma and Cabrera 2001）。杖神周围环绕着一众神灵，其中猎鹰、蛇和猫科动物最惹人瞩目，后两者可能与冥府和夜晚有关。阿妮塔·库克（Anita Cook 1994）将杖神与当地海拔最高的瓦曼尼山（Wamanis）相提并论。在安第斯地区，瓦曼尼斯神以山的形式存在，但以鹰的形态示人。

在中地平线时期，瓦里人创造了与其宇宙观相关的一众神灵形象。无论是白

177

天或者太阳的神灵，还是夜间的神灵，相互均有联系。在二元观念中，夜神以在夜间拥有绝对统治权的动物形态得到体现，如美洲虎或美洲狮。这些神灵被刻画在不同的介质上，如石器、织物、金属和陶器。

在瓦里人的神像中，猫科动物、鸟类和蛇的形象十分常见。它们常作为神灵身体上的附属物出现，尤其多见为装饰元素。此外，还有一些抽象的表现形式，会让人联想到火的形状。这些符号通常作为装饰物被放置在杖神和直立神灵的头发和权杖的上端（图7-1a、b、c）。神灵和神兽的眼睛在细节表现上与人类眼睛不同，分为黑白两半，也许这象征的是眉月或残月，与安第斯生产历法有关——当地农村居民至今仍在使用这种历法。玛丽亚·德尔·卡门·巴尔韦德（Maria del Carmen Valverde 1998）指出，月亮的能量是繁衍的根本保障，因此当地大多数原住民聚落必须在满月时播种，才能保证好收成（见第6章关于玛雅农业的类似观察）。

猫科动物

被称为Ccoa的一种会飞的猫科动物是安第斯世界里非常重要的形象，不管是过去，还是现在，因为它与生育和丰产有关。人们认为这种动物的原型是美洲狮，它能从眼睛里射出闪电，撒尿为雨，口吐冰雹，并发出雷鸣声（图7-1b和图7-7b）。它通常与控制大气现象的神灵有关，并从属于他们，但同样也可以被认为是山神的化身。当代克丘亚人认为，Ccoa是守护神的仆人之一，居住在山中。它是最活跃的神灵，更贴近人们的日常工作，同时也是最令人畏惧的神灵，因为它掌控着闪电和冰雹。Ccoa也是巫师的顾问，经验不足的巫师会向他求助（Mishkin 1940，237）。猫科动物还与死亡和祭祀有关。考古人员在康乔帕塔发掘出的一个器皿上，刻画的图案是两颗叠在一起的头颅，一颗来自猫科动物，另一颗来自人类。这种纹饰设计明确暗示了猫科动物与死亡有着密切关联（图7-7b）。

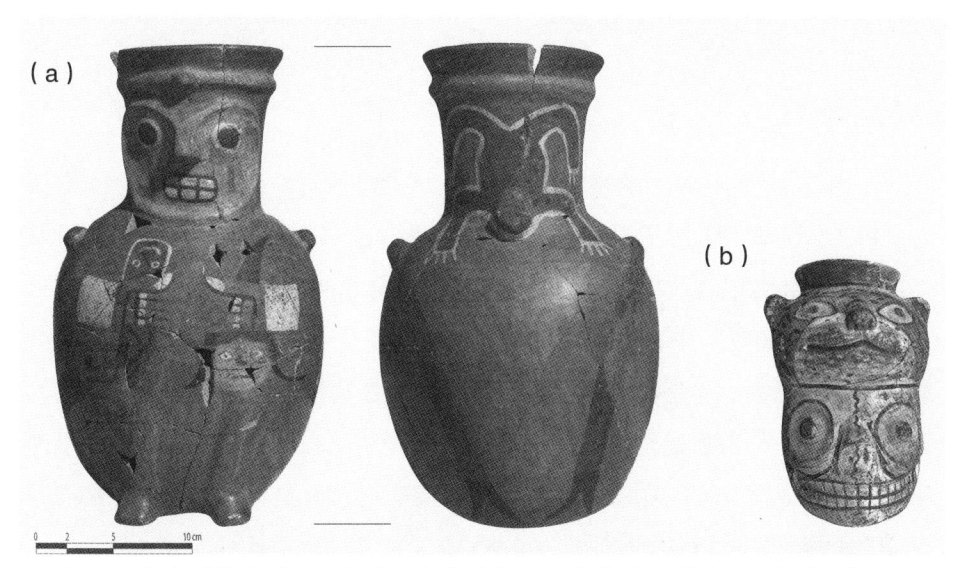

7　日夜交替：秘鲁瓦里帝国的夜生活和宗教

图7-7　（a）手持战利品头颅的猫头鹰图案器皿（b）由猫科动物头像（上）和人类头骨（下）组成陶瓶。照片来源：Martha Cabrera

蛇或阿玛鲁[1]

蛇的生物结构、体形和动作常见于古代文明的意象中，有时人们对其崇拜有加，奉为动物神灵，例如在安第斯和中美洲的宗教中即是如此。而有时蛇因象征邪恶而受到排斥，例如天主教便持此立场。

在《瓦罗奇尔夫手稿》中，蛇被称为阿玛鲁，它是一种强大的生物，但从属于主神，它能够使贫瘠的土地丰饶多产。这一隐喻暗指河流，而河流与蛇一样，曲折蜿蜒。因此在安第斯地区，阿玛鲁与农业生产力密切相关。

在瓦里人的图腾中，蛇似乎是神灵随身物品的一部分，有的作为王冠的附属物，有的作为腰带，有的代替舌头，有时还会出现在法杖底部（图7-1a、b、c）。这些形象通常与瓦里其他动物神灵的标志混杂在一起。在某些情况下，蛇头会被猫头或鸟头取代。不过，在瓦里文化的早期，被称为查基潘帕（Chakipampa）的图案风格中，双头蛇的形象比比皆是，它们的身体上还有Qochas（地下集水井）

1　指印加神话中的双头蛇。——译者注

179

的图案（图7-1e）。

猫头鹰和猎鹰

猫头鹰最显著的特征可能是在夜间觅食，并且能够适应任何类型的栖息环境，不论是树上还是教堂的尖塔上。在安第斯世界，猫头鹰与夜晚、降雨和风暴有关，并与死亡和祭祀联系在一起。考古人员在秘鲁北海岸的莫奇卡文化（Mochica culture，200—700年）中，发现安第斯地区在前哥伦布时期的祭祀仪式中，就出现了猫头鹰的形象，这是一个值得注意的案例。在这场仪式中，猫头鹰神与其他神灵一起，将一杯鲜血献给主神艾·阿帕克（Ai Apaec）。考古人员在瓦里遗址发现了一个形似猫头鹰的容器，上面是猫头鹰的头，肩上有两条蛇，颈部有一只向下看的蟾蜍。猫头鹰的右手抓着一条蛇，左手抓着一颗被砍下的战利品头颅（图7-7a）。猫头鹰有很多寓意，包括象征祭祀和死亡的夜空、星座和雨水等，因此我们视其为夜晚的主神。

猎鹰是昼伏夜出的狩猎鸟类，其特点是翼展大、视力敏锐、喙锋利、腿短、爪子有力。在安第斯地区的信仰体系中，它们是山的化身。它们的特征足以使其成为安第斯文明起源以来最受崇拜的动物之一。它们与仪式和神话活动联系在一起。借助神话的力量，它们甚至被视为第一代印加帝国的创始者。猎鹰在瓦里人的想象里有不同的存在形式，在大多数情况下，猎鹰具有其他动物神灵的属性，或者是超自然生物的一部分（图7-1a、b、c）。然而，康乔帕塔出土的一件器皿上发现的符号使我们相信，这些鸟类和猫科动物一样，与祭祀仪式有着密切的联系。在这件器皿上，我们发现了一些"猎鹰"侧面图案，它们身上有羽毛，嘴里叼着一截气管，上面还挂着心脏和肺（图7-2d）。可见猎鹰不仅代表鸟类本身，还代表一个地区的守护神，因此献祭的物品或器官具有重要意义。

结论

日夜交替可以有多种解释和理解。本文中，我们将其与安第斯人的宗教生活

7 日夜交替：秘鲁瓦里帝国的夜生活和宗教

和信仰联系起来，用安第斯地区的黑夜概念来解释瓦里文化中黑夜的含义。与其他社会一样，夜晚也给瓦里人带来了观测天体的契机。尽管我们通过瓦里人仪式建筑的分布和空间方位将夜晚视为一种天文现象，但宗教同样在其中发挥着主导作用，因为人们的日常生活、恐惧、信仰以及与自然的交往中，都会看到宗教的影子。重构古人的夜间生活并非易事，因为尽管其白天和夜晚的活动都通过物品、图像乃至建筑遗迹在考古记录中留下了印记，但考古重构往往优先考虑白天的活动（Gonlin and Nowell 2018b，5）。然而，正如我们在瓦里人D形建筑的考古记录中所观察到的那样，我们完全可以推断，瓦里人在夜间进行的活动甚至比白天的更为重要。

瓦里帝国之所以在中安第斯历史中占据重要地位，是因为它在中地平线时期成了宗教中心。因此，瓦里人通过从高原继承下来的神像，以新的权力形式统治社会，并且为了巩固这种霸权，大力推行瓦里文化中典型的祭祀建筑，即D形建筑。毫无疑问，有些活动是在夜间进行的，既有世俗的，也有与神灵相关的。这些祭神活动由专人或祭司操持，他们日复一日、夜复一夜地观察天穹，以了解和解释月亮的运动轨迹和位相变化，以及与他们周围环境中的动物（猫科动物、蛇和猎鹰）密切相关的星座。从这个意义上说，天文观测达到了如此专业化的水平，以至于成了将空间神圣化的宗教仪式的一部分。上文讲过，考古人员曾发现雕刻着小孔的石块和水池状的长方形石块，这些小孔和"水池"（反射池）相当于星座标记和天文镜。我们还认真研究了D形祭祀建筑内部发现的管状石柱（或称为日晷），以及它们如何在白天和夜晚（借助满月的光辉）发挥职能。时至今日，当地的农民仍会在月光下收割玉米，这一行为与祭祀活动密切相关。

作为D形建筑弃用仪式的一部分，其内部经常出现的烧焦区域使我们推断，这些活动可能是在日落时分进行的，因为此时火光显得非常壮观和独特。因此，夜间的火光可能标志着该祭祀场所及其神灵威望的终结，从此人们的日常生活发生改变，一个新阶段开始了。最后，我们还需要对D形建筑的空间方位进行细致研究，查看其与星辰或神灵（地貌、山脉等）的对应情况。我们会沿着这个新的研究方向，努力寻求有关安第斯古人之夜的答案。

致谢

非常感谢南希·贡琳和梅根·E. 斯特朗邀请我们参加"天黑之后：古代城市的夜间景观和照明景观"专题研讨会（美国考古学会［SAA］，2019年），且将论文选入本文集。我们还要感谢南希富有洞察力的评论和编辑方面的协助。我们还要感谢阿道弗·多明格斯（Adolfo Domínguez）和杰茜卡·奥尔蒂斯（Jessica Ortiz），以及由瓦曼加圣克里斯托巴尔国立大学（The National University of San Cristóbal de Huamanga）资助的考古研究项目"瓦里考古遗址的D形区域仪式用途"的负责人何塞·奥恰托马·帕拉维西诺。最后，同样重要的是，我们要感谢马丁·洛佩斯（Martín López）在瓦里和康乔帕塔地图数字化过程中的合作。本文虽有大家慷慨相助，但写作中仍不免纰漏，阐释时不免草率，倘如此，责任全在于我们作者的局限和不足。

参考文献

[1] Anders, Martha. 1991. "Structure and Function at the Planned Site of Azángaro: Cautionary Notes for the Model of Huari as a Centralized State." In *Huari Administrative Structure: Prehistoric Monumental Architecture and State Government*, edited by William Isbell and Gordon F. McEwan, 165–197. Washington DC: Dumbarton Oaks Research Library and Collection.

[2] Arguedas, José María, Pierre Duviols, and Francisco de Avila. (1598?) 1966. *Dioses y hombres de Huarochiri: Narración quechua recogida por Francisco de Avila*. Lima: Museo Nacional de Historia.

[3] Barba, Luis, Agustín Ortiz, and Linda Manzanilla. 2007. "Commoner Ritual at Teotihuacan, Central Mexico: Methodological Considerations." In *Commoner Ritual and Ideology in Ancient Mesoamerica*, edited by Nancy Gonlin and Jon C. Lohse, 55–82. Boulder: University Press of Colorado.

[4] Benavides, Mario. 1991. "Cheqo Wasi." In *Huari Administrative Structure: Prehistoric*

Monumental Architecture and State Government, edited by William Isbell and Gordon F. McEwan, 55–70. Washington, DC: Dumbarton Oaks Research Library and Collection.

[5] Betanzos, Juan de. (1551–1571) 1880. *Suma y narración de los Yngas*. Madrid: Imprenta de Manuel G. Hernandez.

[6] Bonnier, Elizabeth. 1997. "Preceramic Architecture in the Andes: The Mito Tradition." In *Archaeologica Peruana 2. Arquitectura y civilización en los Andes Prehispánicos*, edited by Elizabeth Bonnier and Henning Bischof, 121–144. Mannheim, Germany: Städtisches Reiss-Museum.

[7] Cabrera, Martha. 2007. "Cosmovisión y simbolismo de los animales en las deidades de Conchopata." In *El desarrollo de las ciencias sociales en Ayacucho: La Universidad Nacional de San Cristóbal de Huamanga*, edited by Luis Millones, Jefrey Gamarra, and José Ochatoma, 61–86. Lima: Fondo Editorial de la Facultad de Ciencias Sociales, Universidad Nacional Mayor de San Marcos.

[8] Cabrera, Martha, and José Ochatoma. 2019. "Funerary Architecture and Ritual in the Monqachayuq Sector, Wari." In *Diversity and Uniformity in the Prehispanic Andes during the Middle Horizon*, edited by Shinya Watanabe. Vol. 8: 46–79. Nanzan, Japan: Research Papers of the Anthropological Institute.

[9] Cook, Anita. 1994. *Wari y Tiwanaku: Entre el estilo y la imagen*. Lima: Pontificia Universidad Católica del Perú.

[10] Cowgill, George L. 2008. "Teotihuacan as an Urban Place." In *El Urbanismo en Mesoamérica / Urbanism in Mesoamerica*. Vol. 2, edited by Alba Guadalupe Mastache, Robert H. Cobean, Ángel Garcia Cook, and Kenneth G. Hirth, 85–112. Mexico City and University Park, PA: Instituto Nacional de Antropología e Historia and The Pennsylvania State University.

[11] Cowgill, George L. 2015. *Ancient Teotihuacan: Early Urbanism in Central México*. Case Studies in Early Societies. New York: Cambridge University Press.

[12] DeMarrais, Elizabeth, Luis Jaime Castillo, and Timothy Earle. 1996. "Ideology, Materialization, and Power Strategies." *Current Anthropology* 37 (1): 15–31.

[13] Galindo, Jesus. 2016. "Calendric–Astronomical Alignment of Architectural Structures in Mesoamerica: An Ancestral Cultural Practice." In *The Role of Archaeoastronomy in the Maya World: The Case Study of the Island of Cozumel*, edited by Nuria Sanz, 21–38. Mexico City:

UNESCO.

[14] Gonlin, Nancy, and April Nowell, eds. 2018a. *Archaeology of the Night: Life After Dark in the Ancient World*. Boulder: University Press of Colorado.

[15] Gonlin, Nancy, and David M. Reed, eds. 2021. *Night and Darkness in Ancient Mesoamerica*. Louisville: University Press of Colorado.

[16] Gonlin, Nancy, and April Nowell. 2018b. "Introduction to the Archaeology of the Night." In *Archaeology of the Night: Life After Dark in the Ancient World*, edited by Nancy Gonlin and April Nowell, 5–24. Boulder: University Press of Colorado.

[17] Isbell, William. 1991. "Huari Administration and the Orthogonal Cellular Architecture Horizon." In *Huari Administrative Structure: Prehistoric Monumental Architecture and State Government*, edited by William Isbell and Gordon F. McEwan, 293–315. Washington, DC: Dumbarton Oaks.

[18] Isbell, William. 2000. "Repensando el Horizonte Medio: El caso de Conchopata, Ayacucho. Perú." Boletín de Arqueología PUCP (4), 9–68.

[19] Isbell, William. 2004. "Palaces and Politics in the Andean Middle Horizon." In *Palaces of the Ancient New World*, edited by Susan Toby Evans and Joanne Pillsbury, 191–246. Washington, DC: Dumbarton Oaks.

[20] Isbell, William. 2008. "Wari and Tiwanaku: International Identities in the Central Andean Middle Horizon." In *The Handbook of South American Archaeology*, edited by Helaine Silverman and William Isbell, 731–759. New York: Springer.

[21] Isbell, William, Christine Brewster-Wray, and Lynda Spickard. 1991. "Architecture and Spatial Organization at Huari." In *Huari Administrative Structure: Prehistoric Monumental Architecture and State Government*, edited by William Isbell and Gordon F. McEwan, 19–54. Washington, DC: Dumbarton Oaks.

[22] Isbell, William, and Gordon F. McEwan, eds. 1991. *Huari Administrative Structure: Prehistoric Monumental Architecture and State Government*. Washington, DC: Dumbarton Oaks.

[23] Jiménez de la Espada, Marcos. (1881–1897) 1965. *Relaciones geográficas de Indias: Perú*. Madrid: Ediciones Atlas.

[24] Kaulicke, Peter. 2010. *Las cronologías del Formativo: 50 años de investigaciones japonesas en perspectiva*. Lima: Fondo Editorial de la Pontificia Universidad Católica del Perú.

[25] Lumbreras, Luis. 1974. *The Peoples and Cultures of Ancient Peru*. Washington, DC: Smithsonian Institution Press.

[26] Lumbreras, Luis. 2010. *Plan de manejo del complejo arqueológico Wari*. Ayacucho, Peru: Plan Copesco Nacional.

[27] Manzanilla, Linda R. 1990. "Niveles de análisis en el estudio de unidades habitacionales." *Revista Española de Antropología Americana* 20 (February): 9–18.

[28] Manzanilla, Linda R. 2009. "Corporate Life in Apartment and Barrio Compounds at Teotihuacan, Central Mexico." In *Domestic Life in Prehispanic Capitals: A Study of Specialization, Hierarchy, and Ethnicity*, edited by Linda R. Manzanilla and Claude Chapdelaine, 21–42. Memoirs of the Museum of Anthropology no. 46. Ann Arbor: Museum of Anthropology, University of Michigan.

[29] Manzanilla, Linda R. 2017. "Multietnicidad y diversidad cultural en Teotihuacan, Centro de México." *Claroscuro, Revista del Centro de Estudios sobre Diversidad Cultural: Facultad de Humanidades y Artes* 16 (16): 1–30.

[30] McEwan, Gordon F., and Patrick Ryan Williams. 2013. "The Wari Built Environment: Landscape and Architecture of Empire." In *Wari, Lords of the Ancient Andes*, edited by Susan E. Bergh, 65–81. New York: Thames and Hudson.

[31] Menzel, Dorothy. 1964. "Style and Time in the Middle Horizon." *Ñawpa Pacha* 2: 1–106. Mishkin, Bernard. 1940. "Cosmological Ideas among the Indians of the Southern Andes." *The Journal of American Folklore* 53 (210): 225–241. https://doi.org/10.2307/535782.

[32] Montesinos, Fernando. (1642) 1882. *Memorias antiguas historiales y políticas del Perú, seguidas de las informaciones acerca del señorío de los Inkas hechas por mandato de D. Francisco de Toledo*. Madrid: n.p.

[33] Ochatoma, José. 2007. *Alfareros del imperio Huari: Vida cotidiana y áreas de actividad en Conchopata*. Ayacucho, Peru: Universidad Nacional de San Cristóbal de Huamanga.

[34] Ochatoma, José, and Martha Cabrera. 2001. "Arquitectura y áreas de actividad en Conchopata." *Boletín de Arqueología PUCP* 4 (4): 449–488.

[35] Ochatoma, José, and Martha Cabrera. 2002. "Religious Ideology and Military Organization in the Iconography of a D-shaped Ceremonial Precinct at Conchopata." In *Andean Archaeology II: Art, Landscape and Society*, edited by Helaine Silverman and William H. Isbell, 225–247. New

York: Kluwer Academic / Plenum Publishing.

[36] Ochatoma, José, and Martha Cabrera. 2010. "Los espacios de poder y culto a los ancestros en el Imperio Huari." In *Señores de los imperios del Sol*, edited by Krzysztof Makowski, 129–141. Lima: Banco de Crédito del Perú.

[37] Ochatoma, José, Martha Cabrera, and Carlos Mancilla. 2015. *El área sagrada de Wari: Investigaciones arqueológicas en Vegachayuq Moqo*. Ayacucho, Peru: Universidad Nacional de San Cristóbal de Huamanga.

[38] Onuki, Yoshio. 2014. "Una reconsideración de la fase Kotosh Mito." In *El centro ceremonial andino: Nuevas perspectivas para los periodos Arcaico y Formativo*, edited by Yuji Seki, 105–122. Senri Ethnological Studies 89 (SES 89). Osaka, Japan: National Museum of Ethnology.

[39] Pozzi–Escot B., Denise, 1985. "Conchopata: Un poblado de especialistas durante el horizonte medio." *Boletín del Instituto Francés de Estudios Andinos* 14 (3–4): 115–129. Rappaport, Roy A. 1999. *Ritual and Religion in the Making of Humanity*. Cambridge: Cambridge University Press.

[40] Schreiber, Katharina. 1992. *Wari Imperialism in Middle Horizon Peru*. Ann Arbor: University of Michigan.

[41] Schreiber, Katharina. 2005. "Sacred Landscapes and Imperial Ideologies: The Wari Empire in Sondondo, Peru." *Archeological Papers of the American Anthropological Association* 14 (1): 131–150.

[42] Schreiber, Katharina. 2013. "The Rise of an Andean Empire." In *Wari: Lords of the Ancient Andes*, edited by Susan E. Bergh, 31–46. New York: Thames and Hudson.

[43] Schreiber, Katharina, and Matthew Edwards. 2010. "Los centros administrativos Huari y las manifestaciones físicas del poder imperial." In *Señores de los Imperios del Sol*, edited by Krzysztof Makowski, 153–162. Lima: Banco de Crédito del Perú.

[44] Tung, Tiffiny. 2012. *Violence, Ritual, and the Wari Empire*. Gainesville: University Press of Florida.

[45] Valverde, Carmen. 1998. "El simbolismo del Jaguar entre los mayas." PhD diss., Facultad de Filosofía y Letras, Universidad Nacional Autónoma de México.

[46] Zuidema, Tom. 2010. *El calendario Inka: Tiempo y espacio en la organización ritual del*

Cuzco: La idea del pasado. Lima: Fondo Editorial del Congreso del Perú.

[47] Zuidema, Tom. 2015. *Códigos del tiempo: Espacios rituales en el mundo andino*. Lima: Apus Graph Ediciones.

8 入夜之后的卡霍基亚：
情感、水和月亮

苏珊·M.阿尔特

> 这是教训：伟大的城市与任何一种生物一样，会经历出生、成熟、疲惫和衰亡的过程，对吧？每个去过真正城市的人或多或少都会有这种感受。那些憎恶城市的乡下人会恐惧一些合理的东西；城市确实与众不同。它们给世界带来沉重的负担，是现实结构中的一个裂口，如同黑洞一样。
>
> ——N. K. 杰明辛（N. K. Jeminsin），《黑色未来月还有多久？》394-395

每个城市带给人的体验都不相同。跟所有的城市一样，卡霍基亚的城市生活也是一种独特体验，并且其夜间体验是城市情感的一个重要方面。如果正如其他专家所指出的那样，城市是一种聚合体，同类的人或物聚集的场所（DeLanda 2016或Deleuze and Guattari 1987），甚至是聚合体的聚合体（Jervis 2018），那么夜间体验就是该聚合体的一部分（McFarlane 2011; chapters in Alt and Pauketat 2019 Jervis 2019）。卡霍基亚是墨西哥以北的北美地区的第一座原住民城市（1050年前后建于今天的伊利诺伊州）。在思考城市化问题时，人们或许并不会首先想到它，但鉴于在这个独特的中心城市及其周围地区获得了一系列重大考古发掘的新发现（Bares 2017; Pauketat et al. 2017; Emerson et al. 2018; Alt 2018a; Koldehoff and

8　入夜之后的卡霍基亚：情感、水和月亮

Pauketat 2018），人们关于美洲原住民城市化原因以及影响的看法正发生重大转变。这种转变在一定程度上是因为我们意识到，城市化不仅涉及人口和建筑物数量，更是一种源自时间和空间的感受，氛围和情感体验的聚合与根茎连接[1]。现引述一段本·杰维斯（Ben Jervis 2018，111）提出的观点：

> 用麦克法兰（McFarlane 2001b）的话说，"城市并非存在，而是时刻发展的状态"。城市因此成为"在城市实践场时刻不休处于组装状态的事物"（Farias 2009:2），虽然城市有人所周知的形态，但它也是一场骗局（Simone 2011:344）。也就是说，城市看起来安定有序，实际上却是变幻莫测、各方力量汇聚、充满危险之地。

杰维斯（2018，111）的意思是城市始终朝着城市的方向发展，城市是过程，而非既定、已成的结果（Altand Pauketat 2019）。为了更好地理解城市，我们需要遵循关系网络或城市的内在性，正如蒂姆·波克塔特（Tim Pauketat）（2019）继吉尔·德勒兹（Gilles Deleuze）和费利克斯·加塔利（Felix Guattari）（1987）之后所提出的观点。也就是说，城市非既成之物，而是力量迸发的集合体，各种纠葛牵连从中不断建构和解构，从而催生情感。此外，城市化，尤其是原住民聚落的城市化，将无形世界和非人类存在的诸多力量和势力统统纳入城市体验中。城市不仅供人类栖身，同时还容纳了更多人类认为充满活力（Bennett 2010）或有生命的事物（Altand Pauketat 2019）。事实上，城市可能是异世界力量、势力和非人类存在更为集中的地方。夜晚与这些力量、势力和存在自有某种联系。在本章中，我将以证据表明，为何我们在理解卡霍基亚城市化时不应忽视无形世界的力量和夜晚所产生的影响，以及牵扯其中的情感因素。

---

[1] 根茎这个概念是法国哲学家吉尔·德勒兹和费利克斯·加塔利在他们合著的文本《千高原》中提出来的，用来形容一种四处伸展的、无等级制关系的模型。对于德勒兹和加塔利来说，根茎作为一个形象化的比喻，揭示的是反对组织建构中的总体化的倾向。——译者注

如果将与夜晚有关的体验视为卡霍基亚城市化的因素之一，那它可能比我们想象的更为重要。卡霍基亚的城市化发生在很短的时间内——仅用了一代人的时间，这在很大程度上是由于移民的涌入，所以移民亦是卡霍基亚城市化的一个重要因素（Alt 2006，2008; Slater et al.2014）。移民来到今天的美国河谷平原地区和卡霍基亚，因为此地是一种新的宗教信仰的发源地，这种宗教认为夜晚和月亮是世界的重要力量（Pauketat 2012; Alt 2018b; Alt and Pauketat 2018; Pauketat and Alt 2018; Alt 2019; Alt 2020b）。

卡霍基亚的城市聚合体

作为城市，卡霍基亚能够带给大多数（如果不是所有）访客和新居民陌生且非同一般的体验（图8-1）。对于辽阔的墨西哥以北的美洲地区而言，城市可是新鲜事物。1050年，这里大多数原住民还生活在小型聚落中。也有一些较大的社区，但人口不过区区几百人，远不如卡霍基亚数万居民之壮观。现在已经证明，卡霍基亚至少有1/3的人口自较小聚落迁居而至（Slater et al.2014），这些移民来到卡霍基亚，会发现城市体验颇为新奇。这里的人、房屋、祭祀场所和纪念性建筑比比皆是，星罗棋布，令他们大为惊愕（Thrift 2004）。卡霍基亚人的夜晚情绪和种种看不见的力量也同样令人惊奇和敬畏，吸引着大量访客和移民汇集到此，而夜晚的意义或许就蕴含于其中。

1050年的卡霍基亚拥有人口稠密的住宅区，大量公共设施、祭祀区和纪念性建筑，如规模宏大的夯土金字塔和广场（Dalan 1997; Emerson 1997; Fowler et al.1999; Emerson et al.2018; Emerson 2002; Pauketat 2009，2012）。僧侣墩（Monks Mound）是卡霍基亚各辖区内外200多个金字塔中的一个，是墨西哥以北地区规模最大的夯土建筑，其底部与埃及吉萨大金字塔（Great Pyramid of Giza）大小相当，土堆高达30.48米（Fowler 1997; Pauketat 2004）。僧侣墩前的大广场几乎可以容纳所有其他的密西西比文化枢纽，规模之大可想而知（Alt et al.2010）。大肆建设的纪念性建筑区和广阔的居住区被农田等人工景观包围，面积最大的一处辖区紧靠

8 入夜之后的卡霍基亚：情感、水和月亮

着人工驯化程度看似较低的湿地、溪流和密西西比河（Baires 2017; Alt 2019）。事实上，水在卡霍基亚及周边地区以多种方式出现——池塘、天坑、地下河，以及定期出现的雨、雪、冰、薄雾和浓雾。一些潜在的最有趣的人水互动（尚未进行考古研究）可能发生在岩溶地带，该地带由1万多个天坑组成，分布于卡霍基亚市中心以西和以南10千米的高地（Panno and Luman 2012; Alt 2019, 2020a, 2020b）。这片岩溶地带由池塘、洞穴、岩洞甚至瀑布组成，连通着地下洞穴系统，这些洞穴不时受到雨水和洪水的冲刷，洞内漆黑如夜（Panno et al.2009）。

在卡霍基亚的中央祭祀区，水并非简单的存在。实际上，水元素融入了神圣景观之中，取土坑被改造成池塘，或者有一条高架堤道穿过湿地，将仪式参与者引向主祭祀区的南侧和土墩墓葬，如著名的72号土墩墓葬群和响尾蛇墩（Fowler 1997; Baires 2017）。另一组土墩和取土坑，即蒂皮茨组（Tippets Group），环绕一块土地而建，这块土地通入人造池塘，仿佛创造了一个水上舞台（Dalan 1997; Baires 2017; Alt 2019）。另一方面，大广场在建造之初就考虑到了防水问题。广场的地面略有倾斜，雨水会顺流到广场南端，而此处铺设了一层沙子，以便加速排水（Dalan 1997; Alt et al.2010）。甚至在建造土墩时也考虑到了防水问题，土墩的夯土层起到了排水作用，防止水在土墩上积蓄，造成破坏（Collins and Chalfant 1993）。由此可见，卡霍基亚人非常了解水，并将水务管理作为其城市规划的一部分，这种做法在其他原住民城市也很常见（see French et al. [2020] for water construction and management at the Classic Maya site of Palenque, Mexico）。但水务管理和人水互动的遗存实际上都掩盖了水的真正意义，即水所象征的各种力量、势力和神灵，以及水与夜晚、月亮和星辰交织纠结的诸多特质。

若要理解水和夜晚对卡霍基亚的重要性，就必须认真研究有关卡霍基亚的考古资料，包括物质文化、地质沉积层、古代艺术以及卡霍基亚民族后裔的口述历史，其中包括讲苏族语的人群（Alt 2020a）。通过这些研究，我们可以清楚地看到，卡霍基亚人的重要生活体验会在景观和实物上留下印记，而且似乎经常与水和月亮联系在一起。这些相互关联的主题非常重要，我们可以凭此认为，卡霍基亚之所以成为城市，是因为一场宗教运动将人们吸引到此，吸引到卡霍基亚及宗

古文明之夜

教中心（Alt 2018a，2018c，2019，2020b; Pauketat and Alt 2018）。新的宗教信仰有部分重要内容与夜晚、水和月亮有关，既包括它们的自然形态，也包括人为制造出来的形态。考古人员对山顶神庙中心翡翠山遗址（Emerald Acropolis，一个拥有12个土墩与公共建筑、宗教建筑、朝圣者住房及众多神庙的宗教中心）的调查清楚地表明，水和月亮是这个新宗教的关键因素，而且新的宗教仪式正处于发展阶段，甚至在城市化之前就吸引了不少移民和朝圣者到来（Pauketat 2012; Skousen 2016; Pauketat et al. 2017; Alt 2016，2018a，2018c，2019; Pauketat and Alt 2018; Barzilai 2020）。这种以月亮运行为重点的宗教体验必然与夜间体验紧密相连。卡霍基亚后裔（尤其是苏族人）的口述历史为我们带来些许启示，使我们明白为何夜晚如此重要，以及月亮、水和其他物质为何不可避免地紧密联系在一起。

图8-1 卡霍基亚核心区。图片来源：William Isminger；卡霍基亚土丘州立历史遗址提供。

8 入夜之后的卡霍基亚：情感、水和月亮

翡翠山遗址关于夜与水的考古证据

从卡霍基亚人的神庙中心翡翠山遗址（图8-2）的自然特征和建筑特征中可以清楚地看出月亮及其运动的重要性。在翡翠山遗址，卡霍基亚人匠心独具，其核心建筑标记着月亮不同时间的静止方位。事实上，连翡翠山的山顶也是一个标记（Pauketat 2012；Pauketat et al.2017）。虽然山的形状和朝向源自天然，其与月亮停变期的方位也只能粗略对齐，但这难不倒卡霍基亚人。他们通过移减和添加土壤的方法，对山的两侧进行改造，使其最终达到理想的对应效果（Pauketat et al. 2017）。卡霍基亚人对夜间山顶的利用，从其月球观测记录和遍布山顶的大型露天火坑可窥一斑（Barzilai 2020；Cabrera Romero and Ochatoma Cabrera，见第7章关于秘鲁瓦里人用火的讨论）。

翡翠山下是当地人依山修建的道路（Skousen 2016），当翡翠山闪耀起火光时，数千米之外的人们都能看到。水的重要性在这座山上体现得淋漓尽致。山的下方有一个泄水台，因此凡有降雨过后，翡翠山还会继续往外泄水，其中一部分会沿山坡流下（Grimley and Phillips 2015）。卡霍基亚人在重要建筑的关闭仪式上，灰将火烧过的祭品和神庙地面都先覆上一层水洗土，最后再进行填埋，这样的做法可以看出水的神圣属性对卡霍基亚人的重要性（Alt 2016，2018c，2019）。即使是安葬死者（或许是作为祭品），在最后安葬之前也要用水洗土覆盖（Alt 2015）。而所有沾染水之灵性的人、场所、物品的位置安排都向着停变期的月亮方位致敬。翡翠山遗址将水和月亮联系在一起的诸多启示，或许可以从卡霍基亚人后裔群体（Alt 2020a）的类似联想中得到最好的诠释。

古文明之夜

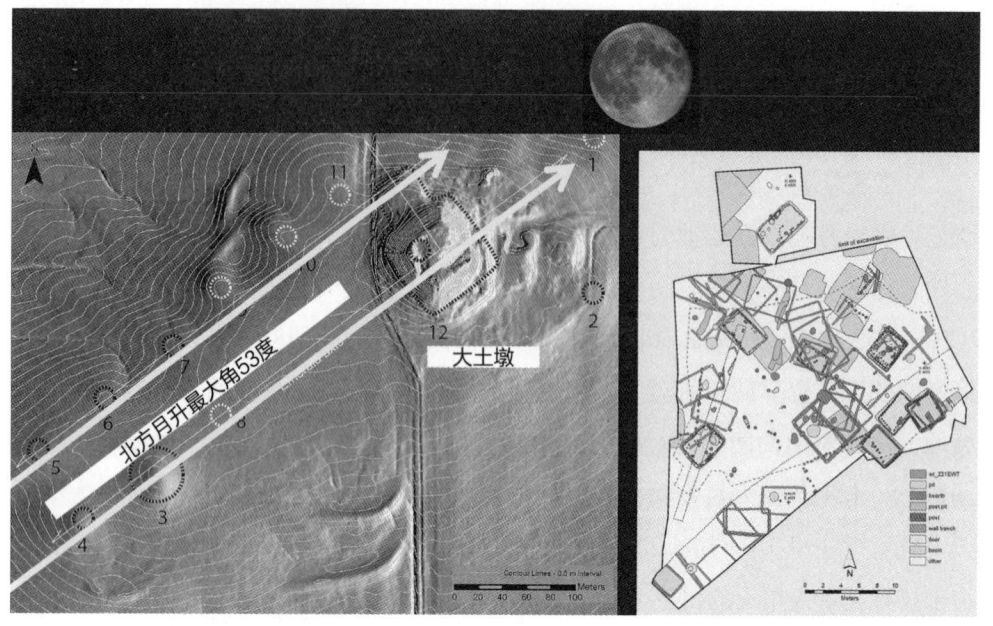

图8-2　与月亮对齐的翡翠山，以及考古发掘区沿同一轴线排列的神殿。绘图来源：Susan M. Alt

口述历史

一些学者认为，讲苏族语言的人们就是卡霍基亚人的后裔，尽管可能并非唯一的后裔（Kehoe 2007; Kelly and Brown 2012; Hunter 2013; Diaz-Granados et al. 2015）。从物质文化考古和人类同位素研究结果来看，卡霍基亚显然是多种族聚居的城市（Slater et al.2015; Alt 2018a; Hedman et al.2018）。越来越多的研究发现，中西部和东南部也有卡霍基亚人建立的哨所和联络站（McNutt and Parish 2020），这表明其他地方的现代原住民群体也有可能是卡霍基亚人的后裔，或间接地，是与卡霍基亚人共享基本宗教信仰的其他密西西比族人的后裔。例如，讲卡多语（Caddoan）的人们认为斯皮罗土墩中心（Spiro Mound Center）是他们的祖居地，并且规制宏伟的斯皮罗土墩墓葬出土了卡霍基亚人制作的造型烟斗和其他带有卡霍基亚文化神圣形象的物品（Brown and Kelly 2000; Emerson et al.2003）。密西西比人生活在现今属于美国东部的辽阔区域，他们的特征之一是

8 入夜之后的卡霍基亚：情感、水和月亮

拥有共同的宗教信仰，据说这些宗教信仰起源于卡霍基亚。显而易见的是，很多不同的原住民语言群体都有类似的联想，即水、月亮、夜晚和女人是相互关联、密不可分的概念。

水和月亮在"不死的老妇人"（Old Woman Who Never Dies）这个大地之母的形象上联系在一起，她是讲苏族语的达科他族（Dakota）和曼丹族（Mandan）传说中的神灵（Dorsey 1894; Bowers 1965; Hall 1997; Diaz-Granados and Duncan 2000; Diaz-Granados et al.2015）。一些人认为，卡霍基亚人的雕像艺术中便有这位老妇人的形象（图8-3），包括石像和壁画（Hall 1997; Diaz-Granados and Duncan 2000; Diaz-Granados et al.2015）。曼丹族和达科他族流传着很多关于她的故事，有的说她住在月亮上，星星是她的孩子。她与农业生产、黑鸟和水鸟有关。每年春天，水鸟都会从老妇人那里带回玉米神灵。老妇人自己也会在河水中沐浴，之后便容光焕发，变得更加年轻。她在水中获得了生命力和新生，她也给庄稼带来了新生和生命力（Dorsey 1894; Bowers 1965）。翡翠山遗址中发现的很多祭品是满篮子的玉米、种子和其他农产品，这些东西先被放在神庙的地面上燃烧，然后再用水洗土加以覆盖。一些祭品中还出现了被火烧后爆裂的锄头。在老妇人身上体现出来的水、月亮以及农业之间的关联，在翡翠山的地质沉积层中依然可见。

拉科塔人（Lakota）认为月亮本身是女性（Walker 1980），温尼贝戈人

图8-3 被视为卡霍基亚大地之母或老妇人的3座雕像。图片来源：伊利诺伊州考古调查中心提供。

195

（Winnebago）亦是如此（Radin 1990/1923，286）。根据南希·卢里（Nancy Lurie 1953，708）的说法，那些具有女性特征的男子是受到了月亮的召唤才变得如此。奥马哈人（Omaha）认为夜晚是女性的，往上的方向是男性的，往下的方向是女性的（Fletcher and La Flesche 1992，134），斯基迪部落的波尼人（Skidi Pawnee）也是如此，他们将玉米、雨水与月亮、女性联系在一起（Dorsey and Murie 1940，100）。克拉克·威斯勒（Clark Wissler 1908）的研究报告指出，黑脚人（Blackfoot）是另一个将月亮与女性联系在一起的族群。根据弗朗西斯·拉·弗莱舍（Francis La Flesche）的描述和加里克·贝利（Garrick Bailey 1995）的调查报告，月亮和水在奥萨奇人（Osage）的宇宙图谱中是相关联的。奥萨奇人认为天空是男性，大地是女性。月亮与西方和死亡有关，月亮是女性的，水也是女性的。艾丽丝·弗莱彻（Alice Fletcher1904，42）的研究报告显示，斯基迪部落的波尼人将月亮和夜晚视为女性。弗莱彻（1904，74）还记录了夜晚、月亮和水的其他仪式联系：

> 在这个仪式中，水只可用于神圣之目的。我们用流水调和涂抹在圣物上的颜料。当我们在旅途中遇到溪流时，倘若未先征得卡瓦斯（Kawas）的允许，我们便不能踏入溪流，亦不能穿流而过。卡瓦斯是母亲，她代表夜晚和月亮，她会允许我们进入溪流并涉水而过。因此，每当我们来到河边，我们都会祈求卡瓦斯保佑我们，使我们穿越河流的行为不会受到惩罚，不会让云层横亘在我们和提拉瓦[1]（Tira'wa）的居所——蓝色穹顶——之间，也不会打破生命代代相传的延续性。

乔治·兰克福德（George Lankford 2008，32）讲述了下面这个乔伊部落的波尼人（Pawnee-Chaui）的故事，我对此颇感兴趣：

---

[1] 波尼人文化中的创世神。——译者注

8 入夜之后的卡霍基亚：情感、水和月亮

在饥荒时期，一个男孩被月亮（表现为4个不同年龄段的女性，大概代表着不同的月相）带到山涧中的一个洞穴。在连续几次的拜访中，男孩得到了游戏礼物、关于如何建造土屋的信息、玉米和肉、水牛和一个神圣的包袱，以及植物的种子。然后洞穴消失，涧水干涸（Dorsey 1906:21-28, #3）。

仔细研究这些口述历史，再回想一下来自翡翠山遗址的启示，这个地方的祭品以及人水交互似乎也在表达类似的宇宙观。水、女人、月亮、玉米和其他用作祭品的农产品之间的联系非常醒目，尤其是在神庙中心，所有祭品都朝向月亮停变期的位置，而且事实上这些联系是由不同的原住民族群建立的，他们都被认为可能源自卡霍基亚人（Kehoe 2007; Kelly and Brown 2012; Hunter 2013; Diaz-Granados et al.2015）。

当这些联想和解释应用到卡霍基亚的中央祭祀区时，我们不得不去重新思考这座中心城市（Alt 2019）。卡霍基亚所具有的某些特性，使这个城市强调水、人和月亮之间的多重交互，而这些交互会赋予人们在夜晚体验到的巨大力量。

转向夜晚的影响和情感

在黑暗中，人类对外界的感知会发生改变。视觉、听觉、触觉，甚至我们的时间感都异于白天，因为当失去视觉感知能力时，其他感官能力往往会得到增强（Merabet and Pascual-Leone 2010; Bauer et al.2017）。凭经验就知道，所有人在夜间都无法看得那么远或那么清楚，这当然可从医学上得到解释。之所以如此，部分原因与眼睛的功能有关——这不单是因为光线较弱，而是因为在不同的照明条件下，起作用的眼睛部位也会不同（Lamb 2016）。人眼通常利用视杆细胞和视锥细胞看东西，视锥细胞负责色觉，能让人看得更为精细，但光线不足时，只有视杆细胞能发挥作用。所以当夜晚降临，光线昏暗，只有视杆细胞正常工作，我们的精细分辨能力就会下降，几乎无法辨别颜色（King 2014）。除了生物学现象

197

之外，月光还进一步改变了人们对颜色的感知，产生了所谓的蓝移现象，即在月光下人们感知到的世界会笼罩着淡淡的蓝色（Khan and Pattanaik 2004; Pokorny et al.2006）。鉴于月光实际上是月球反射的太阳光，地球表面夜间可见光量在一个月内大约会呈现3个数量级的变化，这是月相周期以及地球、月球和太阳精确角度变化的结果。最近有研究计算了月球能产生的光量，得出的最大值为0.3勒克斯，典型值为0.05～0.1勒克斯（Kyba et al.2017）。月球光量到底实际意义如何，有一项报告在回顾大量前人研究的基础上得出结论：人们夜间辨识他人的能力处在一个区间内，从无月之夜的30米到满月下的90米（Nichols and Powers 1964）。

夜晚的影响

有趣的是，夜晚影响的不仅仅是视力，或许视力受限也会带来其他一些生理和心理影响。生理学研究表明，当受试者在黑暗中接受测试时，血压升高，心率加快，惊吓反应和主观痛苦程度增大（Grillion 2008）。有研究证实，人们在不同光线条件下感知颜色和周围环境的方式会影响情绪（Veitch and Newshan 1998; Boyce et al.2000）。身处黑夜中的人缺少白天的正常刺激，极端情况下，被隔离在黑暗中的人很快就会产生幻觉，这就是为什么将人隔离在黑暗中被视为一种酷刑（Tomassoni et al.2015）。因此，白天和黑夜在人身体和精神上引发的反应存在差异。就仪式和其他宗教活动而言，这些差异可能非常关键（Dillehay 2018）。例如，相较于白天的活动，夜间活动在多大程度上更具有"高度唤醒"的意义（Whitehouse 2004）。虽然生理感受也会受到文化的影响，如米克尔·比勒和蒂姆·弗洛尔·索伦森（Mikkel Bille and Tim Flohr Sørensen 2007, 266）所讲，"视觉的重要性之所以在各文化中受到更多关注，是因为人们意识到在不同的文化中，感官的重要性，体验和各个感官之间的关联等可能存在很大差异"。但是，人们于夜间对事件的体验感很可能与白天大相径庭。

我们知道，生活在前现代社会的人们确实会在夜间举行仪式和典礼，他们并不会因为太阳下山就停止所有活动（Dowd and Hensey 2016; Gonlin and Nowell 2018）。事实上，有些活动是专门安排在夜间进行的，比如治疗仪式等高度精神

8 入夜之后的卡霍基亚：情感、水和月亮

性的工作，以及田间巡逻以防止野兽侵扰和作物受损等更世俗的工作。现代人对人工照明的依赖往往遮蔽了这样一个事实，即许多活动，无论现在抑或过去，都是在昏暗甚至黑暗中进行的（Dowd and Hensey 2016；Gonlin and Nowell 2018）。夜间活动甚至包括农事（例如Nathan 2018）。趁着月光播种和收获是古老的习俗，坚守传统思想的园艺工人和农民，以及经典不衰的《农民年鉴》（*Farmer's Almanac*）至今仍在推广这种习俗，《农民年鉴》上的日历告诉人们在何种月相时该种植哪样的作物。我们或许还记得，秋分时节的月亮被称作收获月，这是因为秋分过后，满月会更早地挂上天空，这有利于日落之后进行农作物的收割。夜间收割可以充分利用植物的自然节律和呼吸作用，有些作物因收获昼夜的不同，其性状表现是有差异的，这是由于农作物的水分含量和化学成分会随着温度和日照强度的变化而变化（Allwood et al. 2011; Deborde et al.2017）。这种做法或许能够解释为何长久以来，人们会形成一天当中（某些时段是）收获草本植物，水果或蔬菜的最佳时机的观念。

在前现代社会，手工艺生产可以且的确在夜间进行。经验丰富的工匠可以借助火光，甚至在完全黑暗的条件下纺织、缝纫或雕刻，且效率非常高（Ekirch 2012; Gonlin and Nowell 2018）。例如，人们长期以来一直认为，在壁炉中经常发现的制作石器时留下的石屑，以及其他手工艺残片，都与壁炉旁进行的生产活动相关（following Binford 1978），尽管当时的研究者还没意识到这些活动是在夜间进行的。可以这样说，较之于乡村，城市中家庭聚居更为密集，借助于大量火光的人工照明，入夜后的活动可能更容易开展。

根据研究报告，历史上的原住民群体有很多活动能够且确实会在夜间进行，其中可能包括偷袭和攻击敌人（Bailey 1995，85）。更重要的是，许多原住民的仪式和守夜祈祷活动都是在夜间进行的。之所以选择夜间，部分原因是有些典礼本就需要在夜间举行，同时也因为有些仪式、典礼和舞蹈表演要持续数日，夜间也不会停歇。在此期间，有些活动只能在白天进行，而有些活动则更适合夜晚。这些活动中比较著名的有绿玉米仪式（Green Corn Ceremony）、阿拉帕霍人的太阳舞（the Arapaho Sun dance）、奥色治人的Wa-Xo'-Be仪式（the Osage Rite of the

199

Wa-Xo'-Be）或波尼人的大清洗仪式（Pawnee Great Cleansing Ceremony）（Dorsey 1904; La Flesche 1930; Witthoft 1949; Weltfish 1965; Bowers 1992）。夜晚是魂灵或神祇通过梦境向人类传达信息的时刻（Irwin 1994）。例如，著名的斯基迪部落波尼人的晨星仪式（Morning Star ceremony），只有当梦境降临到合适的人身上，且星星处于合适方位时，方可举行（Dorsey 1906; Fletcher 1902; Linton 1926; Weltfish 1965; Murie 1981）。在卡霍基亚的翡翠山遗址和中央祭祀核心区，我们在土墩及周围发现了壁炉的痕迹，其中有些壁炉个头很大，有些壁炉燃烧的时间过长且火势猛烈，以至于壁炉下方和周围的土壤发生了化学反应，土的颜色也起了变化。在漆黑的夜晚，这些火光带来的照明效果会给人留下更为深刻的印象。从诸如翡翠山（Skousen 2016; Pauketat et al.2017; Alt 2018c，2019; Barzilai 2020）或卡霍基亚城市中心（Pauketat 1993; Pauketat et al. 2002）的遗址中发现的仪式残留物可以推测出，卡霍基亚很有可能举行过连续多日和多夜的仪式活动，而这些活动在卡霍基亚后裔民族史调查报告中曾有描述。

夜晚情绪

这样的活动如果在城市或者占地约0.2平方千米的大广场上进行，会有怎样不同的效果呢？根据常用的游行人数估算公式得出的结果，即每平方米可容纳2.5人（https://www.poynter.org/fact-checking/2017/this-online-tool-makes-checking-crowd-sizes-easier/），大广场足可容纳超过50万人！而根据另一种常用来估算站立空间人数的公式所得出的结果，即每人需约0.19平方米，则大广场可容纳的人数可能还要翻上一番。因此，毫不夸张地说，即使按照最宽松的人口估计方法（不超过3万人 [Emerson et al. 2020; Pauketat and Lopinot 1997] ），卡霍基亚所有居民，甚至再加上很多游客，都可以参加城内广场上的任何一场活动。

活动进行期间，卡霍基亚那变得熙熙攘攘的大广场上不仅会有人类，还会存在不少标识（Alt et al. 2010），它们被认为是非人类的独立生灵（Pauketat 2012; Skousen 2012），就像该文化中其他的具有形象的非人神灵一样，例如那些具有人或兽造型的烟斗。广场上的人们被纪念性建筑所包围，如土墩、人工水景、公共建筑或祭祀建筑等。夜间活动由广场和土墩顶部燃起的火炬和篝火进行照明。考古人员在土墩顶部发现了使用频繁的大型黏土灰泥炉（Moorehead 1929; Smith 1969; Benchley 1975; Pauketat 1993; Fowler 1997）。活动很可能由专门的祭祀主持，他们身着密西西比艺术中经常描绘的盛装（Townsend 2004），站在土墩顶端，方便人群看到他们（Moore 1996）。整个城市都回荡着吟唱声、鼓乐声和笛声，同时还伴随着身体和脚部动作发出的声响，而这种声响可能来自正在进行的仪式性舞蹈表演。此外，火光、月光和星光倒映在城市四周的人工水体和天然水体中，进一步渲染着现场的气氛。

鉴于上文讨论过的昏暗和月光条件下有关视觉的科学分析和个体体验，广场上的人们在黑暗中很难看清人群的全貌；即使近在咫尺，他们也看不清颜色和细节。稍带提一个有趣的现象，卡霍基亚仪式活动中最重要的颜色是红色和白色，因为从仪式遗址出土的器皿上发现了这两种颜色的彩绘（Pauketat et al.2002）。视觉生理学和个体感知研究表明，红白两色是在弱光条件下最容易被正确识别的颜色（Ishida 2002; Pokorny et al.2006）。我们不妨做此推测：使用红白二色大概是为了在夜间仪式活动中，人们在黑暗中仍能读到传递的信息。

选在满月之夜举行活动，再加上精心布置的壁炉、火把和火堆，观众的视觉困难会缓解一些，但有限的光照条件也会产生自身的独特效应。月光给了人视觉，但又限制了视觉距离和细节。世界的色彩被冲淡，呈现出淡淡的蓝色。露天火焰发出的光往往并不稳定，火焰随风不断摇曳，好像也有生命似的。火光闪烁会让人产生错觉，好像静止的物体和人在移动，更令参加夜间仪式的人感受到来自非世俗世界力量的神秘感。月光下或黑暗中被冲淡色彩、呈偏蓝色调的世界更让广场上的人感觉进入了另外一个空间，那是非人世界的众神和无形世界里各色力量和势力汇聚的王国。这种效果至少为仪式增添了一丝神秘色彩，因为活动本身是在漆黑的夜晚中，在火光和烟雾中进行的，而广场和城市之外的无尽黑暗笼罩着亡灵所在的巨大的土墩和湿地。

在没有宗教活动的夜晚，人的视力随日落而衰，这是自然规律。但卡霍基亚四周还呈现出另外一番景象变化。卡霍基亚建在湿地和沼泽之中，一年中大部分的时间，一到傍晚，薄雾便于水面升腾而起，大地笼罩在一片苍茫之中，人们只看得到土墩顶部和树木。每天晚上，各种各样的声音在城市中响起。数以千计的人在聊天或讲故事，有人低声吟诵，有人放声高歌；人们或许还能听到治疗仪式的声音，或听到夜舞的鼓声和歌声。人们还会忙于上文提到的一系列活计：纺织、缝纫、雕刻、敲打燧石、剥玉米壳，甚至种植或收割。四周湿地传来的树蛙和牛蛙叫声此起彼伏；蚊子也嗡嗡作响，间或夹杂着猫头鹰的长鸣或夜鹰的尖啸（Pauketat 2020）。有人扔出残羹剩饭，引来狗的一阵狂吠。然而所有声音对卡霍基亚人而言或许是一种慰藉，而非嘈杂凌乱，因为这些声音提醒人们，卡霍基亚是安全之地。这里世世代代的人都不觉得有安装栅栏的必要，因为在卡霍基亚，水和黑夜的神秘力量都融入了这座城市，人世间也能过上天堂般的生活。诗人兼哲学家的亨利·梭罗（Searls 2009，54）在日记中记录了他这样的感受：

> 到了夜晚，水便迎来了高光时刻。正是靠它，天与地连在了一起——头上的天与脚下的天并无二致……我突然从水潭中看到了一轮明月——你可以从水潭中看到月亮的倒影，大地在你脚下融化。迷人的月亮和它近旁的众星，突然从黑暗大地的一扇窗中露出柔美的光辉。

从翡翠山遗址的考古证据来看，夜晚、月亮和水的特质是卡霍基亚新宗教的重要构件，来自超自然、非人类和人类等形形色色的力量，因为宗教，城市得以维持平衡。事实上，威廉·罗曼（William Romain 2017）认为卡霍基亚的中轴线存在5度的偏移，这是一种平衡城市和纪念性建筑与太阳和月亮之间定位问题的几何解决方案。此外，翡翠山遗址那些与月亮停变期方位相关的建筑群与城市之间有一条道路相连，这条路上行人往来频繁，故而在早期的航拍照片中仍能看到它（Skousen 2016）。月亮和夜晚的重要性在市中心的另一条道路上也有体现。这条路向南通往墓葬群和萨拉·贝雷斯（Sarah Baires 2017）所说的亡灵的水乡。考虑到人行道的朝向，人们由此路向南前往土墩墓，会产生一种进入夜空和银河的错觉（图8-4）。根据苏族人（以及许多其他原住民群体）的宗教信仰，南方

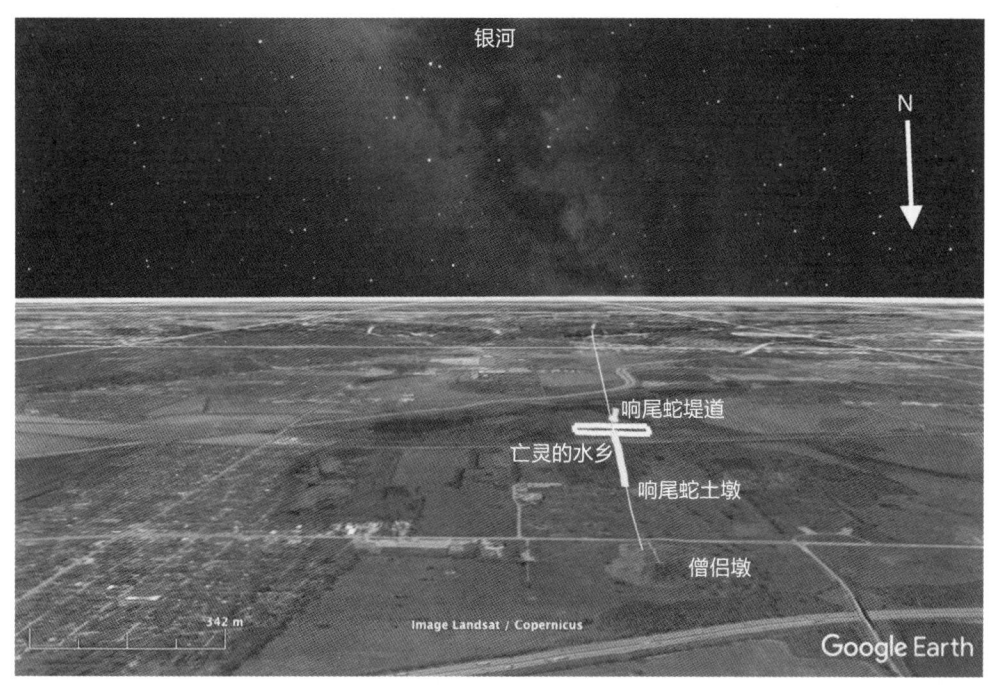

8 入夜之后的卡霍基亚：情感、水和月亮

图8-4 一条南行之路，穿过亡灵的水乡，通往银河。图片来源：由谷歌地图生成。

是夜晚的方向，银河是灵魂之路，星星是祖先的壁炉（Lankford 2007）。冬至是一个非常重要的节气，因为冬至前后，银河会形成一条带子，从地面向上延伸到空中。此时从卡霍基亚大广场向南走，穿过湿地，人们便进入夜晚，进入祖先的世界。沿着这条路前行，中途会遇到72号土墩，在这里，身份尊贵者和献祭者的遗体被安葬于精心建造的墓坑中，这些墓坑拼成了一幅富有神圣意义的画面，而献祭者墓坑则与月亮对齐（Fowler 1997; Brown 2003; Pauketat 2012; Emerson et al.2016）。水似乎既是生命之源，亦是死亡之源。琼—安·格里利（June-Ann Greeley）在讨论当地流传的水生创世（Earth Diver creation）故事时指出："因此，水被认为是一切存在的源泉和所有生物的最终归宿，一旦某些形式的生命无法再维持生存，他们都将回归原始水体。"（Greeley 2017，170）

苏族人的宗教信仰将女性与水、冥界、黑夜和死亡联系在一起（Bailey 1995；Alt 2018c），而这些联系在卡霍基亚的"亡灵的水乡"都有体现。正如

203

翡翠山遗址的女性墓葬被水覆盖一样，72号土墩下层埋葬的被认定为祭献品的女性，每逢大雨过后，其遗骸常遭洪水淹泡（Fowler et al. 1999; Hargrave and Hedman 2004; Hargrave et al.2014; Emerson et al.2016）。72号土墩中也有一些男性墓主，但大多数被确认为祭品的遗骸均为女性。在东圣路易斯，在废弃的葬坑中也发现了女性尸体（Hargrave and Hedman 2004; Hargrave et al.2014）。作为祭品的人牲中女性居多，表明人们在试图召唤女性身上所系附的力量。女性祭献较多，或许是因为她们与水、月亮和夜晚存在关联，而这些力量在卡霍基亚新的宗教信仰中非常关键（Alt 2018b）。

建造通向黑夜的通道

在卡霍基亚，黑夜与白昼、黑暗与光明、冥界与天国的平衡不仅体现在旱地／广场／北方与湿地／墓葬／南方的平衡上，还体现在其他建筑元素中。卡霍基亚人这套宇宙平衡观已融入城市肌理之中：在夯土金字塔和其他重要建筑中，可以看到有意交替铺设的明暗土层，以此体现天国、冥界、白天和黑夜；建造僧侣墩所用的黏土更是表明它们来自不同的湿地（Schilling 2010，308; Pauketat 2012）。

卡霍基亚还有其他一些建筑也让人不由想起水和黑夜的力量。汗蒸舍或蒸汽浴室这样的空间会让人联想到黑夜。这类建筑如同子宫，人封闭于黑暗空间，在水和热岩石产生的蒸汽中大汗淋漓（Hall 1997; Alt 2018b）。洞穴等自然空间也再现了黑夜的环境，正是在卡霍基亚时期使用的洞穴，如画洞（Picture Cave）或戈特沙尔石屋（Gottschall Rock Shelter），我们在其中发现了与黑夜、白昼、水、冥府和天空有关的超自然生物的图像（Salzer and Rajnovich 2000; Diaz-Granados et al. 2015）。在洞穴中绘制怪异生物不足为奇，因为正是夜晚让神灵世界走向人类。夜晚，神灵会通过梦境向人们传达神谕，告诉人们如何处世或何时该进行专门的仪式（Irwin 1994）。卡霍基亚人的生活中到处可见关于夜的隐喻，时刻提醒着人们，月亮、水和女人都是夜晚力量的一部分。因此，夜晚梦境中收到的神谕往往

8 入夜之后的卡霍基亚：情感、水和月亮

启示和推进着人们白天的活动。

卡霍克人不仅敢于把城市建在湿地和沼泽之中，还把城市建在岩溶地带之间，甚至部分直接建在岩溶地带之上。就在市中心祭祀建筑群的西南方，有一片由1万个天坑组成的岩溶地带，北面和南面也各有一片岩溶带。西边，密西西比河对岸是圣路易斯辖区，那里的大土墩坐落在溶洞口的顶部，数千米长的洞穴和岩洞绵延于今日的圣路易斯地下。位于圣路易斯的另一座土墩建在洞穴之上，土墩内有不少墓葬（Alt 2020a，2020b）。所有的天坑在某种程度上都与水有关——水可以蓄于其中，雨后，蓄满的水溢出天坑，涌进地下通道。密西西比河岸边的洞穴通向圣路易斯土墩中心地下的岩洞。前文讲述的洞穴艺术告诉我们，洞穴与冥府的灵魂、水和黑暗有关联。墓葬揭示了更多有关这方面的信息，正如前文口述历史中的故事一样。这些都是危险的力量和势力，卡霍基亚人不仅生活在其中，而且还试图接近这些力量。

结语：城市聚合体的聚合体

卡霍基亚的城市化始于1050年前后，这在某种程度上是由于大量移民的涌入。他们为追寻一种新的宗教信仰而来，这种宗教能召唤水、女人和月亮的力量。这些力量与种植和储存玉米等新的农业活动息息相关（Simon 2014）。来自翡翠山遗址的证据表明，移民是在卡霍基亚城市化之前到来的，并且是出于宗教动机。翡翠山区域和卡霍基亚其他地区提供的证据表明，月亮、水、女人、农业（玉米）和夜晚是该宗教的基本要素，并且要素之间有着多重的牵扯关联。卡霍基亚后裔族群的口述历史民族史报告显示，这些元素之间的关系错综复杂，并且在卡霍基亚艺术、建筑、仪式和祭祀中皆有体现。正是在各种概念、事物、力量和人物的组合中——其中一些与夜晚有着深刻的联系——城市化在卡霍基亚得到了推进。这个中心城市的夜间体验会给居民和来访者带来影响，这些影响是生理、心理和精神上的，是真真切切的。

卡霍基亚是一个夜晚、白天、陆地、水和天空交相辉映的地方。借用开篇N.

K.杰明辛的一句话，作为城市，卡霍基亚是"现实结构的一个裂口"；它就像一个黑洞。这座城市不仅敢于祈求太阳的力量，也敢于祈求夜空、月亮和水的力量。宗教运动将这些元素融为一体，吸引着移民来到此地。人们的生命体验和感受始终关联着水与夜（不管是自然的，还是人工创造的）这些宗教元素。生活在卡霍基亚，意味着始终要面对黑夜、水和月亮等的情感寓意。到了夜晚，沼泽升起的薄雾覆盖地面，湿地在月光的照耀下闪闪发光，人们就生活在水和夜色之中。这些元素在卡霍基亚不仅仅是背景陪衬，也不仅仅营造了城市生活氛围，恰恰相反，它们才是最重要的文化核心。它们是翡翠山遗址里祭品和神庙所召唤的力量；它们身上寄居着逝去的亡灵、先人的灵魂。它们是推动卡霍基亚城市化的重要因素之一。

参考文献

[1]　Allwood, William J., Ric C. H. De Vos, Annick Moing, Catherine Deborde, Alexander Erban, Joachim Kopka, Royston Goodacre, and Robert D. Hall. 2011. "Plant Metabolomics and Its Potential for Systems Biology Research: Background Concepts, Technology, and Methodology." In *Methods in Enzymology*. Vol. 500, edited by D. Jameson, Malkhey Verma, and Hans V. Westerhoff, 299–336. Burlington, VT: Academic Press.

[2]　Alt, Susan M. 2006. "The Power of Diversity: The Roles of Migration and Hybridity in Culture Change." In *Leadership and Polity in Mississippian Society*, edited by Brian M. Butler and Paul D. Welch, 289–308. Center for Archaeological Investigations, Occasional Paper No. 33. Carbondale: Southern Illinois University. Alt, Susan M. 2008 "Unwilling Immigrants: Culture, Change, and the 'Other' in Mississippian Societies." In *Invisible Citizens: Slavery in Ancient Prestate Societies*, edited by Cathy M. Cameron, 205–222. Salt Lake City: University of Utah Press.

[3]　Alt, Susan M. 2015. "Human Sacrifice at Cahokia." In *Medieval Mississippians: The Cahokian World*, edited by Timothy R. Pauketat and Susan M. Alt, 27. Santa Fe, NM: School for Advanced Research Press.

[4]　Alt, Susan M. 2016. "Building Cahokia: Transformation through Tradition." In *Vernacular

Architecture in the Pre-Columbian Americas, edited by Christina T. Halperin and Lauren Schwartz, 141–157. London: Routledge.

[5]   Alt, Susan M. 2018a. *Cahokia's Complexities: Ceremonies and Politics of the First Mississippian Farmers*. Tuscaloosa: University of Alabama Press.

[6]   Alt, Susan M. 2018b. "The Emerald Site, Mississippian Women, and the Moon." In *Archaeology of the Night: Life After Dark in the Ancient World*, edited by Nancy Gonlin and April Nowell, 223–248. Boulder: University Press of Colorado.

[7]   Alt, Susan M. 2018c. "Putting Religion ahead of Politics: Cahokia Origins Viewed through Emerald Shrines." In *Archaeology and Ancient Religion in the American Midcontinent (Archaeology of the American South: New Directions and Perspectives)*, edited by Brad Koldehoff and Timothy R. Pauketat, 208–233. Tuscaloosa: University of Alabama Press.

[8]   Alt, Susan M. 2019. "From Weeping Hills to Lost Caves: A Search for Vibrant Matter in Greater Cahokia." In *New Materialisms Ancient Urbanism*, edited by Susan M. Alt and Timothy R. Pauketat, 19–39. London: Routledge.

[9]   Alt, Susan M. 2020a. "Histories of Cahokian Assemblages." In *The Historical Turn in Southeastern Archaeology*, edited by Robbie Ethridge and Eric Bowne, 61–81. Gainesville: University of Florida Press.

[10]   Alt, Susan M. 2020b. "The Implications of the Religious Foundations of Cahokia." In *Cahokian Context: Hegemony and Diaspora*, edited by Charles H. McNutt and Ryan M. Parish, 32–48. Gainesville: University Press of Florida.

[11]   Alt, Susan M., Jeffery D. Kruchten, and Timothy R. Pauketat. 2010. "The Construction and Use of Cahokia's Grand Plaza." *Journal of Field Archaeology* 35 (2): 131–146.

[12]   Alt, Susan M., and Timothy R. Pauketat. 2018. "The Elements of Cahokian Shrine Complexes and the Basis of Mississippian Religion." In *Religion and Politics in the Ancient Americas*, edited by Sarah Barber and Arthur Joyce, 51–74. London: Routledge.

[13]   Alt, Susan M., and Timothy R. Pauketat, eds. 2019. *New Materialisms Ancient Urbanism*. London: Routledge.

[14]   Bailey, Garrick A. 1995. *The Osage and the Invisible World from the Works of Francis Flesch*. Norman: University of Oklahoma Press.

[15]   Baires, Sarah E. 2017. *Land of Water, City of the Dead: Religion and Cahokia's Emergence*.

Tuscaloosa: University of Alabama Press.

[16] Barzilai, Rebecca M. 2020. "Material Realities and Novel Ideas: The Vibrancy of Place and Ceramic Practices at the Emerald Acropolis." PhD diss., Department of Anthropology, Indiana University, Bloomington.

[17] Bauer C. M., G. V. Hirsch, L. Zajac, B–B Koo, O. Collignon, and L. B. Merabet. 2017. "Multimodal MR–Imaging Reveals Large–Scale Structural and Functional Connectivity Changes in Profound Early Blindness." *PLoS ONE* 12 (3): e0173064. https://doi.org/10.1371/journal.pone.0173064.

[18] Benchley, Elizabeth D. 1974. "Mississippian Secondary Mound Loci: A Comparative Functional Analysis in a Time–Space Perspective." PhD diss., Department of Anthropology, University of Wisconsin, Milwaukee.

[19] Bennett, Jane. 2010. *Vibrant Matter: A Political Ecology of Things*. Durham, NC: Duke University Press.

[20] Bille, Mikkel, and Tim Flohr Sørensen. 2007. "An Anthropology of Luminosity: The Agency of Light." *Journal of Material Culture* 12 (3): 263–284.

[21] Binford, Lewis R. 1978. *Nunamiut Ethnoarchaeology*. New York: Academic Press. Bowers, Alfred W. 1965. *Hidatsa Social and Ceremonial Organization*. Bureau of American Ethnology, Bulletin 194. Washington, DC: Smithsonian Institution. Bowers, Alfred W. 1992. *Hidatsa Social and Ceremonial Organization*. Lincoln: University of Nebraska Press.

[22] Boyce, P. R., N. H. Eklund, and B. J. Hamilton. 2000. "Perceptions of Safety at Night in Different Lighting Conditions." *Lighting Research & Technology* 32 (2): 79–91.

[23] Brown, James B. 2003. "The Cahokia Mound 72–Sub1 Burials as Collective Representation." *Wisconsin Archeologist* 84 (1/2): 81–97.

[24] Brown, James B., and John E. Kelly. 2000. "Cahokia and the Southeastern Ceremonial Complex." In *Mounds, Modoc, and Mesoamerica: Papers in Honor of Melvin L. Fowler*. Vol. 28, edited by Steven R. Ahler, 469–510. Springfield: Illinois State Museum Scientific Papers.

[25] Collins, James M., and Michael L. Chalfant. 1993. "A Second–Terrace Perspective on Monks Mound." *American Antiquity* 58 (2): 319–332.

[26] Dalan, Rinita A. 1997. "The Construction of Mississippian Cahokia." In *Cahokia: Domination and Ideology in the Mississippian World*, edited by Timothy R. Pauketat and Thomas

E. Emerson, 89–102. Lincoln: University of Nebraska Press.

[27] Deborde, C., A. Moing, L. Roch, D. Jacob, D. Rolin, and P. Giraudeau. 2017. "Plant Metabolism as Studied by NMR Spectroscopy." *Progress in Nuclear Magnetic Resonance Spectroscopy* 102 (November 1): 61–97. https://doi.org/10.1016/j.pnmrs.2017.05.001.

[28] DeLanda, Manuel. 2016. *Assemblage Theory*. Edinburgh: Edinburgh University Press. Deleuze, Gilles, and Felix Guattari. 1987. *A Thousand Plateaus: Capitalism and Schizophrenia*. Translated by B. Massumi. Minneapolis: University of Minnesota Press. Diaz–Granados, Carol M., and James R.

[29] Duncan. 2000. *The Petroglyphs and Pictographs of Missouri*. Tuscaloosa: University of Alabama Press.

[30] Diaz–Granados, Carol M., James R. Duncan, and F. Kent Reilly III, eds. 2015. *Picture Cave: Unraveling the Mysteries of the Mississippian Cosmos*. Austin: University of Texas Press.

[31] Dillehay, Tom D. 2018. "Night Moon Rituals: The Effects of Darkness and Prolonged Ritual on Chilean Mapuche Participants." In *Archaeology of the Night: Life After Dark in the Ancient World*, edited by Nancy Gonlin and April Nowell, 179–199. Boulder: University Press of Colorado.

[32] Dorsey, George A. 1904. *Traditions of the Skidi Pawnee*. Boston: Houghton, Mifflin and Company.

[33] Dorsey, George A. 1906. The Skidi Rite of Human Sacrifice. *International Congress of Americanists* 15: 66–70.

[34] Dorsey, George A., and James R. Murie. 1940. *Notes on Skidi Pawnee Society*. Chicago: Chicago Field Museum of Natural History.

[35] Dorsey, James Owen. 1894. "A Study of Siouan Cults." In *Eleventh Annual Report of the Bureau of Ethnology*, 351–554. Washington, DC: Government Printing Office.

[36] Emerson, Thomas E. 1997. *Cahokia and the Archaeology of Power*. Tuscaloosa: University of Alabama Press.

[37] Emerson, Thomas E. 2002. "An Introduction to Cahokia 2002: Diversity, Complexity, and History." *Midcontinental Journal of Archaeology* 27 (2): 127–148.

[38] Emerson, Thomas E., Kristin M. Hedman, Tamira K. Brennan, Alleen Betzenhauser, Susan M. Alt, and Timothy R. Pauketat. 2020. "Interrogating Diaspora and Movement in the Greater Cahokian World." *Journal of Archaeological Method and Theory* 27: 54–71.

[39] Emerson, Thomas E., Kristin M. Hedman, Eve A. Hargrave, Dawn E. Cobb, and Andrew R. Thompson. 2016. "Paradigms Lost: Reconfiguring Cahokia's Mound 72 Beaded Burial." *American Antiquity* 81 (3): 405–425.

[40] Emerson, Thomas E., Randall E. Hughes, Mary R. Hynes, and Sarah U. Wisseman. 2003. "The Sourcing and Interpretation of Cahokia–Style Figurines in the TransMississippi South and Southeast." *American Antiquity* 68 (2): 287–313.

[41] Emerson, Thomas E., Brad H. Koldehoff, and Tamira K. Brennan. 2018. *Revealing Greater Cahokia, North America's First Native City: Rediscovery and Large-Scale Excavations of the East St. Louis Precinct*. Urbana–Champaign: Illinois State Archaeological Survey.

[42] Fletcher, Alice C. 1902. "Star Cult among the Pawnee—A Preliminary Report." *American Anthropologist* 4 (4): 730–736.

[43] Fletcher, Alice C., assisted by James R. Murie. 1904. *The Hako: A Pawnee Ceremony*. Extract from the Twenty–Second Annual Report of the Bureau of American Ethnology. Washington, DC: Washington Government Printing Office.

[44] Fletcher, Alice C., and Francis La Flesche. 1992. *The Omaha Tribe*. Lincoln: University of Nebraska Press.

[45] Fowler, Melvin L. 1997. *The Cahokia Atlas: A Historical Atlas of Cahokia Archaeology*. Illinois Transportation Archaeological Research Program, Studies in Archaeology, Number 2, Urbana: University of Illinois.

[46] Fowler, Melvin L., Jerome C. Rose, Barbara Vander Leest, and Steven R. Ahler. 1999. *The Mound 72 Area: Dedicated and Sacred Space in Early Cahokia*. Springfield: Illinois State Museum, Reports of Investigations, no. 54.

[47] French, Kirk D., Kirk D. Straight, and Elijah J. Hermitt. 2020. "Building the Environment at Palenque: The Sacred Pools of the Picota Group." *Ancient Mesoamerica* 31 (3): 409–430. doi:10.1017/S0956536119000130.

[48] Gonlin, Nancy, and April Nowell, eds. 2018. *Archaeology of the Night: Life After Dark in the Ancient World*. Boulder: University Press of Colorado.

[49] Greeley, June–Ann. 2017. "Water in Native American Spirituality: Liquid Life—Blood of the Earth and Life of the Community." *Green Humanities* 2: 156–179.

[50] Grillion, Christian 2008. "Models and Mechanisms of Anxiety: Evidence from Startle

Studies." *Psychopharmacology* 199 (3): 421–437.

[51] Grimley, David A., and Andrew C. Phillips, eds. 2015. *Ridges, Mounds, and Valleys: Glacial-Interglacial History of the Kaskaskia Basin, Southwestern Illinois*. Guidebook 41. Urbana–Champaign: Illinois State Geological Survey, University of Illinois.

[52] Hall, Robert L. 1997. *An Archaeology of the Soul: Native American Indian Belief and Ritual*. Urbana: University of Illinois Press.

[53] Hargrave, Eve A., Dawn E. Cobb, Leanna M. Nash, Julie A. Bukowski, and Sarah Bareis. 2014. "Death and Sacrifice in the American Bottom." Paper presented at the Midwest Archaeological Conference, Illinois State Museum, Springfield.

[54] Hargrave, Eve A., and Kristin Hedman. 2004. "Sacrifice at the East St. Louis Mound Center, St. Louis, Missouri." Paper presented at the 2004 joint Midwest Archaeological Conference and Southeastern Archaeological Conference, St. Louis, Missouri.

[55] Hedman, Kristin M., Philip A. Slater, Matthew A. Fort, Thomas E. Emerson, and John M. Lambert. 2018. "Expanding the Strontium Isoscape for the American Midcontinent: Identifying Potential Places of Origin for Cahokian and PreColumbian Migrants." *Journal of Archaeological Science* 22: 202–213.

[56] Hunter, Andrea A. 2013. "Ancestral Osage Geography." In *Osage Nation NAGPRA Claim for Human Remains Removed from the Clarksville Mound Group (23PI6), Pike County, Missouri*, 1–60. Osage Nation Historic Preservation Office.

[57] Irwin, Lee. 1994. *The Dream Seekers: Native American Visionary Traditions of the Great Plains*. Norman: University of Oklahoma.

[58] Ishida, Taiichiro. 2002. "Color Identification Data Obtained from Photopic to Mesopic Illuminance Levels." *Color Research and Application* 27 (4): 252–259.

[59] Jeminsin, N. K. 2018. *How Long 'til Black Future Month?: Stories*. New York: Hachette Book Group.

[60] Jervis, Ben. 2018. *Assemblage Thought and Archaeology*. London and New York: Routledge.

[61] Kehoe, A. B. 2007. "Osage Texts and Cahokia Data." In *Ancient Objects and Sacred Realms: Interpretations of Mississippian Iconography*, edited by F. Kent Reilly III and James F. Garber, 246–261. Austin: University of Texas Press.

[62] Kelly, John E., and James A Brown. 2012. "Search of Cosmic Power: Contextualizing Spiritual Journeys between Cahokia and the St. Francois Mountains." In *Archaeology of Spiritualities*, edited by Kathryn Rountree, Christine Morris, and Alan A. D. Peatfield, 107–129. New York: Springer.

[63] Khan, Saad Masood, and Sumanta N. Pattanaik. 2004. "Modelling Blue Shift in Moonlit Scenes Using Rod Cone Intercation." *Journal of Vision* 4 (8): 316.

[64] King, Bob. 2014. "What Makes Moonlight Special." Accessed March 23, 2019. www.skyandtelescope.com/astronomyblogs/struckmoonlight12312014.

[65] Koldehoff, Brad H., and Timothy R. Pauketat, eds. 2018. *Archaeology and Ancient Religion in the American Midcontinent*. Tuscaloosa: University of Alabama Press.

[66] Kyba, Christopher, Andrej Mohar, and Thomas Posch. 2017. "How Bright is Moonlight?" *Astronomy and Geophysics* 58 (1): 1.31–31.32.

[67] La Flesche, Francis. 1930. "The Osage Tribe: Rite of the Wa–Xo'–Be." *Forty-Fifth Annual Report of the Bureau of American Ethnology*: 529–833.

[68] Lamb, T. D. 2016. "Why Rods and Cones?" *Eye* 30 (2): 179–185.

[69] Linton, Ralph. 1926. "The Origin of the Skidi Pawnee Sacrifice to the Morning Star." *American Anthropologist* 28 (3): 457–466.

[70] Lankford, George E. 2007. *Reachable Stars: Patterns in the Ethnoastronomy of Eastern North America*. Tuscaloosa: University of Alabama Press.

[71] Lankford, George. 2008. *Looking for Lost Lore*. Tuscaloosa: University of Alabama Press.

[72] Lurie, Nancy O. 1953. "Winnebago Berdache." *American Anthropologist* 55 (5): 708–712.

[73] McFarlane, Colin. 2011. "The City as Assemblage: Dwelling and Urban Space." *Environment and Planning D: Society and Space* 29 (4): 649–671.

[74] McNutt, Charles H., and Ryan M. Parish, eds. 2020. *Cahokian Context: Hegemony and Diaspora*. Gainesville: University Press of Florida.

[75] Merabet, Lotfi B., and Alvaro Pascual–Leone. 2010. "Neural Reorganization Following Sensory Loss: The Opportunity of Change." *Nature Reviews Neuroscience* 11 (1): 44–52.

[76] Moore, Jerry. 1996. "The Archaeology of Plazas and the Proxemics of Ritual: Three Andean Traditions." *American Anthropologist* 98 (December 1): 789–802.

[77] Moorehead, Warren K. 1929. *The Cahokia Mounds*. Vol. 26, No. 4. Urbana: University of

Illinois Bulletin.

[78] Murie, James R. 1981. *Ceremonies of the Pawnee*, Part I: *The Skiri*. Smithsonian Contributions to Anthropology, Number 27. Washington, DC: Smithsonian Institution Press.

[79] Nathan, Smiti. 2018. "Midnight at the Oasis: Past and Present Agricultural Activities in Oman." In *Archaeology of the Night: Life After Dark in the Ancient World*, edited by Nancy Gonlin and April Nowell, 333–352. Boulder: University Press of Colorado.

[80] Nichols, Thomas F., and Theodore R. Powers. 1964. *Moonlight and Night Visibility*. Submitted to US Army training center human research unit, presidio of Monterey, California, under the technical supervision of the George Washington University human resources research office operating under contract with the department of the army, AD 438001 Unclassified. Alexandria, VA: Defense Documentation Center or Scientific and Technical Information Cameron Station.

[81] Panno, Samuel V., and Donald E. Luman. 2012. *Sinkhole Distribution and Associated Karst Features of Monroe County, Illinois*. Champaign: Illinois State Geological Survey.

[82] Panno, Samuel V., Donald E. Luman, and Julie C. Angel. 2009. *Sinkhole Density and Distribution of Cahokia Quadrangle, St. Clair County, Illinois*. Champaign: Illinois State Geological Survey.

[83] Pauketat, Timothy R. 1993. *Temples for Cahokia Lords: Preston Holder's 1955–1956 Excavations of Kunnemann Mound*. Memoirs of the University of Michigan Museum of Anthropology, Number 26. Ann Arbor: University of Michigan.

[84] Pauketat, Timothy R. 2004. *Ancient Cahokia and the Mississippians*. Cambridge University Press, Cambridge.

[85] Pauketat, Timothy R. 2009. *Cahokia: Ancient America's Great City on the Mississippi*. New York: Viking–Penguin Press.

[86] Pauketat, Timothy R. 2012. *An Archaeology of the Cosmos: Rethinking Agency and Religion in Ancient America*. London: Routledge.

[87] Pauketat, Timothy R. 2019. "Introducing New Materialisms, Rethinking Ancient Urbanisms." In *New Materialisms Ancient Urbanism*, edited by Susan M. Alt and Timothy R. Pauketat, 1–18. London: Routledge.

[88] Pauketat, Timothy R. 2020. "What Constituted Cahokian Urbanism?" In *Landscapes of*

Preindustrial Urbanism, edited by Georges Farhat, 85–107. Washington, DC: Dumbarton Oaks.

[89]   Pauketat, Timothy R., and Susan M. Alt. 2018. "Water and Shells in Bodies and Pots: Mississippian Rhizome, Cahokian Poiesis." In *Relational Identities and Other-than-Human Agency in Archaeology*, edited by Eleanor Harrison-Buck and Julia A. Hendon, 72–99. Boulder: University Press of Colorado.

[90]   Pauketat, Timothy R., Susan M. Alt, and Jeffery D. Kruchten. 2017. "The Emerald Acropolis: Elevating the Moon and Water in the Rise of Cahokia." *Antiquity* 91 (355): 207–222.

[91]   Pauketat, Timothy R., Lucretia S. Kelly, Gayle J. Fritz, Neal H. Lopinot, Scott Elias, and Eve Hargrave. 2002. "The Residues of Feasting and Public Ritual at Early Cahokia." *American Antiquity* 67: 257–279.

[92]   Pauketat, Timothy R., and Neal H. Lopinot. 1997. "Cahokian Population Dynamics." In *Cahokia: Domination and Ideology in the Mississippian World*, edited by Timothy R. Pauketat and Thomas E. Emerson, 103–123. Lincoln: University of Nebraska Press.

[93]   Pokorny, J., M. Lutze, D. Cao, and A. J. Zele. 2006. "The Color of Night: Surface Color Perception under Dim Illuminations." *Visual Neuroscience* 23 (3–4): 525–530.

[94]   Radin, Paul. 1990. *The Winnebago Tribe (originally published 1923)*. Lincoln: University of Nebraska Press.

[95]   Romain, William F. 2017. "Monks Mound as Axis Mundi for the Cahokian World." *Illinois Antiquity* 29: 27–52.

[96]   Salzer, Robert J., and Grace Rajnovich. 2000. *The Gottschall Rockshelter: An Archaeological Mystery*. St. Paul, Minnesota: Prairie Smoke Press.

[97]   Schilling, Timothy. 2010. "An Archaeological Model of the Construction of Monks Mound and Implications for the Development of the Cahokian Society (800–1400 A.D.)." https://openscholarship.wustl.edu/etd/313.

[98]   Searls, Damion, ed. 2009. *The Journal 1837–1861: Henry David Thoreau*. New York: New York Review Books.

[99]   Simon, Mary L. 2014. "Reevaluating the Introduction of Maize into the American Bottom and Western Illinois." *Reassessing the Timing, Rate, and Adoption Trajectories of Domesticate Use in the Midwest and Great Lakes*, edited by Marie E. Raviele and William A. Lovis, 97–134. Midwest Archaeological Conference, Inc.

[100]　Skousen, B. Jacob. 2016. "Pilgrimage and the Construction of Cahokia: A View from the Emerald Site." PhD diss., Department of Anthropology, University of Illinois, Urbana.

[101]　Slater, Philip A., Kristin M. Hedman, and Thomas E. Emerson. 2014. "Immigrants at the Mississippian Polity of Cahokia: Strontium Isotope Evidence for Population Movement." *Journal of Archaeological Science* 44 (April 1): 117–127.

[102]　Slater, Philip A., Kristin M. Hedman, and Thomas E. Emerson. 2015. "Strontium Isotope Analysis: A Tool for Assessing the Role of Immigration in the Formation of Cahokia, America's First City." *Illinois Antiquity* 30 (3): 26–28.

[103]　Smith, Harriet. 1969. "The Murdock Mound, Cahokia Site." In *Explorations into Cahokia Archaeology*, edited by Melvin L. Fowler, 49–88. Urbana: Illinois Archaeological Survey, Bulletin 7.

[104]　Thrift, Nigel. 2004. "Intensities of Feeling: Towards a Spatial Politics of Affect." *Geografiska Annaler* 86B (1): 57–78.

[105]　Tomassoni, Rosella, Guiseppe Galetta, and Eugenia Treglia. 2015. "Psychology of Light: How Light Influences the Health and Psyche." *Pyschology* 6 (10): 1216–1222.

[106]　Townsend, Richard F. 2004. *Hero, Hawk, and Open Hand: American Indian Art of the Ancient Midwest and South*. New Haven, CT: Yale University Press.

[107]　Veitch, Jennifer A., and Guy R. Newshan. 1998. "Lighting Quality and EnergyEfficiency Effects on Task Performance, Mood, Health, Satisfaction and Comfort." *Journal of the Illuminating Engineering Society* 27: 107–129.

[108]　Walker, James R. 1980. *Lakota Belief and Ritual*, edited by R. J. DeMallie and E. Jahner. Lincoln: University of Nebraska Press.

[109]　Weltfish, Gene. 1965. *The Lost Universe: Pawnee Life and Culture*. Lincoln: University of Nebraska Press.

[110]　Whitehouse, Harvey. 2004. *Modes of Religiosity: A Cognitive Theory of Religious Transmission*. Lanham, MD: Rowman and Littlefield Publishers.

[111]　Wissler, Clark, and D. C Duvall. 1908. *Mythology of the Blackfoot Indians*. New York: The Trustees. https://lccn.loc.gov/11018960.

[112]　Witthoft, John. 1949. *Green Corn Ceremonialism in the Eastern Woodlands*. University of Michigan, Museum of Anthropology, Occasional Contributions 13, Ann Arbor.

9 查科人的夜景笔记：
天文、火与赌博

罗伯特·S. 韦纳

在北美古代大型遗址中，若论与夜晚的紧密程度，恐怕没有哪个比得上查科峡谷。它是一个纪念性建筑中心，大约850—1200年兴盛于今天新墨西哥州西北部的圣胡安盆地（San Juan Basin）。查科峡谷与夜晚的不解之缘有两大来源：一是由美国公共广播公司制作，罗伯特·雷德福解说的精彩纪录片《查科峡谷之谜》（Sofaer 1999），这部纪录片让公众注意到了查科建筑排列和岩画中所表现的天文知识；二是查科文化国家历史公园（Chaco Culture National Historical Park）辽阔而明净的天空，该公园于2013年被命名为国际夜空公园，"是全美体验和纵享自然夜晚的最佳地点"（Cornucopia 2018）。每年全球大约有5.5万名游客涌入此地，对他们当中很多人来说，能有机会欣赏星辉熠熠的夜空——在光污染日益严重的今天，这是一种越来越难得的奢侈体验——与参观古建筑相比，具有同等甚至更重要的意义。今日的查科峡谷依然像千年前一样，以其广袤、明净的夜空散发着迷人魅力。

关于古代查科人如何与夜空互动，大量的考古天文学文献均有详细记载（Malville 2004; Sofaer 2007），但没有照明的那段时间，查科人有哪些文化活动，这些活动有何重要意义，这些问题却一直少有人关注（见《关于夜晚对亚利桑那州西那瓜人的馈赐》，Kamp and Whittaker 2018）。为了进一步说明查科人与夜晚之间的密切联系，我将从3个方面对查科古代夜景和照明景观进行探讨，而这正是所谓"伟大思想"（Stein and Lekson 1992）的重要构成部分，它促成了查科文化的巨大发展以及在整个四角地区[1]的影响力。首先，我回顾了"至日项目"（Solstice Project）的工作，这项工作表明月球天文学作为查科文化意识形态的核心要素，它所扮演的关键角色及其在查科建筑景观和自然景观中的体现。查科峡谷的建造，既通过建筑物的排列方式与宇宙对话，又将查科统治阶层的权威与宇宙秩序联系在一起。其次，我考察了查科文化中火的用途，首次研究了火池在查科道路沿线仪式活动中的作用，这可能与净化和献祭有关。最后，我探讨了夜间赌博的作用，赌博将玩家与不可预测的力量联系在一起，并将查科社会不同人群聚集在一起，进行贸易和社会交往。我将重点放在查科夜景上述3个领域的感官和情感层面，以论证查科文化的地区影响力和权力实际上来自黑暗和夜晚的实践与体验。这项初步调查表明，进一步研究查科与全球古代城市的夜间活动、建筑和意识形态或许大有可为。

查科峡谷的背景介绍

关于查科遗址的建筑、物质文化和社会政治组织的解读，文献颇丰，但对其历史和功能性的一些基本问题，研究者们之间却存在重大分歧。我在此无意解决这些争论，而是简要回顾一下查科遗址的几个关键问题，这些问题构成了位于美国西南部的查科文化普韦布洛二期（Pueblo II，约900—1100年）的基本特征。

查科峡谷及其所在地区最典型的建筑为巨屋，这是一种多层建筑，采用核心—层板的建筑结构，内含数百个房间以及封闭的基瓦[2]（Lekson 1984）。巨屋有固定的比例和天文朝向角度（Sofaer 2007），再加上多层构造，显示出很高的建筑设计水准。毫无疑问，巨屋就是为了供人瞻仰而修建的；其墙壁厚度、房间面积和建筑高度都超出了日常家用所需。学界对查科人的巨屋解释不一，有大型公寓（Vivian 1990）、贵族宫殿（Lekson 2018）、朝圣者临时住所（Toll 2006）、仪

---

1 指查科峡谷位于犹他、亚利桑那、新墨西哥、科罗拉多四州交界处。——译者注
2 Kiva也被译为地穴，一种圆形空间。——译者注

式性公共建筑（Sofaer 2007; Van Dyke 2007）等说法，不一而足，而我更倾向称其为神庙。

在查科峡谷规模最宏伟的建筑群普韦布洛博尼托（Pueblo Bonito）[1]的考古发掘中，研究人员发现，几乎没有一个壁炉或房间被确凿无疑地认定为家庭性质（Pepper 1920; Judd 1964; Bustard 2003）。普韦布洛博尼托巨屋内，大部分连接各房间的门都不大，容易密封，且有边框，人不易通行，故而内部空间可能被用作储藏室（Lekson 1984，25–28）。许多研究人员据此认为，巨屋里住的人并不多（Windes 1987; Bernardini 1999），很可能只有贵族阶层。关于巨屋及其功用，讨论最多的还是普韦布洛博尼托的第33号房间，从中发现了两具中年男子遗骸被埋葬于地下墓室，以及4万枚绿松石和贝壳作为随葬品（Pepper 1909）。而上面的房间在250年的时间跨度里，先后埋葬了14人，他们均有母系亲族关系（Kennett et al.2017）。

与查科峡谷北侧气势恢宏的巨屋形成鲜明对照的是，南侧分布着数十个简陋的小型居住遗址，它们被称为Bc遗址或普韦布洛村落。与巨屋不同的是，Bc遗址房间较小，家庭居住痕迹明显（McKenna and Truell 1986）。对两类遗址中的埋葬者进行骨骼分析，结果表明，巨屋里的居住者总是比小房子的居民更高大健硕（Akins 1986）。巨屋和Bc遗址之间的显著反差表明，在查科峡谷，乃至整个查科文化世界存在着鲜明的社会阶层分化（Lekson 2015）。

在查科峡谷方圆10万平方千米的区域内，巨屋和普韦布洛村落总是伴随出现，它们共同组成了查科外围定居点，圣胡安盆地大约有150个这样的定居点，最远的位于科罗拉多州的帕戈萨斯普林斯（Pagosa Springs）、犹他州的布兰丁（Blanding），向南延伸到新墨西哥州中部和亚利桑那州（Kantner and Mahoney 2000; Kantner and Kintigh 2006）。许多查科外围定居点都有与查科峡谷相同的标志性建筑：多层巨屋。巨屋通常由土墩环绕，有精心设计的道路网络，通向周围的普韦布洛村落（Stein and Lekson 1992）。

1　Pueblo Bonito是西班牙语，意为"美丽的城镇"。——译者注

9 查科人的夜景笔记：天文、火与赌博

关于查科峡谷和外围定居点之间的联系，世人知之甚少。整个地区的相似点有：巨屋、土墩、道路网络以及相同的多戈日[1]陶器风格。一些学者（如Cameron 2009; Lekson 2018）认为查科峡谷是高度一体化的文化区域，而有些学者则认为它们皆为独立的聚落，只不过是效仿查科峡谷的文化而已（Van Dyke 2003; Kantner and Kintigh 2006）。几乎没有证据表明外围定居点之间曾有过陶器交换（Kantner and Mahoney 2000的作者），并且查科文化世界的巨屋在建造技术上存在细微差别（Van Dyke 2003）。与此同时，巨屋标准化的地面规划显示了中央集权式的影响（Cameron 2008），而芭芭拉·米尔斯等人（Barbara Mills et al 2018）最近所做的人际关系分析，则对早先淡化查科世界村落间交往的研究提出了质疑。关于查科世界区域一体化的观点还有其他证据，即普韦布洛二期社会整体保持稳定，没有村落之间曾爆发冲突的证据，然而残暴行为倒时有发生（Turner and Turner 1999），不过这或许出于查科人一贯的民族习惯。

与外围村落之间缺乏交往不同，有大量证据表明，查科峡谷一些重要的文化中心出现了跨区域贸易投资的现象。峡谷内发现的许多商品来自外部世界，尤其是来自楚斯卡山坡（Chuska Slope）地区。例如，普韦布洛阿尔托（Pueblo Alto）巨屋遗址出土的实用陶器，一半以上是楚斯卡地区制作的（Toll 2006）。峡谷居民从楚斯卡山和祖尼山进口了24万根建筑木材（Guiterman et al. 2016）。普韦布洛博尼托巨屋遗址出土的大玉米棒显示出的同位素特征表明，它们生长在楚斯卡山坡地区（Benson et al.2003）。此外，几乎可以确定的是，建造巨屋所需的劳动力来自查科峡谷以外的地区。

大多数研究人员都认为，宗教和仪式在查科的复杂社会和区域影响力中——无论这种影响有多大——发挥了核心作用。一些研究者强调天文知识（Sofaer 2007）、中心位置概念（Marshall 1997; Van Dyke 2007）和使用来自中美洲的异域物品进行仪式表演（Weiner 2015）所体现出来的查科人共同的宇宙观。还有人提出了跨区域融合的特定机制，包括朝圣行为（Toll 2006; Van Dyke 2007），通过

---

[1] Dogozshi，阿纳萨齐文明的陶器类型。阿纳萨齐即对古普韦布洛人的称呼。——译者注

大宗商品和重要商品买卖进行的政治操控（Lekson 2018）以及制度化的赌博习俗（Weiner 2018）。

查科文化的影响力一直延续到12世纪中叶，彼时气候干旱和社会矛盾给查科的社会秩序造成巨大压力，与此同时，查科峡谷不再出现大规模建设活动。接下来的两个世纪里，严格的社会等级体系和影响力日渐消退，最终导致1280年前后四角地区人口大幅减少（Ortman 2012）。

查科与古代北美地区的另类城市化

将查科峡谷纳入一本关于古代城市夜晚的书中，可能会让一些读者感到困惑，因此有必要结合关于古代北美城市化的认知新思维，对查科峡谷的考古工作进行简要讨论。最近学术界强调，机械地套用特征列表去定义城市化的做法是种族中心主义偏见，忽视了古代北美地区前现代时期存在的城市形式。早期社会进化人类学的固有偏见的后果是，否认与外界接触前的北美部族具有复杂的政治形态和城市化表征，当然近来出版的一些著作开始揭露并批判这些观点（Pauketat 2007; Lekson 2018）。学界关于古代美洲城市性质研究的新思路是，承认低密度城市化在古代世界大部分地区的普遍性，以及城市建造环境带来的体验和情感。

在低密度的，基于农耕社会的城市化概念中，广泛散布的居民区代表了另一种城市类型。该概念的提出者罗兰·弗莱彻（Roland Fletcher 2011，285）这样说："当前，将城市的定义仅限于布局紧凑、边界清晰的聚居地已不合时宜。"事实上，克里斯蒂安·伊森达尔（Christian Isendahl）和迈克尔·史密斯（Michael Smith 2013，133）认为，古代世界的很多城市都是低密度的，以中美洲、南美洲、非洲和东南亚为甚，这对主要由人口阈值定义城市的主流观念构成了挑战。因此，查科峡谷人口数量虽然存在明显的分歧（围绕2500人的估算均值上下波动）（Lekson 2018，77），可能不足以将查科定为城市，但其在方圆10万平方千米区域内具有强大的影响力和众多纪念性建筑，这或许是更有价值的定义标准。

不同于人口密度阈值的标准，继城市学家阿莫斯·拉普卜特（Amos

Rapoport，1993）之后，斯蒂芬·莱克森（Stephen Lekson 2015，2018）也提出，查科的区域性政治影响力是其被定义为城市的关键因素。拉普卜特（1993）将查科列为世界上最主要城市之一，其主要评判标准便是地区影响力，而地区影响力则通过古人的仪式活动和意识形态灵感得以实现。如上所述，虽然有人对查科峡谷向外围地区施加强大且中央集权式的政治影响这一观点提出过质疑（Van Dyke 2003; Kantner and Kintigh 2006），但对查科的信仰体系遍及整个圣胡安盆地，多数人并无异议。借助于拉普卜特（1993）关于世界重要城市的概念，露丝·范戴克（Ruth Van Dyke 2007）进一步探讨了查科首领们如何从过去汲取意识形态的灵感。

查科的纪念性建筑环境及其对感官的冲击也能表明查科的城市性。苏珊·M. 阿尔特和蒂莫西·波克塔特（Timothy Pauketat）（2019；另见第8章）认为，在德勒兹的集群理论（Deleuzian assemblage theory）框架内提出了当代城市概念，认为城市化这一现象是人类和非人类存在（物体、地貌、天体等）在相互关联的关系网中凝聚和分散的过程，这些关系网催生出情感和体验，从而产生文化变革。据此观点，查科或其他地方并不存在固有的"城市性"，它们都是关系网，这张网有时会变得越来越密，最终聚合成一个整体，于是便被视为城市。范戴克利用这种聚合体理论框架，将查科描述为"一种形式化、高度结构化的景观——一种可被称为城市的高密度聚落"，包括纪念性建筑、水体和降雨、道路、地貌、玉米、天体运动、来自中美洲的异域商品、对先人的缅怀文化等等。同样，拉普卜特（1993）认为宏伟的建筑是重要城市的关键构成部分。当然，查科市中心是经过精心设计的形式化的景观，其建造目的就是让人惊叹，并心生敬畏。这里有气派的巨屋、宽阔的大道、平台式土墩和坡道，夸张的风貌一定会让人目眩神迷（Stein et al.2007）。

以上简要交代了不同理论范式将查科视为城市的最新进展，凸显了对古代北美城市进行重新思考的必要性。集中在查科峡谷内的巨屋、道路、地貌和其他实体的宏伟壮观，及其强大的体验影响力是构成城市的重要元素，但查科峡谷辐射到10万平方千米区域内的影响力，以及与峡谷有关的各种物质、地貌、建筑、记忆、情感和人，对于将其定义为城市同样重要。因此，我对查科夜景的探索远远地超出峡谷的范围，将巨屋、道路、地貌以及空中日月的运行统统纳入进来。

查科人的夜空天文学

纪念夜空上的天体周期，并与之进行互动，似乎是查科类似于集权式信仰体系的重要方面。查科最大的14座巨屋中，有12座与春分／秋分、夏至／冬至或月球停变期方位对应（图9-1；Sofaer 2007）。此外，从建筑布局来看，峡谷内外是相互关联的统一规划，各个巨屋在重要的天文方位角上，位置彼此呼应（图9-2；Sofaer 2007）。这样的对应关系表明，查科峡谷巨屋之间存在着一定程度的融合，而不是公开的竞争关系，整个查科峡谷就是天空的再现和化身，用波克塔特（Pauketat 2014，438）的话说就是："人们身处这些石砌建筑的中间或周围，就仿佛置身于一个井然有序、整齐划一的宇宙，被宗教的神秘性所笼罩，从而在肉体和情感上与宇宙至高无上的力量联系在一起。"查科的建筑并非精确地再现夜空全貌，而是为了纪念太阳和月亮升起和下落的位置，即由日而夜，再由夜而日的转换瞬间。

杰伊·威廉斯（Jay Williams）及其同事（2006）基于对纳瓦霍医生（Diné hataałii）的访谈，探讨了关于查科峡谷大基瓦卡萨林科纳达（Casa Rinconada；纳瓦霍语为Kin Tł'oo'di Yaanaalkid，意思是"随时间不断变化的野外建筑"）的地面布局与星座有关的概念。他们描述了纳瓦霍人的*iikááh*原则—神灵映射原则，即通过岩画、建筑、天文学等形式将信仰观念表现出来（Williams et al.2006，103）。在这一概念中，卡萨林科纳达的拱顶、柱洞和火池代表了北斗七星、仙后座和北极星等星座中的男性和女性神灵。因此，学者们认为查科的许多建筑都体现出这种神灵映射，"岩画和天文学紧密交织，激活一个就会触发另一个"（Williams et al.2006，112–113），因此，查科建筑带给人一种感觉，仿佛自己生活在夜晚星辉斑斓的天穹中。

在查科人与夜空的关系中，月亮和月光或许扮演着重要角色。在位于法哈拉

9 查科人的夜景笔记：天文、火与赌博

图9-1 2015年1月4日，切特罗凯特尔（Chetro Ketl）。小幅停滞年的仲冬，一轮满月升起。照片来源：Corrina Leatherwood

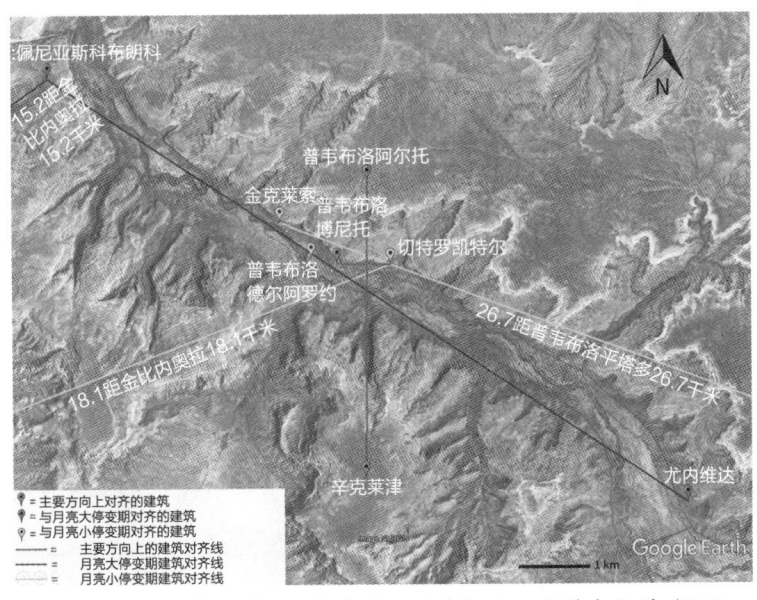

图9-2 查科峡谷中心建筑群的天文布局。注意佩尼亚斯科布朗科（Peñasco Blanco）和尤内维达（Una Vida）之间的这条直线强调了峡谷的地形轨迹。地图来源：Robert S. Weiner

223

古文明之夜

山丘（Fajada Butte）顶部的太阳匕首（The Sun Dagger）遗址，月光透过3块砂岩石板，在巨大的螺旋图案岩画上投射出光影标记，标示出冬至/夏至、春分/秋分和月球停变期（Sofaer et al.1979; Sofaer et al.1982；图9-3）。太阳匕首遗址让查科人了解到复杂的月球停变期，即月球在18.6年一周期的运行过程中的极点或终点，并追踪小停变期和大停变期之间的相对位置。任何一年中升起的仲冬满月都会在螺旋图案上投下阴影，阴影的位置就能揭示出当天在运行周期中所处的位置。更引人注目的是，位于科罗拉多州帕戈萨斯普林斯附近，距离查科峡谷135千米的奇姆尼罗克（Chimney Rock）巨屋建于陡峭的悬崖上，从这里可以看到两根岩柱，每18.6年，它们就能定位一次月球大停变期（Malville 2004）。建造巨屋的树木年轮显示，砍伐日期与月球停变期年份一致（Lekson 2015，196）。

查科人或许认为，峡谷与奇姆尼罗克相似，本身的自然地貌非常巧合地与月

（+90°）
春分/秋分或太阳/月球运行周期中点

（+60.3°）
夏至

（-60.3°）
冬至

正午太阳标记

0°
春分/秋分或太阳/月球运行周期中点

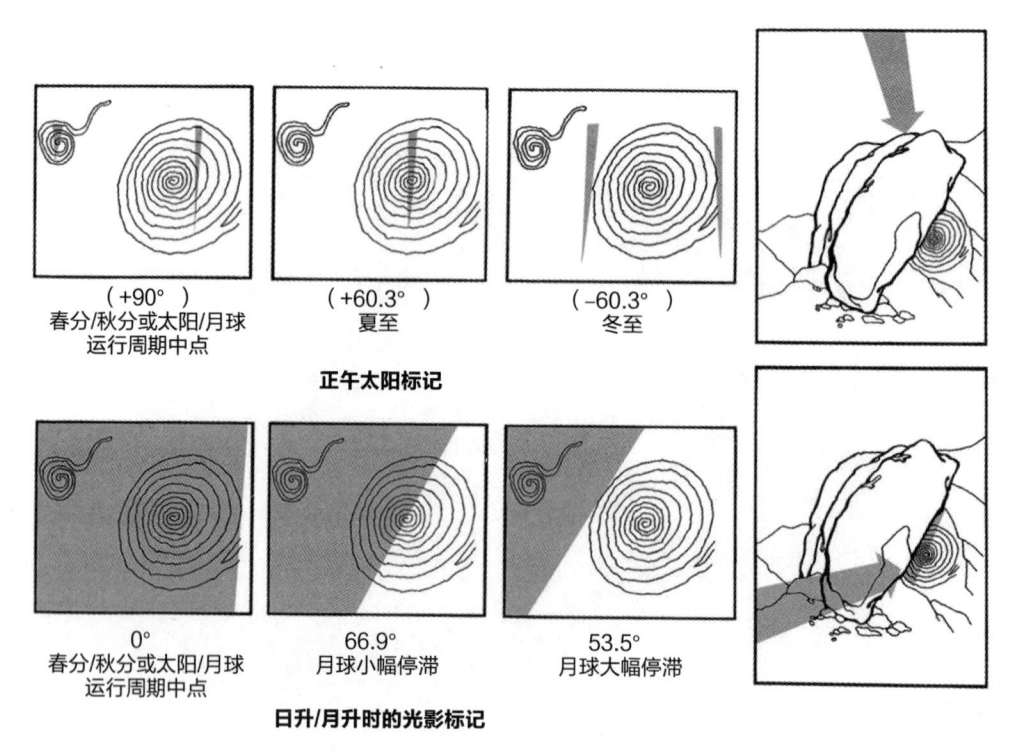

66.9°
月球小幅停滞

53.5°
月球大幅停滞

日升/月升时的光影标记

图9-3　法哈拉山丘太阳匕首遗址的太阳和月亮标记示意图。绘图来源：至日项目组

球大停变期（major lunar standstill）形成了对标（Sofaer et al.2017）。似乎基于这种认识，查科人便留下了这样的建筑标记：查科峡谷南侧高高的方山上，神庙呈一线排列，佩尼亚斯科布朗科和尤内维达皆与月球大停变期对应，二者也在一条线上（图9-2）。因此，查科峡谷本身的地貌可能蕴含着宗教意义，在这个地方，大地映现着夜空的景象，而且还可能与之交互。

查科人为何如此热衷于遵循复杂的18.6年月球停变周期？许多研究人员指出，这对他们钻研月球静止周期（即停变期）的知识"无任何实际用处"。长久以来，尤其是近几十年来，考古学家和人类学家开始承认并重视宗教——或者更恰当地称之为查科人的非人类世界观——的中心地位，将其视为跨越时空的文化史中的一个关键要素，尤其是在前现代时期（如第8章；Pauketat 2013）。作为生命体的月亮，与现代天文学研究的那个没有生命的天体，其实相去甚远。当然，在许多社会中，天文学知识与权力密切相关。例如，墨西卡人和印加人的首领试图通过建造天文景观将他们的权力与宇宙秩序联系起来（Broda 2015），玛雅国王则根据月相周期来安排他们的登基日期（见第6章）。那些了解并看似能控制天体的人，充当着地上生命体与天上的主体之间的中间人，天体给地球带来光明，赋予植物生命，为年历定时，并在地平线和整片天穹中来回游走。

月亮通常与生育、女性和水联系在一起，这是一个奇特而迷人的天体。与只能在白天与人类见面的太阳不同，月亮在白天和黑夜之间翩翩起舞，同时在长约28天的月份单位里，由尖尖的月牙儿变为一张健康、明亮、圆圆的脸。由于宇宙的巧合，地球上的人抬头仰望，会看到同样大小的太阳和满月挂在空中。这一现象很适合被查科人用来构建太阳／月亮、白天／黑夜之间的二元对立和平衡这一意识形态。此外，月亮还为查科人驱走了夜间的黑暗，照亮了冬季漫长而寒冷的夜晚。夏季，月亮的光辉可能方便人们在夜间进出峡谷，以避开沙漠烈日的炙烤。峡谷中没有那么多木头可供燃烧，月亮作为夜间光源可能更受古代查科人的重视。

最后，查科文化非常重视并纪念北方。查科人借助光影罗盘，可以最大限度地确定正北的方向，这种技术很可能被用于建筑和道路校准，特别是考虑到900—

古文明之夜

1200年北极星与正北方向有5度偏差（Lekson 2015，72）。尽管如此，北方在夜间仍具有重要意义——北方乃天空的轴心，众星座围绕此轴杂乱而肆意地旋转，普韦布洛人传统上称其为"天空之心"（Lekson 2015，72）。在普韦布洛人和其他原住民传统文化观念中，人类的起源地可能就在北方（Sofaer et al.1989）。威廉斯等人（Williams et al 2006）认为，北极星虽然在查科文化时期偏离了正北方向，但查科人相信它与神谕有关，因此格外看重它，并将之融入建筑之中。

对称排列是查科人建筑和定居点设计的一大特征。许多巨屋都是对称排列的，例如最著名的普韦布洛博尼托的70米长墙，查科市中心的四座巨屋呈十字形对称排列（Fritz 1978; Sofaer 2007）。普韦布洛博尼托的中墙能反映出白天和黑夜的天象。每天正午，也就是太阳经过天空的中点，中墙上不会投下阴影；而到了晚上，中墙就会指向"天空之心"，即星空的轴心点。

大北路（Great North Road）是查科最壮观的纪念性大道之一，从峡谷向北延伸至少50千米，大部分路段的精确度达到了0.25度，而且常见平行路线（Sofaer et al. 1989）。这条路从北部分叉，与库茨峡谷（Kutz Canyon）壮观的荒地衔接，库茨峡谷在查科文化中可能代表着冥府（因此也代表着黑暗之地）（Sofaer et al.1989）。然后，大北路可能继续将查科峡谷与萨蒙（Salmon）和阿兹特克（Aztec）的巨屋联系在一起；根据这种观点，北方也建立起了古代西南部族群的政治意识形态（Lekson 2015）。因此，在查科人的宇宙观中，北方作为夜空中星座运转的固定轴，是人类文化体验最丰富的一个重要元素。

在古代查科人的世界里，体验和感受天象显圣的权利基于社会阶层高低（而不同）。例如，只有极少数人可以在太阳匕首遗址，一睹月影标记之盛况（特瓦［Tewa］人类学家阿方索·奥尔蒂斯［Alfonso Ortiz］指出，安娜·索费尔［Anna Sofaer 1983］引述），而能够在巨屋广场或沿着后墙观看太阳和月亮升落时与巨屋对齐成线的景象的，也不过寥寥数十人。在南方月球大停变期的仲冬时节，聚集在佩尼亚斯科布朗科的人们会看到满月升起时与查科峡谷的地形轨迹一致，令人心灵震撼（Sofaer 2007，245）。查科人看到重要的自然时刻与建筑交汇的场面，宇宙运动使其更加信服查科是宇宙中心（或者说世界轴心）之所在（Van

Dyke 2007）。

　　查科文化的谢幕标志着普韦布洛和纳瓦霍后人不再像当初那样，用建筑肆意地表现月球停变期这一天象。莱克森（Lekson 2009，294n136）提出，查科东南朝向（即月亮位置[1]）的巨屋与呈直线排列的巨屋之间爆发了意识形态上的斗争，最终后者在1100年左右获得了胜利。建筑排列方式的变化"可能代表着铭刻进象征性景观内的政治争论"（Lekson 2009，294n136），抑或数个世纪以来查科人的宇宙信仰不断发生变化。因此，这也可能表明夜晚在查科宗教中的重要性在不断变化。查科人通过大型建筑的排列方式来维系信仰体系，又通过变换排列方式来抵制信仰体系。同样，基于18.6年月球停变周期的建筑对齐方式或许属于查科精英群体对所谓"知识"的滥用（interviews in Sofaer 1999），后来随着查科文化逐渐衰落，同时在查科后裔族群反对个体权力的公然表现，转而寻求更为公共化的社会组织架构的过程中，这种建筑方式最终被抛弃。

查科路边的火池及其仪式活动

　　火是查科夜景的另一个重要元素。在峡谷和查科文化辐射的更大范围内，经常见到被火烧成红色的砂岩块垒成的矩形池子。虽名曰火池，但学界也常将之作为信号站加以讨论，尤其是最近范戴克及其同事（2016）的著作。有些火池所处地势较高，如查科峡谷最高的巨屋普韦布洛阿尔托的火池，以及偏远山丘顶部巨屋的火池，包括奇姆尼罗克、瓜达卢佩（Guadalupe）、比斯萨阿尼（Bis Sa'ani）和皮埃尔建筑群的埃尔法罗（El Faro）等。古代查科人到了夜晚，将池中柴堆点燃，火光便在开阔的科罗拉多高原上星罗棋布地亮起来。查科项目组和一位来自法明顿的有志高中生进行了黑夜火光实验，结果表明，圣胡安盆地长达200千米、广袤无垠的灌木地带，是有可能产生整体视觉效果的（Lekson 2018，265n7）。说具体一点，如果查科峡谷北方山上的普韦布洛阿尔托燃起火堆，站在远在40千

---

[1] 莱克森倾向于认为这种排列方式与夏至或冬至有关，对此我们（本章作者）持保留意见。

古文明之夜

米开外的韦尔法诺峰顶上也可清晰地看见；而当韦尔法诺峰顶上燃起火堆，位于其北100千米处的奇姆尼罗克也可以看到；于是，查科峡谷与东北端的外围地区从视觉上可以连为一体。

查科峡谷最著名的火池景观之一位于皮埃尔建筑群的埃尔法罗。埃尔法罗地处查科外围的大北路沿线，由荒地山丘及其顶端的各种仪式建筑构成（Stein，1983）。埃尔法罗在整个皮埃尔建筑群中也最引人注目，它其实是一座小型巨屋，坐落在一个陡峭的锥形山丘底部，与山坡上修建的砖石台地／房间相连（图9-4）。与本文主题最为相关的是，"在高耸的丘顶上有一个炉台，里面曾大火熊熊，且四面八方视野绝佳。毫不奇怪的是，丘顶和频繁使用的炉台标志着大北路的中心点（Stein 1983，8-1）。从四周平坦的灌木地可以看到丘顶炉台燃起的火

图9-4 站在皮埃尔建筑群遗址的顶端，远眺埃尔法罗火池。皮埃尔遗址属于查科外围区域，位于大北路沿线。图片来源：Robert S.Weiner

光，那些大北路的行人——或许是参加游行、朝圣或其他仪式活动——在山丘走上走下，眺望远处时隐时现的火光，此行的意义便不言而喻。

然而，我对查科火池大多承担信号传递功能一说持怀疑态度。许多火池并不在高处，而且就信息传递的有效性而言，远距离燃火，抑或派人通风报信，孰优孰劣，尚难说清。事实上，这些所谓的信号站几乎都找不到燃火证据（Kincaid et al.1983，9.4），所以最应被解释为圣坛（Sofaer et al.2017）。范戴克等人（2016）认为，圣胡安盆地常见的可反光矿物质透石膏，可能才是发出信号的工具，而不是用火，但这种技术仅限于有太阳且光线适当时。此外，火或透石膏这样的信号系统能传递的语义内容非常有限，而且我怀疑其传递信息的效果远不如信差的脚力。我并非完全否定查科火池的传信功能，但我此处主要讨论它的非传信用途。

许多火池都与查科人的道路存在关联，因此它很可能在沿路进行的仪式活动中发挥着作用。结合我自己在查科道路沿线进行的实地考察，我认同索费尔等人（Sofaer et al.1989，372）的观点，即"坡道上的火、火烧留下的断壁残垣、高地势的火池，以及火坑等诸多证据，值得深入研究，以判定其是否与仪式有关"。火池通常出现在道路与巨屋或其他纪念性建筑的结合处，例如在普韦布洛阿尔托、普韦布洛博尼托、山坡废墟遗址（Hillside Ruin）、皮埃尔遗址、凯奥特峡谷（Coyote Canyon）、霍克伊城遗址（Kin Hocho'i）、大尾巴遗址（Ats'ee Nitsaa）、劳里（Lowry）和水库遗址（Reservoir Ruin）等，此处所列并不详尽。在雅阿城（Kin Ya'a）与其位于达顿高原（Dutton Plateau）底部的终点之间的南路最高点，有一块被火烧红的巨石，直径2米，高20厘米（Nials et al.1987，35）。南路沿线的其他地点也有被烧毁的地貌，例如Ki-me-ni-oli河床沿线的一段（Nials et al.1987，42–43）。虽然不是火池，但Ah-Shi-Sle-Pah路落入河床的斜坡上有大量被火烧红的砂岩，以及肉眼可见的剧烈燃烧的痕迹（Stein 1983，8-9）。北路两座形似神庙的小型建筑，哈夫韦屋（Halfway House）和本特哈卡拉（Burnt

古文明之夜

Jacal），均被烧毁[1]（Stein and Levine 1983，C-11，C-53），这进一步说明查科人有可能在道路沿线举行与火有关的仪式，这些仪式可能发生在夜间，因为此时火的视觉冲击力最强。

位于山坡废墟遗址外侧的6座火池是火池与道路息息相关的一个典型案例。山坡废墟遗址是普韦布洛博尼托东北的一座规模宏伟的夯土平台，四周被石砌土墙环绕（Judd 1964，148; Stein et al.2007，212-213；图9-5）。山坡废墟遗址是查科市中心最庞大的建筑之一，多条道路在此交会，人们可由此通过台阶和斜坡登上平台。6座火池面向遗址，每座面积约1平方米，"里面装满烧红的沙子，其中夹杂着木炭微粒，但没有清晰可辨的木灰；没有融结的砂浆，也没有陶器或骨头碎屑"（Judd 1964，148）。这些火池建造在如此重要的位置，可确保人们在靠近大平台时感受到现场浓烈的气氛：刺柏燃烧发出的咝咝、噼啪和爆裂声，扑面而来的热浪，木质烟雾呛鼻的气味；明亮的橘红色火光和倏忽闪烁的火舌。

太阳匕首遗址所在地法哈拉山丘是一座高大的砂岩孤丘，高出查科峡谷谷底足足135米，其长达210米的坡道底端和顶端均建有火池（Ford 1993；图9-6）。从法哈拉缺口（Fajada Gap）一个孤立大基瓦出发，有一段路通向一堆"烧焦的碎石和被火烧红的直立石板"。这段路在此与坡道连接（Ford 1993，478）。坡道从山丘底部的火池开始，沿着一条文化气息浓厚的山脊，攀上15米高的悬崖，然后继续沿着砌有高大砖石墙的坡道前进。坡道中段通向一些依托砂岩崖壁建造的小型砖石房（Ford 1993，479）。沿着直线坡道继续向上，穿越上方崖壁的自然空隙，最后穿过上端崖壁的缺口，便到达了高耸入云的法哈拉山顶。在此处，"与三段坡道对齐成线的是一个一米见方，火烧过的，石板垒就的方池"（Ford 1993，479），庆祝人们到达上层世界，在这里可以俯瞰昏暗而广阔的沙漠大地，仰望头顶深邃而漆黑的苍穹。

---

1 很多巨屋和大基瓦被查科人用火烧毁，可能源于一种弃用仪式（Windes 2003，30）。

9 查科人的夜景笔记：天文、火与赌博

图9-5 （a）山坡废墟遗址外发掘出土的火池。图片来源：Judd，1964，pl.X（经史密森研究所人类学部许可使用）；（b）山坡遗址的三维重建图，显示其宏伟壮观、道路关系和火池。照片来源：Richard Friedman

图9-6 法哈拉山丘以及向上的坡道（箭头所示）。坡道底部和顶部均有火池。图片来源：Robert S. Weiner

火是世界各地仪式活动和神话故事中的核心元素，通常作为净化、祭献、更新或转化的媒介。西南部原住民后裔的文化传统，为我们思考火在查科人生活和仪式中所扮演的角色提供了启示，但这并不意味着查科人与民族志中所记载的西

古文明之夜

南部族群习俗之间存在一成不变的连续性。

在关于迪内人（Diné，纳瓦霍人的别称）和普韦布洛人仪式习俗的民族志描述中，火是核心元素。在今天，火社（The Fire Society）是阿科马普韦布洛（Acoma Pueblo）最有影响力的医药学会之一，祖尼普韦布洛（Zuni Pueblo）也有大燃木协会和小燃木协会（Big and Little Firebrand Societies）（Parsons［1939］1996，133）。在与玉米氏族（the Corn Clan）有关的阿科马仪式中，医务人员在村落周围的圣山和台地上点燃火堆，也要在通往这些山的道路沿途点燃6堆火（White 1942，94–96）。祖尼人前往祖尼天堂[1]朝圣，其中一位参与者会化身为火神，在沿途点燃火堆（Sofaer et al. 1989，374）。人们认为，在某些情况下火可以将物质转化到灵界。比如，祖尼人流传着这样一个故事："任何东西只要扔进火中烧，就会被鬼魂吃到（Bunzel 1933，218-219）"。祖尼人和克雷桑人（Keresan）加入医药协会时，可能会进行火仪式，如吞火或在热炭上行走（Parsons［1939］1996，441）。最后一点，普韦布洛的很多部族，包括霍皮人（Hopi, Fewkes 1900）和祖尼人（Bunzel 1932，536–537），都会举行新火仪式，点燃新火代表新一年的开始（见第10章）。

纳瓦霍人认为，火（ko'）是"毁灭的象征……据说它能烧死邪恶"，并且"以各种各样的形式出现在几乎所有仪式中（Reichard 1977，554）"。在纳瓦霍人的信仰中，黑神（Black God，纳瓦霍语为Haashch'ééshzhiní）是火的创造者，被视为火之神灵（Reichard 1977，399），同时他也是黑夜和星座的神灵，昴宿星座被描画在某些版本的黑神面具上（Griffin-Pierce 1992，158）。黑神的主要象征之一是火钻，它是纳瓦霍人医药包里的重要物件（Reichard 1977，401）。火是纳瓦霍人众多仪式中的重要元素，尤其是为祛除身体中的邪恶而进行的出汗催吐仪式。参加者像往常一样，按照太阳运行的方向进入hooghan（纳瓦霍人传统的圆形住宅），绕着中央的火堆转圈，在东南西北四大主要方位停下来，唱响

---

1 祖尼河是祖尼人的圣河。每隔4年，人们都会沿着"赤脚小径"到位于祖尼河和小科罗拉多河交汇处的Kolhu/wala:wa湖进行宗教朝圣，Kolhu/wala:wa湖也被称为祖尼天堂。——译者注

9 查科人的夜景笔记：天文、火与赌博

颂歌（Reichard 1977，724–725）。这一仪式还包括跳火环节（Reichard 1977，555–556）。另一种以火为主要元素的习俗是在山路活动（Mountainway）的第9日（也是最后一日）晚上举行的火舞（或称为树枝环舞或围栏舞），人们手持小火把，围着大火堆奔跑，同时将火把往他人或自己身上击打、摩擦，最后竟能奇迹般地毫发无伤（Matthews 1887，441–443; Reichard 1977，547）。

对普韦布洛博尼托的考古发掘为研究古代查科人制火和用火情况提供了物证。尼尔·贾德（Neil Judd 1954，153）展示了棉白杨和柳木"钻火炉"，里面有10个插孔，钻头

图9-7 普韦布洛博尼托发掘出的雪松火炬。照片来源：Judd，1954，pl. 79（经史密森研究所人类学部许可使用）。

放入其中，旋转产生摩擦。考古人员在普韦布洛博尼托遗址226号房间中发现了13束雪松皮，来自祖尼普韦布洛村落的人"一眼便认出……这是火把，其功用是在仪式活动中将火从一个房间引到另一个房间（图9-7; Judd 1954，276，pl.79）"。普韦布洛博尼托32号房间的一个墓葬出土了可两端燃烧的火炬棒（Pepper 1920，138）。贾德在"家用工具"和"宗教用品"这两个部分对炉钻和火把分别进行了论述，但这种将二者割裂开来的做法已站不住脚。

本节主要目的是在火池、查科道路以及火在美国西南部原住民仪式活动中的重要作用之间，初步建立起联系。为了撰写本文，我正对查科道路沿途进行的与火有关的活动进行全景式考察。查科人修建的火池究竟有何用途，尽管仍有待进行关键的地层学分析，但是我们完全可以想象得出，火池的用途会是多样的。而且，从火池的空间布局来看，它至少有两大用途：建在高处的火池可以在相距甚

233

远的查科各地之间传递简单信息，也可以为查科道路上的旅行者指引方向（无论是物理上，抑或精神上；参见第3章关于古代美索不达米亚烽火台的相关内容）。位于重要道路与巨屋、平台或特殊地形连接处的火池，可能是供奉祭品的容器，也可能是净化之地，或者作为概念上与外界区分的边界标，标志着此处为道路的终点（巨屋、山丘或平台）。

查科峡谷的赌博游戏

赌博具有社会和情感功能，且通常在夜间进行，北美原住民与外来文化接触之前和之后都热衷于此（Culin［1907］1975; Voorhies 2017; Weiner 2018）。在纳瓦霍人和普韦布洛人的口述民俗中，赌博游戏在查科文化的地位很高，我结合骰子和赌棒等赌具的考古证据，对这些传统民俗进行了研究，认为赌博游戏在查科是非常重要的活动（Weiner 2018）。在与外界接触前的北美原住民聚居区以及世界大部分地区，赌博并非如当代西方世界那样，是供人消遣的娱乐活动（Voorhies 2017）。赌博承担着诸多功能，如打破不同族群间交流和贸易的壁垒（Janetski 2017）、占卜天气（Culin［1907］1975，374）、祈求降雨（Stevenson 1903，480）、提供社会竞争和协商的环境（Geertz 1973）等。赌博的级别有高低之分，从友人间自娱自乐的小赌，到国家赞助的冒险竞赛，不一而足。以上种种特征，查科峡谷古老的赌博游戏很可能都具备。普韦布洛博尼托遗址四处可见的骨骰（图9-8）很可能代表了家庭层面的低赌注玩法或占卜，而存放在部分最古老建筑中（此处还存放着其他具有宇宙色彩的物品，如金刚鹦鹉以及冲泡／饮用可可粉的器皿）的踢棒、手玩棋子和闪光棒则很可能是为定期的高赌注比赛而准备的（Weiner 2018，41–42，table 1）。

关于北美（尤其是西南部）地区原住民所进行的赌博游戏，民族志里讲得很清楚：有些赌博游戏，尤其是手活游戏，被安排在夜间进行（Culin［1907］1975，195，346，361–362）。在手活游戏中，玩家将某物（小石头或木棒）藏于双手之间、鞋中或者杯子下面，并不断变换位置，然后由对手猜藏在何处。圣

9 查科人的夜景笔记：天文、火与赌博

克拉拉普韦布洛人（Santa Clara Pueblo）在冬夜进行藏球游戏（手活游戏的一种），而霍皮人玩这项游戏是在夜晚的沃尔皮（Walpi）村落的基瓦中，从1月12日一直持续到2月3日，几乎不间断。纳瓦霍人的鞋子游戏也属于手活游戏的一种，"只在夜里进行……游戏时被太阳照到的人会被打瞎（Matthews 1889a，2）"。这一禁忌源于一则神话：为维护各自的生存环境，夜行动物和昼行动物进行比赛，由胜出者决定是永不日出还是永不日落——当然，最后双方未分胜负，因此白天和黑夜便交替出现（Matthews 1889a，4—6；Mose Jr. et al.2004）。此外，陶斯人[1]会在11月3日这一天通宵达旦地玩一种骰子游戏，玩家绕着一圈石头标记移动骰子，有学者认为这与亡灵节（Day of the Dead celebration）有关（Culin［1907］1975，195）。

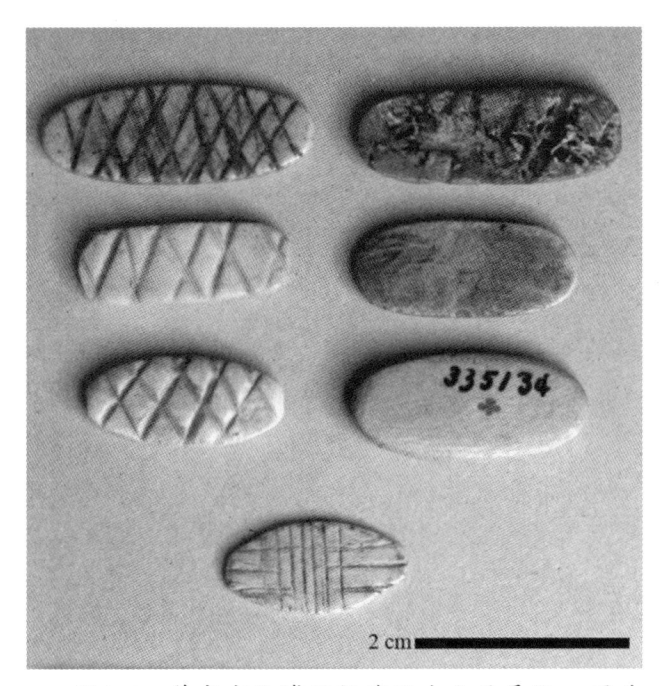

图9-8 普韦布洛博尼托遗址出土的骨骰。图片来源：经史密森研究所人类学部许可使用（编号：A335126、A335132、A335134）。

祖尼人的玩法体现出赌博与黑暗的关联。他们在"普韦布洛一间颇有年头的房内"玩 *Sholiwe*（一种用于占卜的骰子游戏），"房顶带一扇透石膏小窗，屋里光线昏暗"（Stevenson 1903，486），尤其是"沙暴肆虐期间或夜间"（Cushing 1896，369）。现代赌场也会刻意设计令灯光昏暗，目的是让玩家沉溺其中，全然

---

1 Taos，指居住在美国新墨西哥州圣菲市东北部的普韦布洛原住民。——译者注

235

忘掉时间（Schüll 2012）。大基瓦空间内灯光昏暗，声音回荡，再加之歌声、呐喊声不绝于耳，让人产生强烈的赌博冲动。同样，巨屋的房间大多深掩在四周高高的阁楼内，光线相当晦暗，这是有利的赌博条件。

美国原住民的赌博现场，无论过去，抑或现在，都堪称一场听觉盛宴。吟诵、击鼓和歌唱经常伴随着骰子游戏，尤其是各种形式的手活游戏响起（Culin［1907］1975，227–382）。在手活游戏中，一方会高喊、唱歌、尖叫、跳舞，以及使用其他意想不到的动作来分散对方猜者的注意力（Culin［1907］1975，380）。在许多北美部落中，赌歌被认为能带来好运和胜利（Culin［1907］1975，306，325，347，350，362; Matthews 1889a）。查科峡谷很多建筑具有极佳的声学特性，赌博比赛过程中此起彼伏的喧闹声，会因此被放大、失真或增强，大基瓦及普韦布洛博尼托和切特罗凯特尔[1]之间的圆形剧场（Loose, 2002）便是其中代表。夜间赌博时，需要有火光照明，烟雾在节奏分明的合唱、沉稳的鼓声和游戏者为分散对手注意力而突然发出的叫喊声中，袅袅飘荡。

在美国西南部原住民社会中，某些在夜间进行的赌博游戏与季节和性别等更大的范畴有关。例如，在奥凯奥因格普韦布洛（Ohkay Owingeh），游戏分"冷"（弹珠、陀螺和抛接子）、"热"（简易曲棍球）两类。到了春季，与冬天有关的游戏"会戏剧性地突然消失，倘若有人被发现还在继续玩，可能会遭受Towa é（战争酋长）的鞭打"（Ortiz 1969，114），这凸显出赌博游戏对自然世界的强大影响力。同样，男性会被鼓励，在太阳从冬季的南方归来时开始玩"简易曲棍球"游戏，以此为太阳注入活力。沃伦·德波尔（Warren DeBoer, 2001）在回顾了美国原住民群落的赌博传统后指出，掷骰子游戏主要由女性玩，而猜谜游戏则主要由男性玩。

另外，赌博是一种充满感情色彩的活动。根据北美洲的民族志记载，有的赌注很小，有的则大到关联来年的降雨问题，甚至输者会被卖身为奴（Cameron and Johansson 2017）。沦落为胜利者的奴隶，或拼尽全力去挑战看起来战无不胜的高

---

[1] 查科峡谷第二大巨屋。——译者注

手,那种绝望的心情是可以想象的,并且纳瓦霍人的口头传说中就有不可战胜的赌王(summarized in Weiner 2018)。有些人可以在赌博中习得高超的技巧,例如,据查尔斯·拉米斯(Charles Lummis 1930,185–186)在伊斯莱塔普韦布洛(Isleta Pueblo)的观察,"一个高超的pa-tol(条状骰子)玩家可以通过精心安排骰子在手中的排列组合,以及投掷的手法和力度,掷出他想要的数字,几乎不会失手"。还有的人"运气"好到匪夷所思,因而声名狼藉。在查科人的夜生活中,遇到这样的对手可能会是一件令人沮丧甚至恐惧的事情。

最后,赌博会使人高度上瘾,导致"(大脑)奖赏系统的敏感度降低",从而使上瘾者从胜利中得到的快感减少,于是便赌得越来越大(Reuter et al. 2005,147)。上瘾、冲动和无法自拔的投注刺激或许是查科人夜间赌博活动残酷而无法避免的现实。事实上,纳瓦霍人和普韦布洛人的口头叙事表明,对赌博的沉溺和毫无节制是导致查科峡谷终遭弃用和人口萎缩的主要原因(Matthews 1889b; Stirling 1942)。

结论

月亮无时不在变化。夜晚的查科峡谷沐浴在淡淡的月色下,映照在宣告道路到达尽头的火光中,沉浸在歌声、说话声交织的赌博游戏里,一派热闹景象,同时又意义非凡。我试图重点关注查科夜晚天文学、火和赌博这三个突出领域,通过这些,查科人的"伟大思想"(Stein and Lekson 1992)通过建筑、社会活动及相关的感官影响得以体验、协调和再现。建筑物与天体对齐,使查科成为上天秩序在人间的体现,很可能将领袖与宇宙的规律联系在一起。继查科文化衰落之后,我们在建筑中看不到月亮元素清晰且公开的体现,这表明在普韦布洛三期和四期时期(即1280年之后),基于夜晚的宇宙观可能在古代西南世界的重组中被摒弃了。查科有些火池可能被用于在夜间远距离传递简单信息。但大多数火池都位于查科人道路与建筑物衔接的地方,似乎与夜间仪式活动以及相关的净化和祭献活动有关。最后,查科人的夜间赌博有多种形式,有漫长冬夜友人之间的消遣,有宗教般狂热的预示未知的比赛，亦有促进贸易甚至奴隶制的制度化社会手段。虽然查科人的夜间景象还有很多元素尚未探索，但本文的调查强调了深入思考世界各地古代遗址中建筑、习俗和宗教之间的关联，以及夜间体验的重要性。

最后，我以著名的拉古纳普韦布洛（Laguna Pueblo）诗人莱斯利·马蒙·西尔科（Leslie Marmon Silko 2010）的一段文字来结束此文，它让读者感受到了美国西南部广袤的沙漠地带——查科文化兴起和衰落之地——那美妙而神奇的夜晚：

> 夜。天堂般美妙的沙漠之夜，呼唤着我们所有人去爱她。夜以凉爽和神秘，给我们带来慰藉。落于翅膀、触到双脚、抚上肚皮，我们都将在黑夜中绽放光彩。（88）

致谢

我要感谢南希·贡琳和梅根·E. 斯特朗给了我这个极好的机会，在美国考古学协会关于古代城市夜晚研讨会上分享论文，对入夜后查科人的生活进行探讨。我也感谢史蒂夫·莱克森（Steve Lekson）转达了他们最初的邀请。本文天文学部分主要来自与安娜·索费尔的谈话，她孜孜不倦地给我讲月亮和天文学在查科的重要性。瑞奇·弗里德曼（Rich Friedman）和约翰·斯坦恩（John Stein）一如既往、慷慨不吝地提供查科火池和道路相关知识，是故第二部分很大程度上要归功于他们。凯西·卡梅伦（Cathy Cameron）、史蒂夫·莱克森、司各特·奥特曼（Scott Ortman）、鲍勃·普雷切尔（Bob Preucel）、蒂姆·波克塔特和约翰·彻丽（John Cherry）也为整个研究提供了重要的支持、指导和灵感。所有错误和遗漏，皆由我本人负责。

参考文献

[1] Akins, Nancy. 1986. *A Biocultural Approach to Human Burials from Chaco Canton, New Mexico*. Reports of the Chaco Center 9. Santa Fe, NM: National Park Service.

[2] Alt, Susan M., and Timothy R. Pauketat, eds. 2019. *New Materialisms, Ancient Urbanisms*. New York: Routledge.

[3] Benson, Larry, Linda Cordell, Kirk Vincent, Howard Taylor, John Stein, G. Jang Farmer, and Kiyoto Futa. 2003. "Ancient Maize from Chacoan Great Houses: Where Was It Grown?" *Proceedings of the National Academy of Sciences* 100 (27): 13111–13115.

[4] Bernardini, Wesley. 1999. "Reassessing the Scale of Social Action at Pueblo Bonito, Chaco Canyon, New Mexico." *Kiva* 64 (4): 447–470.

[5] Broda, Johanna. 2015. "Political Expansion and the Creation of Ritual Landscapes: A Comparative Study of Inca and Aztec Cosmovision." *Cambridge Archaeological Journal* 25 (1): 219–238.

[6] Bunzel, Ruth L. 1932. "Introduction to Zuni Ceremonialism." In *Forty-Seventh Annual Report of the Bureau of American Ethnology*, 467–544. Washington, DC: US Government Printing Office.

[7] Bunzel, Ruth L. 1933. *Zuni Texts*. New York: G. E. Stechert and Co.

[8] Bustard, Wendy. 2003. "Pueblo Bonito: When a House Is Not a Home." In *Pueblo Bonito: Center of the Chacoan World*, edited by Jill E. Neitzel, 80–93. Washington, DC: Smithsonian Books.

[9] Cameron, Catherine M. 2008. "Comparing Great House Architecture: Perspectives from the Bluff Great House." In *Chaco's Northern Prodigies: Salmon, Aztec, and the Ascendency of the Middle San Juan Region After AD 1100*, edited by Paul Reed, 251–269. Salt Lake City: University of Utah Press.

[10] Cameron, Catherine M. 2009. *Chaco and After in the Northern San Juan: Excavations at the Bluff Great House*. Tucson: University of Arizona Press.

[11] Cameron, Catherine M., and Lindsay Johansson. 2017. "The Biggest Losers: Gambling

and Enslavement in Native North America." In *Prehistoric Games of North American Indians: Subarctic to Mesoamerica*, edited by Barbara Voorhies, 273–285. Salt Lake City: University of Utah Press.

[12]　Cornucopia, G. B. 2018. "Night Skies." Online digital resource in *New Perspectives on the Greater Chaco Landscape*, edited by Ruth M. Van Dyke and Carrie C. Heitman. Boulder: University Press of Colorado.

[13]　Culin, Stewart. (1907) 1975. *Games of the North American Indians*. New York: Dover Publications.

[14]　Cushing, Frank Hamilton. 1896. "Outlines of Zuñi Creation Myths." In *Thirteenth Annual Report of the Bureau of American Ethnology*, 321–447. Washington, DC: United States Government Printing Office.

[15]　DeBoer, Warren R. 2001. "Of Dice and Women: Gambling and Exchange in Native North America." *Journal Archaeological Method and Theory* 8 (3): 215–268.

[16]　Fewkes, J. Walter. 1900. "The New–Fire Ceremony at Walpi" *American Anthropologist* 2 (1): 80–138.

[17]　Fletcher, Roland. 2011. "Low–Density, Agrarian–Based Urbanism." In *The Comparative Archaeology of Complex Societies*, edited by Michael E. Smith, 285–320. Cambridge: Cambridge University Press.

[18]　Ford, Dabney. 1993. "Architecture on Fajada Butte." In *The Spadefoot Toad Site: Investigations at 29SJ6.29, Chaco Canyon, New Mexico*, edited by Thomas C. Windes, 471–482. Reports of the Chaco Center No. 12. Santa Fe, NM: National Park Service.

[19]　Fritz, John M. 1978. "Paleopsychology Today: Ideation Systems and Human Adaption in Prehistory." In *Social Archeology: Beyond Subsistence and Dating*, edited by Charles L. Redman, Mary Jane Berman, Edward V. Curtin, William T. Langhorne Jr., Nina M. Versaggi, and Jeffrey C. Wansner, 37–59. New York: Academic Press.

[20]　Geertz, Clifford. 1973. *The Interpretation of Cultures: Selected Essays*. New York: Basic Books.

[21]　Griffin–Pierce, Trudy. 1992. *Earth Is My Mother, Sky Is My Father: Space, Time, and Astronomy in Navajo Sandpainting*. Albuquerque: University of New Mexico Press.

[22]　Guiterman, Christopher H., Thomas W. Swetnam, and Jeffrey S. Dean. 2016. "Eleventh–

Century Shift in Timber Procurement Areas for the Great Houses of Chaco Canyon." *Proceedings of the National Academy of Sciences* 113: 1186–1190. Isendahl, Christian, and Michael E. Smith. 2013. "Sustainable Agrarian Urbanism: The Low–Density Cities of the Mayas and Aztecs." *Cities* 31: 132–143.

[23] Janetski, Joel C. 2017. "Gaming in Fremont Society." In *Prehistoric Games of North American Indians: Subarctic to Mesoamerica*, edited by Barbara Voorhies, 119–138. Salt Lake City: University of Utah Press.

[24] Judd, Neil M. 1954. *The Material Culture of Pueblo Bonito*. Smithsonian Miscellaneous Collections 124. Washington, DC: Smithsonian Institution.

[25] Judd, Neil M. 1964. *The Architecture of Pueblo Bonito*. Smithsonian Miscellaneous Collections 147. Washington, DC: Smithsonian Institution.

[26] Kamp, Kathryn, and John Whittaker. 2018. "The Night Is Different: Sensescapes and Affordances in Ancient Arizona." In *Archaeology of the Night: Life After Dark in the Ancient World*, edited by Nancy Gonlin and April Nowell, 77–94. Boulder: University Press of Colorado.

[27] Kantner, John W., and Keith W. Kintigh. 2006. "The Chaco World." In *The Archaeology of Chaco Canyon: An Eleventh-Century Pueblo Regional Center*, edited by Stephen H. Lekson, 153–188. Santa Fe, NM: School for Advanced Research Press. Kantner, John, and Nancy M. Mahoney. 2000. *Great House Communities across the Chacoan Landscape*. Anthropological Papers of the University of Arizona No. 64. Tucson: University of Arizona Press.

[28] Kennett, Douglas J., Stephen Plog, Richard J. George, Brendan J. Culleton, Adam S. Watson, Pontus Skoglund, Nadin Rohland, et al. 2017. "Archaeogenomic Evidence Reveals Prehistoric Matrilineal Dynasty." *Nature Communications* 8 (14115): 1–9. Kincaid, Chris, John R. Stein, and Daisy F. Levine. 1983. "Road Verification Summary." In *Chaco Roads Project, Phase 1: A Reappraisal of Prehistoric Roads in the San Juan Basin*, edited by Chris Kincaid, 9.1–9.78. Albuquerque: Bureau of Land Management.

[29] Lekson, Stephen H. 1984. *Great Pueblo Architecture of Chaco Canyon, New Mexico*. Publications in Archaeology 18B. Albuquerque: National Park Service.

[30] Lekson, Stephen H. 2009. *A History of the Ancient Southwest*. Santa Fe, NM: School of Advanced Research Press.

[31] Lekson, Stephen H. 2015. *The Chaco Meridian: One Thousand Years of Political and*

Religious Power in the Ancient Southwest. 2nd ed. Lanham, MD: Rowman and Littlefield.

[32] Lekson, Stephen H. 2018. *A Study of Southwest Archaeology*. Salt Lake City: University of Utah Press.

[33] Loose, Richard W. 2002. "Computer Analysis of Sound Recordings from Two Anasazi Sites in Northwestern New Mexico." *Journal of the Acoustical Society of America* 112: 2285.

[34] Lummis, Charles F. 1930. *A New Mexico David and Other Stories and Sketches of the Southwest*. New York: Charles Scribner's Sons.

[35] Malville, J. McKim. 2004. "Ceremony and Astronomy at Chimney Rock." In *Chimney Rock: The Ultimate Outlier*, edited by J. McKim Malville, 131–150. Lanham, MD: Lexington Books.

[36] Marshall, Michael P. 1997. "The Chacoan Roads: A Cosmological Interpretation." In *Anasazi Architecture and American Design*, edited by Baker H. Morrow and V. B. Price, 62–74. Albuquerque: University of New Mexico Press.

[37] Matthews, Washington. 1887. "The Mountain Chant: A Navajo Ceremony." In *Fifth Annual Report to the Bureau of American Ethnology*, 379–468. Washington, DC: United States Government Printing Office.

[38] Matthews, Washington. 1889a. "Navajo Gambling Songs." *American Anthropologist* 2 (1): 1–20.

[39] Matthews, Washington. 1889b. "Noqoílpi, The Gambler: A Navajo Myth." *Journal of American Folklore* 2 (5): 89–94.

[40] McKenna, Peter J., and Marcia L. Truell. 1986. *Small Site Architecture of Chaco Canyon, New Mexico*. Chaco Center Publications in Archaeology 18D. Santa Fe, NM: National Park Service.

[41] Mills, Barbara J., Matthew A. Peeples, Leslie D. Aragon, Benjamin A. Bellorado, Jeffery J. Clark, Evan Giomi, and Thomas C. Windes. 2018. "Evaluating Chaco Migration Scenarios Using Dynamic Social Network Analysis." *Antiquity* 92 (364): 922–939.

[42] Mose, Don, Jr., Baje Whitethrone, Kathryn Hurst, Lucille Hunt, and Clayton Long. 2004. *The Moccasin Game: A Navajo Legend*. Blanding, UT: San Juan School District Media Center.

[43] Nials, Fred L., John R. Stein, and John R. Roney. 1987. *Chacoan Roads in the Southern Periphery: Results of Phase II of the BLM Chaco Roads Project*. Albuquerque: Bureau of Land

Management.

[44] Ortiz, Alfonso. 1969. *The Tewa World: Space, Time, Being, and Becoming in Pueblo Society*. Chicago: University of Chicago Press.

[45] Ortman, Scott G. 2012. *Winds from the North: Tewa Origins and Historical Anthropology*. Salt Lake City: University of Utah Press.

[46] Parsons, Elsie Clews (1939) 1996. *Pueblo Indian Religion*. Vols. 1 and 2. Lincoln: University of Nebraska Press.

[47] Pauketat, Timothy R. 2007. *Chiefdoms and Other Archaeological Delusions*. Lanham, MD: Altamira Press.

[48] Pauketat, Timothy R. 2013. *An Archaeology of the Cosmos: Rethinking Agency and Religion in Ancient America*. New York: Routledge.

[49] Pauketat, Timothy R. 2014. "From Memorials to Imaginaries in the Monumentality of Ancient North America." In *Approaching Monumentality in Archaeology*, edited by James F. Osborne, 431–448. Albany: State University Press of New York.

[50] Pepper, George H. 1909. "The Exploration of a Burial-Room in Pueblo Bonito, New Mexico." In *Putnam Anniversary Volume: Anthropological Essays Presented to Frederic Ward Putnam in Honor of His Seventieth Birthday, April 16, 1909, by His Friends and Associates*, 196–252. New York: G. E. Stechert and Co.

[51] Pepper, George H. 1920. *Pueblo Bonito*. Anthropological Papers No. 27. New York: American Museum of Natural History.

[52] Rapoport, Amos. 1993. "On the Nature of Capitals and Their Physical Expression." In *Capital Cities / Les Capitales: Perspective Internationales / International Perspectives*, edited by John Taylor, Jean G. Lengellé, and Caroline Andrew, 31–67. Ottawa: Carleton University Press.

[53] Reichard, Gladys A. 1977. *Navaho Religion: A Study of Symbolism*. Princeton, NJ: Princeton University Press.

[54] Reuter, Jan, Thomas Raedler, Michael Rose, Iver Hand, Jan Gläscher, and Christian Büchel. 2005. "Pathological Gambling Is Linked to Reduced Activation of the Mesolimbic Reward System." *Nature Neuroscience* 8: 147–148.

[55] Schüll, Natasha Dow. 2012. *Addiction by Design: Machine Gambling in Las Vegas*. Princeton, NJ: Princeton University Press.

[56]　Silko, Leslie Marmon. 2010. *The Turquoise Ledge: A Memoir*. New York: Viking Press. Sofaer, Anna. 1983. *The Sun Dagger*. Documentary film. Bullfrog Films: Oley, PA. Sofaer, Anna. 1999. *The Mystery of Chaco Canyon*. Documentary film. Bullfrog Films: Oley, PA.

[57]　Sofaer, Anna. 2007. "The Primary Architecture of The Chacoan Culture: A Cosmological Expression." In *The Architecture of Chaco Canyon, New Mexico*, edited by Stephen H. Lekson, 225–254. Salt Lake City: University of Utah Press. Sofaer, Anna, Michael P. Marshall, and Rolf M. Sinclair. 1989. "The Great North Road: A Cosmographic Expression of the Chaco Culture of New Mexico." In *World Archaeoastronomy*, edited by Anthony F. Aveni, 365–376. Cambridge: Cambridge University Press.

[58]　Sofaer Anna, Rolf M. Sinclair, and L. E. Doggett. 1982. "Lunar Markings on Fajada Butte, Chaco Canyon." In *Archaeoastronomy in the New World*, edited by Anthony F. Aveni, 169–181. Cambridge: Cambridge University Press.

[59]　Sofaer Anna, Robert S. Weiner, and William Stone. 2017. "Inter-site Alignments of Prehistoric Shrines in Chaco Canyon to the Major Lunar Standstill." In *The Science of Time 2016: Time in Astronomy and Society, Past, Present and Future*, edited by Elisa Felicitas Arias, Ludwig Combrinck, Pavel Gabor, Catherine Hohenkerk, and P. Kenneth Seidelmann, 79–102. Astrophysics and Space Science Proceedings Vol. 50. Cham, Germany: Springer.

[60]　Sofaer Anna, Volker Zinser, and Rolf M. Sinclair. 1979. "A Unique Solar Marking Construct." *Science* 206 (4416): 283–291.

[61]　Stein, John R. 1983. "Road Corridor Descriptions." In *Chaco Roads Project, Phase 1: A Reappraisal of Prehistoric Roads in the San Juan Basin*, edited by Chris Kincaid, 8-1–8-15. Bureau of Land Management, Albuquerque, New Mexico.

[62]　Stein, John, Richard Friedman, Taft Blackhorse, and Richard Loose. 2007. "Revisiting Downtown Chaco." In *The Architecture of Chaco Canyon, New Mexico*, edited by Stephen H. Lekson, 199–224. Salt Lake City: University of Utah Press.

[63]　Stein, John R., and Stephen H. Lekson. 1992. "Anasazi Ritual Landscapes." In *Anasazi Regional Organization and the Chaco System*, edited by David Doyel, 87–100. Maxwell Museum of Anthropology Anthropological Papers 5. Albuquerque: University of New Mexico Press.

[64]　Stein, John R., and Daisy F. Levine. 1983. "Appendix C: Documentation of Selected Sites Recorded during the Chaco Roads Project." In *Chaco Roads Project, Phase 1: A Reappraisal*

of Prehistoric Roads in the San Juan Basin, edited by Chris Kincaid, C.2–C.64. Albuquerque: Bureau of Land Management.

[65] Stevenson, Matilde Coxe. 1903. "Zuñi Games." *American Anthropologist* 5 (3): 468–497. Stirling, Matthew W. 1942. *Origin Myth of Acoma and Other Records*. Bureau of American Ethnology Bulletin 135. Washington DC: United States Government Printing Office.

[66] Toll, H. Wolcott. 2006. "Organization of Production." In *The Archaeology of Chaco Canyon: An Eleventh-Century Regional* Center, edited by Stephen H. Lekson, 117–151. Santa Fe, NM: School for Advanced Research Press.

[67] Turner, Christy G., II, and Jacqueline A. Turner. 1999. *Man Corn: Cannibalism and Violence in the Prehistoric American Southwest*. Salt Lake City: University of Utah Press.

[68] Van Dyke, Ruth M. 2003. "Bounding Chaco: Great House Variability across Time and Space." *Kiva* 69 (2): 117–139.

[69] Van Dyke, Ruth M. 2007. *The Chaco Experience: Landscape and Ideology at the Center Place*. Santa Fe, NM: School for Advanced Research Press.

[70] Van Dyke, Ruth M. 2019. "Chaco Gathers: Experience and Assemblage in the Ancient Southwest." In *New Materialisms, Ancient Urbanisms*, edited by Susan M. Alt and Timothy R. Pauketat, 40–64. London: Routledge.

[71] Van Dyke, Ruth M., R. Kyle Bocinsky, Tucker Robinson, and Thomas C. Windes. 2016. "Great Houses, Shrines, and High Places: Intervisibility in the Chacoan World." *American Antiquity* 81 (2): 205–230.

[72] Vivian, R. Gwinn. 1990. *The Chacoan Prehistory of the San Juan Basin*. New York: Academic Press.

[73] Voorhies, Barbara, ed. 2017. *Prehistoric Games of North American Indians: Subarctic to Mesoamerica*. Salt Lake City: University of Utah Press.

[74] Weiner, Robert S. 2015. "A Sensory Approach to Exotica, Ritual Practice, and Cosmology at Chaco Canyon." *Kiva* 81 (3–4): 220–246.

[75] Weiner, Robert S. 2018. "Sociopolitical, Ceremonial, and Economic Aspects of Gambling in Ancient North America: A Case Study of Chaco Canyon." *American Antiquity* 83 (1): 34–53.

[76] White, Leslie A. 1942. "The Acoma Indians." In *Forty-Seventh Annual Report to the Bureau of American Ethnology*, 17–102. Washington, DC: United States Government Printing

Office.

[77] Williams, Jay S., Taft J. Blackhorse, John R. Stein, and Richard Friedman. 2006. "Iikááh: Chaco Sacred Schematics." In *Religion in the Prehispanic Southwest*, edited by Christine S. VanPool, Todd L. VanPool, and David A. Philips Jr., 103–114. Lanham, MD: Altamira Press.

[78] Windes, Thomas C. 1987. *Investigations at the Pueblo Alto Complex, Chaco Canyon, New Mexico 1975–1979*. Vol. 1, *Summary of Tests and Excavations at the Pueblo Alto Community*. Publications in Archaeology 18F. Santa Fe, NM: National Park Service.

[79] Windes, Thomas C. 2003. "This Old House: Construction and Abandonment at Pueblo Bonito." In *Pueblo Bonito: Center of the Chacoan World*, edited by Jill E. Neitzel, 14–32. Washington, DC: Smithsonian Books.

10 阿兹特克新火仪式及夜间照明

柯比·法拉

苏珊·托比·埃文斯

在古代中美洲，人们认为借助于燃火，生命从空无中诞生。他们举行新火仪式，庆祝新建筑、新社会政治机构和历法周期转折点（Boone 2007，129，207）。[1]谈起"新火仪式"，今天的学者们首先将其与阿兹特克人的仪式密切联系在一起，而这种仪式对于开启长达52年的历法周期至关重要[2]，这也代表了260天的礼历（ritual calendar）和365天的太阳历（solar calendar）在这一天重合。新火仪式重启了历法，并且在经历数轮历法周期后，再次上演最初从黑夜中造时、造光的一幕，重新激活了世界，使其存续下去。前哥伦布时期最后一次新火仪式发生在1507年的阿兹特克中心区域墨西哥盆地。这是极富戏剧性的时刻，亦是人生难得一见的盛况。仪式举行前，所有的明火都要熄灭，世界完全被黑暗吞噬。午夜时分，当昴宿星座从头顶划过，中心大都市特诺奇蒂特兰南部一座山顶的祭台上，祭司点燃火绒，一小团火焰随着烟雾冒出来，然后被放进作为祭品的人的胸腔，火势渐盛。这一事件标志着生命和光明已获新生。人们用火炬将此火引到

---

[1] "钻火……对阿兹特克人和米斯特克人（Mixtecs）而言，（是）一种建立新时间周期或新社会政治秩序的行为"（Boone 2007，207）。

[2] 历法周期是阿兹特克人一项基本的长期历法——阿兹特克人并不像古典玛雅和现代世界那样拥有周而复始的长计年历。

古文明之夜

壁炉、火盆和更多的火炬上,然后火光在阿兹特克首都特诺奇蒂特兰(即后来的墨西哥城)周围整个区域都燃起来,场面蔚为壮观,人人可分享这一重要时刻(图10-1)。

1507年的那场新火仪式戏剧感染力之强,堪称当时整个中美洲地区之最,显示出特诺奇蒂特兰和墨西哥盆地区域不可小觑的人口实力以及阿兹特克文化的巨大成就。阿兹特克文化是纳瓦文化(Nahua)的变体,是纳瓦人承继自托尔特克人(Toltec)的一套信仰和习俗,早在图拉文明(Tula)于1150年前后灭亡之前,就已在墨西哥盆地西南部地区根深蒂固(详见本章"肇始于特奥蒂瓦坎的第五太阳纪"部分)。14世纪初,特诺奇卡人(Tenochca)正式建立了特诺奇蒂特兰城。这个当初的小渔村,200年后成为令埃尔南·科尔特斯(Hernan Cortes)及其部下惊叹的城市和帝国首都。

图10-1 《博尔吉亚手抄本》(*Codex Borgia*)(1976)第34页描绘了世界诞生之前,众神点燃新火,于是便有了晨光。

从后古典晚期(约1200—1519年)阿兹特克文化传播的情况来看(图10-2),新火仪式发挥着重要作用和影响。它进一步巩固了阿兹特克精英的权力,

10 阿兹特克新火仪式及夜间照明

因为他们最了解并善于掌控那套复杂的历法和（在意识形态上意义重大的）夜晚火光秀。夜空的作用除了为火光秀提供必要的黑暗背景外，还能展现出天体的运行轨迹。天体运行周期标志着时间的流逝，同时也为阿兹特克人安排仪式时间提供了依据。新火仪式也称得上一种集体仪式，"国家通过这种仪式阐明政策，并证明社会等级制度存在的合理性（García Garagarza 2017，599）"。因此，与国家批准的其他仪式一样，新火仪式的影响远远超出了宗教领域。这一仪式不仅仅是重启时间和光明，还有助于调控各种政治和经济关系，例如每季度的贡品缴纳（Hassig 2001）。

墨西哥盆地定居规模日益扩大，人口在数百年间（1200—1519年）翻了两番，社会政治体系愈加复杂，这样的历史大背景给1507年的新火仪式带来怎样的影响

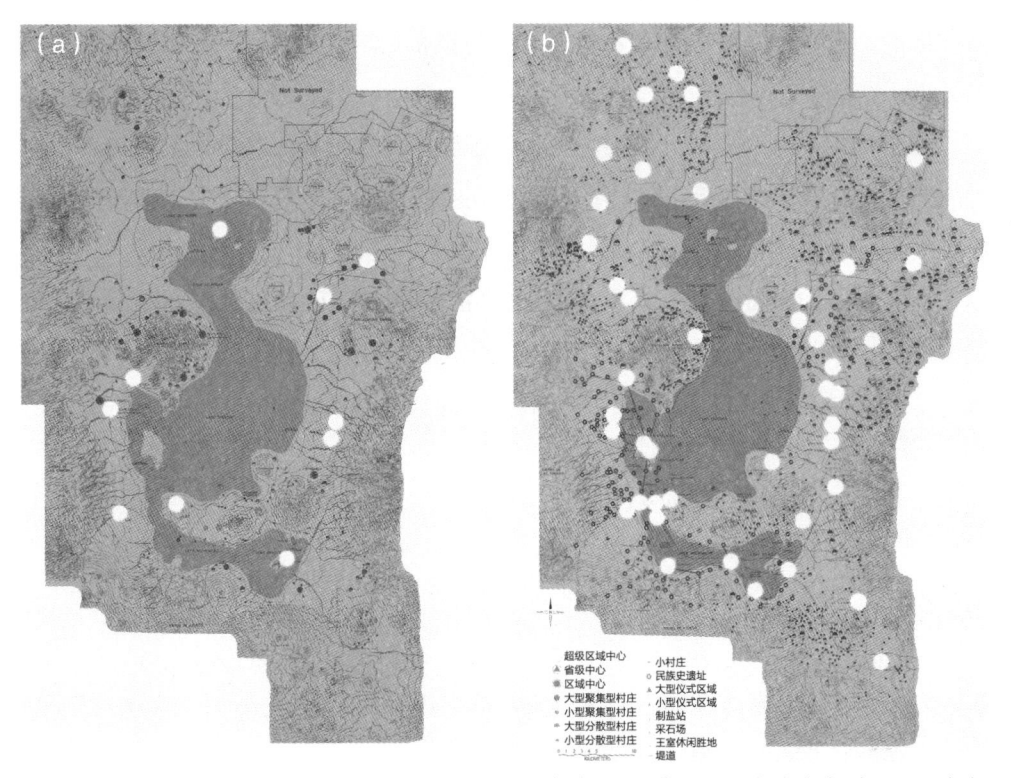

图10-2 （a）墨西哥盆地后古典早期地图。（b）墨西哥盆地后古典晚期（约1519年）地图。图片来源：改编自（Sanders et al. 1979）。

249

古文明之夜

呢？本章将"新火仪式"置于历史和文化演变的背景下，研究这一系列戏剧性事件背后的意识形态根源，并探讨仪式的黑夜环境，以及它给人带来的所有感受是如何被刻意强化的，黑暗如何戏剧性地增强了新火仪式在特诺奇蒂特兰城内外的影响力。

历法的深层根源：太阳纪

阿兹特克人认为，他们生活在第五个也是最后一个"太阳纪"。跟前四纪一样，第五纪也始于一场新火、一个新太阳，也会以一场大灾难作为结束。每个太阳纪都是不同的，其序列揭示了阿兹特克人关于人类和玉米共同进化的理解。第五纪被认为始于特奥蒂瓦坎，早期古典时期（约250—600年）繁盛于墨西哥盆地东北部的一个伟大城市。[1]两个小神自焚于特奥蒂瓦坎，然后化身太阳和月亮，从而开启了新纪年。

阿兹特克人清楚，第五太阳纪已历经了数轮历法周期（Calendar Rounds），但它到底会存续多久，无人知晓。有可能在时间轴的某个脆弱点上，即历法周期拐点，它便会戛然而止。一个历法周期由18980个独特命名的日子（长约52年）组成，它将tonalamatl（年历）中的tonalpohualli（260天的神历）与xihuitl（365天的太阳历）合并在一起。[2]一个历法周期的结束，被称为toxiuhmolpilia（年份捆绑[3]）。此时人们必须成功启动下一个周期，即通过一系列仪式再现太阳从黑暗之

---

1 考古人员在特奥蒂瓦坎（Fash et al. 2009）和玛雅科潘王室建筑群（Fash 2011，156）发现了与新火仪式有关的图案。在后古典早期的中部高地，索奇卡科（Xochicalco）的一座纪念碑表现出纪念了新火仪式的属性（Hirth 2008，831-832）。

2 学者们对阿兹特克太阳年开始的确切日期存在分歧（Aveni 2017，109-110）。施瓦勒（Schwaller 2019,173-193）认为，新火仪式是在秋季的升旗节（Panquetzaliztli）举行。一年365天是一个模糊数字；有大量证据表明，阿兹特克人实行"闰年"制（Evans 2016,74-78），每4年闰1天，这样他们的太阳年平均为365.25天。

3 阿兹特克人新火仪式最后一个环节是用绳子将52根木棍（象征一个历法周期的52年）捆扎起来，然后埋葬，象征旧历法周期的结束。——译者注

10　阿兹特克新火仪式及夜间照明

空无中诞生的情景，这是所有新火仪式中最核心的部分。

1507年的阿兹特克新火仪式于夜间在伟大首都特诺奇蒂特兰附近的山顶举行。墨西哥盆地周围分布着近百万人口，包括五六座城市、数十个较大的城镇和数百个村庄和渔村。城市和城镇通常位于灌溉冲积平原或湖泊的边缘位置，村庄则沿着中央湖泊开发较好的湖岸线延伸，环绕灌溉冲积平原，沿着覆盖山麓的梯田一直延伸到山脊（图10-2）。

通常，城市中的神庙和宫殿，以及较大的城镇和村庄，夜间都会燃起火把和火盆照明，尤其是盛大节日期间。但在新一轮历法周期起始前夜，即新火仪式举行当晚，所有的火都要熄灭，世界完全陷入黑暗之中。黑暗更有利于拨弄人们的情绪，增强仪式的冲击力。这一仪式被认为对人类福祉影响深远，有助于重新激发民众对政治领导人的热情，促进帝国内部多民族的团结。与此同时，新火仪式的戏剧性及集体效果的可见性，也展示出源自托尔特克的纳瓦（阿兹特克）文化影响之广泛。到1507年，纳瓦文化在中部高地地区占据了主导地位，而新火仪式则是夜间照明与阿兹特克日益复杂的社会政治体系之间的紧密联系之一。由于移民和内在增长，大约1200年到1519年，阿兹特克人口翻了两番（Sanders et al.1979）。

人口的快速增长和地方统治者之间对资源的争夺（如数量日益增多的农民劳动力及其产品）导致了冲突和各方联盟的出现。精英们沉溺于愈加奢华而复杂的宫廷习俗和宗教仪式。[1]火把、火盆和壁炉等彻夜不熄，虽然费用高昂，却为宫殿和神庙增添了宏大的威严感和神圣感。

虽然所有前现代文化都在特定情况下使用公共性燃火，但彻夜不息的燃火照明成本高昂，而且取决于精英阶层的能力——能否从平民那里征收来燃料和维护的费用。夜间，平民可能会在家中保留燃火用以炊事之需，而夜间照明则超出了

---

[1] 宫廷在庭院中举行了许多仪式，佩德罗·德·甘特（Pedro de Gante）等西班牙传教士以阿兹特克宫廷布局作为布道场所之典范。墨西哥的露天教堂模仿了这些宫殿的风格（McAndrew 1965）。

他们的经济能力和需求。[1]通宵照明在很大程度上仅限于以市政和仪式建筑为中心的城市化社区。对于阿兹特克人来说，宫殿和神庙中恒亮的火光是一种强有力的、炫耀性的权威展示，因此，火光既起，就不可熄灭，否则威严尽失。

如果说夜间照明与一定程度的城市化有关，那么它也与文明有关，如果我们从词源学本质意义上去理解"文明化"，即认可它与城市社会生活有关的话。在平常的夜晚，阿兹特克乡村地区漆黑一片，只有拥有宫殿或神庙的、大一点的城镇才会亮起火光。城市则是另一番景象，火光连片，照亮无数人家的庭院。

1519年的特诺奇蒂特兰城夜间有多亮？想象一下谷歌地球1500年的夜景：特诺奇蒂特兰的亮度与世界其他主要城市相比如何？许多旧大陆的城市都受益于从大型家畜或齿轮驱动引擎等简单机械装置中获取能量的技术，这是他们与阿兹特克人和其他新大陆民族之间存在的技术差异。然而，1500年，世界各地夜间照明技术相差不大，因此我们猜测特诺奇蒂特兰和其他几个阿兹特克人的都城会达到与旧世界其他同等规模（5万~10万人口[2]）城市相似的亮度。如果不考虑社区规模因素，灯、灯笼、蜡烛、火把、壁炉和火盆（见第1章）的光照度在世界各地并无太大差异。[3]

肇始于特奥蒂瓦坎的第五太阳纪

阿兹特克人格外尊崇特奥蒂瓦坎遗址的金字塔和神庙，视其为时间开始的地方，但他们的政治和社会组织模式却来自最直接的文化先祖托尔特克人。托尔特克人在1100年左右是中部高地地区的统治者，其都城图拉是后古典早期纳瓦文化

1　正如贡琳和迪克森（Gonlin and Dixon 2018，59）针对科潘地区的玛雅人提出的结论，在私密性和活动程度方面也存在城乡差别。

2　特诺奇蒂特兰的人口估值被严重夸大，有些数值反映出其人口密度可与现代曼哈顿相媲美（Evans 2013；Márquez Morfín and Storey 2017）

3　事实上，直到1600年代末，巴黎最先在全城安装灯具，"入夜后定时、通宵地"提供路灯照明（DeJean 2006, 202）。

传统（包括纳瓦特尔语）最著名的中心之一。图拉位于墨西哥盆地的西北部，当时人口并不多，墨西哥盆地西部最大的城镇——萨尔托坎（Xaltocan）（奥托米／奇奇梅克文化[1]）和库尔华坎（纳瓦文化）——是图拉的主要盟友。在图拉最鼎盛的时期，中美洲出现了移民高潮，图拉为向南和向东进入中部高地寻求耕地的人群提供了就业机会和稳定的生活。这些移民包括多个民族，其中最主要的是奇奇梅克族和纳瓦族。纳瓦特尔／阿兹特克文化的实力最终在墨西哥盆地压过了奇奇梅克文化。几乎没有什么市政—仪式建筑（最精致的神殿也不过用木头简单搭建而成）的普通奇奇梅克城镇成为阿兹特克人的都城。这些地方既有阿兹特克人修建的神庙区，人们在这里遵奉托尔特克人的信仰体系；亦有统治者的宫殿，他们在这里管理着自己的城邦，并采用纳瓦人的历法和其他领域的专门知识。

有关阿兹特克人的资料告诉我们，在这些行政和仪式建筑中，火彻夜不息，标志着该城崇高的地位，[2]因为阿兹特克人的宫殿不仅仅是更气派、更豪华的房子，更是地方合法政权的外在标志。在以托尔特克文化为基础的阿兹特克文化中，建造宫殿是被选中的家族应享有的权利。

1100年，一些宫殿和神庙里只有为数不多的火光彻夜亮照盆地（图10-2）。图拉在1150年左右走向衰落。13世纪初，很多移民迁入盆地的城镇和村庄，并开拓偏远地区。其中多数是纳瓦人，但也有一些奇奇梅克人放弃了狩猎露营的生活方式，进入城镇。奇奇梅克人在索洛特尔（Xolotl）的带领下，以特纳尤卡（Tenayuca）为都城，建立了自己的王朝。特纳尤卡最大的竞争对手是附近的纳瓦人／特帕内克人（Tepanec）城镇阿斯卡波察尔科（Azcapotzalco）。随着人口

1　奇奇梅克（Chichimec）和奥托米（Otomí）文化涵盖一系列种族身份，最常见的是"来自奇奇梅克干旱地区的人"，但更重要的是指使用一系列相关语言的人。《第一纪念》（*Primeros memoriales*）（Sahagun 1993）所载，奇奇梅克人身穿兽皮，携带弓箭，形象地表达出他们在城市化程度较高的纳瓦文化传播者心目中的形象。

2　"有些印第安人被派去打柴，另一些人则负责看管燃火，不可使其熄灭。他们在酋长的房子里差不多也是这样，而酋长家中多处生火。即使在今天，他们也会在酋长的房子里生火并看守，但跟以前不一样的是，今天酋长家中生火比例不到1/10。"（Motolinia [ca. 1536-1543] 1951,105）。

的增长，统治者们愈不安分，因此需要确保城邦腹地的安全，包括附属城镇和村落。14世纪初，阿斯卡波察尔科的统治者允许一支移民在其领土边缘，即中心湖区西部泻湖的一些沼泽岛屿上定居下来，特诺奇蒂特兰城由此建立。作为回报，特诺奇卡人甘愿为阿斯卡波察尔科的首领效力：他们充当起劫掠者的角色，不断骚扰其他城镇，使其成为附庸，并为阿斯卡波察尔科建立起一个联盟。

特纳尤卡就是被阿斯卡波察尔科征服的城镇之一。1350年左右，特纳尤卡的奇奇梅克王朝被迫逃到湖对岸，特斯科科（Texcoco）成为新的首都。[1]这场冲突不仅是政治上的，在很大程度上亦是文化上的——索洛特尔的后继者们仍然讲奇奇梅克语，但在特纳尤卡和其他城镇被占领过程中，他们已经被纳瓦特尔文化同化了。所以他们建造了大量的宫殿，因为在前现代时期的农业社会中，为了对人口密集地区进行有效管理，统治者需要建造这样的行政、住宅性建筑。

随着盆地人口不断增长，宫殿数量增多，有些是由统治者任命的calpixqui（管家/行政长官）进行地方管辖的前哨，有些是一些城镇中新王朝统治者的住所。例如，13世纪70年代，阿斯卡波察尔科的统治者允许墨西卡人（Mexica，特诺奇卡和特拉特洛尔卡［Tlatelolca］的分支）建立王朝，因此同意他们建造宫殿。[2]有限的考古证据表明，点缀在农业梯田住宅建筑群中的官邸，建造时间可能在14世纪末到15世纪初。而环绕整个盆地的梯田住宅，到后古典末期，人口约占到盆地的一半。更多的宫殿、更多的神庙、更多的火光照亮了夜晚。

阿斯卡波察尔科的势力持续扩张，1418年，其军队杀死了特斯科科索洛特尔王朝的国王伊斯特利尔霍奇特尔（Ixtlilxochitl），他留给儿子内萨华尔科约特尔（Nezahualcoyotl）的临终遗言是："永远不要忘记你是奇奇梅克人！"于是，送葬者按照阿兹特克人的习俗（与奇奇梅克人的习俗相悖）火化了他。15世纪30年代初，在特诺奇卡表亲的帮助下，内萨华尔科约特尔重回特斯科科，并在特斯科科

1　被流放到特斯科科的国王是奎纳津（Quinatzin），他的阿兹特克风格官殿仍然非常重要（见Oxtotipac land maps in Charlton 1991）。

2　"蒙提祖马的旧宫"隔着仪式区与大神庙相望，西班牙人曾于1519年11月至1520年7月在此居住。它可能是建于14世纪70年代的第一座técpan官殿的改建版本。

10 阿兹特克新火仪式及夜间照明

大力推行阿兹特克文化。[1]到1450年代，特斯科科王朝已经彻底纳瓦特尔化——文化适应、文化融合和异族通婚，并因其将阿兹特克文化发扬光大而闻名于世，其中包括一座夜火不熄的宏伟宫殿（图10-3）。

图10-3　奎纳津地图（Mapa Quinatzin）中内萨华尔科约特尔的宫殿图。照片来源：Anbin，1885.

特斯科科和特诺奇蒂特兰共同分享了阿斯卡波察尔科的旧联盟，并在一定程度上使联盟实力进一步增强，但在15世纪50年代，他们的扩张野心却因盆地遭受饥荒而受挫。纳瓦特尔语中便出现了几个饥荒的同义词："人们被托托纳克了（Totonac-ed）"（把自己卖给托托纳克奴隶贩子）和"人们被一兔了（One-Rabbited）"（因为饥荒似乎总发生在开启新一轮历法周期的"一兔年"［One Rabbit year］）。1454年便是这样一个年份；大祭司和智者们一致认为，"二苇年（Two Reed year）/1455年"兆头更好。

事实的确如此：1455年开启的历法周期见证了帝国频繁的征服以及帝国势

1　他的特诺奇卡表亲看起来像是粗鲁而无知的恶霸。特斯科科的"神庙数量和规模都非常突出，神像最为显眼，受到教徒们的极大尊崇"（Motolinía [ca. 1536–1543] 1951,99）。

255

力的扩张。但随着新一轮历法周期（一兔年/1506年）的临近，繁荣的势头似乎有所衰减。新的征服行动寥寥无几，并且有传言称外域人已经登陆，距离特诺奇蒂特兰愈来愈近，一时间人心惶惶。《特勒里亚诺-雷姆西斯手抄本》（*Codex Telleriano-Remensis*）第4页有这样的记载，在1506年，"莫特库索马（Motecuhzoma）杀了一个人……以安抚神灵，因为200年来，每逢一兔年，民众必遭受饥荒，食不果腹……鉴于这一年民生多艰，莫特库索马将其改为二苇年（1507年）"（Quiñones Keber 1995）。[1] "一兔年"与饥荒的关联可以追溯到14世纪，并且我们知道早在1455年，阿兹特克人就曾将新火仪式推迟至"二苇年"，在历法上耍小心思。[2] 到1507年，墨西哥盆地共有大小40多个王朝政权，除了新火仪式之夜以外，整个盆地的夜晚都是灯火通明的。

1507年的新火仪式：形式和功能

16世纪初，阿兹特克帝国疆域空前辽阔，并在特诺奇蒂特兰第九任皇帝（图10-4）莫特库佐马·索科约津（Motecuzóma Xocoyotzin，又称蒙提祖马[Montezuma]，1502—1520年）的统治下继续发展壮大（Ha, sig 1988）。国家支持的仪式，包括新火仪式，仍然是阿兹特克人生活的核心，因为这些仪式具有双重目的，既是祭拜神灵，也是宣传阿兹特克的文化典范。在莫特库佐马·索科约津统治的数十年间，关于陌生来客的小道消息不断从东部传到阿兹特克帝国首都，在这种背景下，国家支持的仪式可能被赋予了更重大的意义。墨西哥盆地的居民并不知道，1507年的新火仪式将是西班牙人到来之前的最后一次。

---

1 有资料显示，阿兹特克人可能是在一兔/1350年开始注意到一兔年与饥荒的联系。调整日历日期并非没有先例，也并非罕见。例如，阿兹特克人通常会将一个孩子不祥的出生日期改到相近的一个吉利日子，进行洗礼，因此将仪式时间改到"二苇年/1351年"，其实更符合传统。

2 特佩奇潘记录文本（Tira de Tepechpan）将1351、1403、1455年这3个二苇年标记为新火仪式年（Diel 2008, 35, 46, 58）。

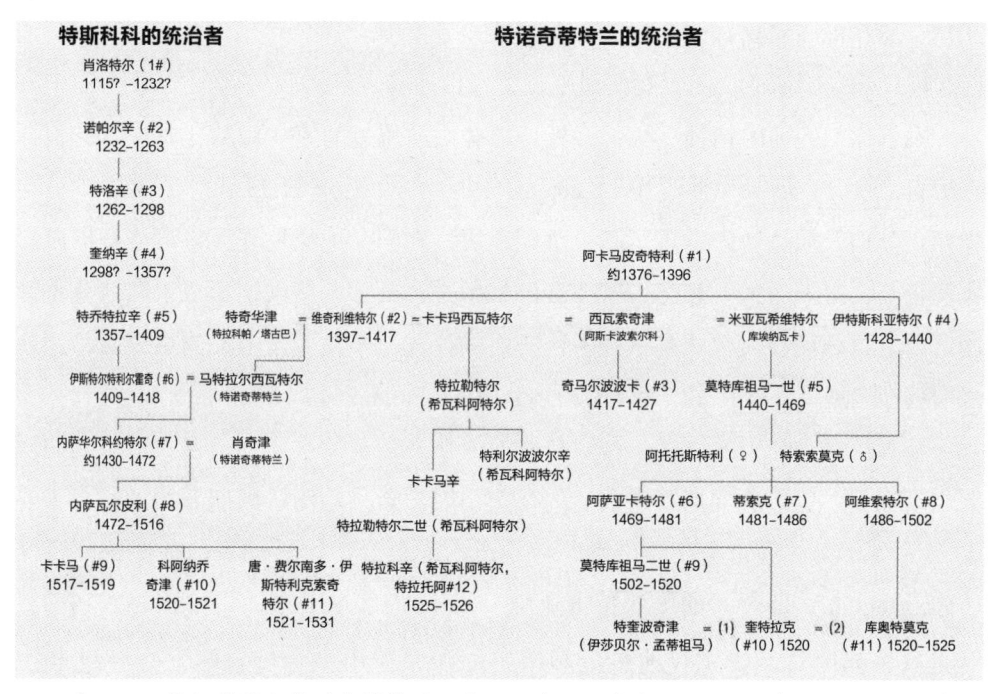

图10-4 特斯科科和特诺奇蒂特兰历代统治者。图表来源：Evans（2013，fig. 17.5）

1507年的新火仪式可能是前哥伦布时期文献记载最详细的仪式，一是因其场面异常隆重，二是因其发生时间相对较晚。烦琐的流程和表演背后隐藏的是意识形态和政治用心，它们清晰地表明，新火仪式当晚，统治者特意利用极度黑暗的环境，试图给目睹新火仪式的墨西哥盆地约百万民众造成更强烈的视觉冲击效果。

我们对1507年新火仪式的了解大多来自殖民时期早期的民族史资料（例如 *Codices Borbonicus, Borgia, Telleriano-Remensis, and Florentine*）。这些资料描述了特诺奇蒂特兰居民在仪式前几天会做哪些准备工作（Overholtzer 2017），以及一众精挑细选的高级祭司如何主持仪式中最神圣的环节。

为了准备新火仪式，特诺奇蒂特兰和周边地区的居民对房屋、市政和仪式场所进行彻底清扫。在新火仪式之前的几天里，大清扫是一项特别重要的准备工作，因为它可以清除危险的tlazolli（污秽），"从而净化通往再生转变的道路"（Maffie

2014，282; Sahagún [1950] 1982,book Ⅶ,25）。特诺奇蒂特兰居民负责清扫房间地面、庭院和周围街道，而男女祭司则负责打扫神庙。

本着除旧迎新的精神，人们会处理掉破旧或用过的家居用品，其中可能包括砌炉石、炊具、器皿和神像等（Sahagún [1950]1982,book Ⅶ,25–32）。考古人员在墨西哥盆地及周边地区发现了新火沉积地层，在同一地层发现大量可修复器皿的比例很高（Elson 1999; Elson and Smith 2001）。其中一些地层形成于阿兹特克帝国之前，这表明新火仪式是一种古已有之的仪式，早在墨西卡人到达墨西哥盆地之前就在当地一直存在了（例如De Lucia 2014; Farah 2017）。

新火仪式前几天的准备工作对仪式的成功当然至关重要，但仪式最重要的环节出现在新一轮历法周期开启前后的几个小时。新一轮历法周期开始的前一天晚上，一众高级祭司先是在特诺奇蒂特兰市中心集合，然后动身前往威克萨特兰（Huixachtlan，即今天的埃斯特雷亚山［Cerro de la Estrella］，Carrasco 1999，96）。威克萨特兰位于特斯科科湖南岸，距离特诺奇蒂特兰城中心约14.48千米。祭司们身着精美的服装，戴着考究的面具和羽毛头饰，全部扮作神灵的模样。其中扮作羽蛇神[1]的祭司走在最前头，他带领队伍穿过特诺奇蒂特兰南部的堤道，然后转向东面，走向威克萨特兰。除了身着盛装的祭司外，队列中还押着一名俘虏，即仪式最核心环节用到的祭品。俘虏是一名颇有身份的战士，很可能因其在战斗中表现英勇而被选中。有资料显示，他的名字中包含"年"[2]这个词（Maffie 2014，294）。

当祭司们踏上前往威克萨特兰的旅程时，特诺奇蒂特兰的居民们也完成了最后的准备工作，等着夜幕降临。他们熄灭所有场所的火，包括家庭和神庙的。日落之后，特诺奇蒂特兰陷入彻底的黑暗。人们专门制定了预防措施，以确保这个让宇宙展现神秘力量的夜晚所暗藏的凶险不会伤及任何人：孕妇被锁在谷仓里，脸涂成蓝色，以防在夜里变成怪物。孩童也不能睡觉，否则会在睡梦中变成老鼠。

1　the god Quetzalcoatl，阿兹特克人信奉的一位主神。——译者注

2　xihuitl一词就是纳瓦特尔语中的"年"，也可引申为阿兹特克历法的太阳历或季节历。——译者注

夜幕降临后,整个地区所有的工作都停下来。人们纷纷爬上自家屋顶,翘首向威克萨特兰,等待那里传来对命运的宣告。

与此同时,从特诺奇蒂特兰出发的祭司队伍,经过长途跋涉后来到威克萨特兰山顶。祭司们站在高高的平台上,脚下是城市和村庄。他们仰望星空,密切关注昂宿星座到达顶点的时刻。到了午夜时分,最高级别的祭司(他可能戴着绿松石面具,装扮成火神修特库特利[Xiuhtecuhtli])用一把大大的刀割开俘虏的胸口,挖出心脏。然后,用神圣的燧石钻迅速在死者的胸腔里点燃一团火。通过让活人祭品葬身火海的方式,teyolia(聚集在心脏中的生命能量)和tonalli(赋予灵气的力量),以人牲跳动的心脏和流淌血液为物理形式,被转移到宇宙中(Maffie 2014,195)。阿兹特克人通过这种模仿神创造第五个太阳的行为,开启了新一轮的历法周期。

图10-5 《博博尼库斯》(*Codex Borbonicus*)第34对开页描绘了在特诺奇蒂特兰的维辛洛波切特利神庙中,祭司们在新火火焰中点燃火把的情景。

1507年的新火成功点燃，火光熠熠，大概之前所有的新火仪式也都如此。这标志着新一轮历法周期已经开启。虽然人们从未经历过新火仪式的失败，但传说如果火未被点燃，那么tzitzimime（怪物神）就会出现，趁着夜色兴风作浪，杀死并吃掉全体人类。因此，"阿兹特克人通过仪式来纪念52年周期的结束，其根本原因不仅是对历法终止的担忧，更重要的是对历史时间以及人类存亡赓续的担忧"（Carrasco and Pharo 2017，252）。

"新火"点燃后，从俘虏的胸腔转移到威克萨特兰山上一座高大而醒目的柴垛上。当火焰从柴垛中升起，特诺奇蒂特兰的居民会首先看到"新火"，从而知道仪式确已成功。人们用大火把将"新火"传送到特诺奇蒂特兰，将维辛洛波切特利（Huitzilopochtli）神庙的火点燃。各地祭司被派到此地，点燃火把，将火带回当地的神殿（Sahagún [1950] 1982, book Ⅶ, 29; Codex Borbonicus, folio 34）（图10-5）。仪式最后一个环节是用绳子将52根木棍层层捆束，然后埋葬。这捆木棍象征着将之前的年份捆绑起来，埋葬象征着旧历法周期的结束。

黑夜的戏剧性

长期以来，新火仪式因其规模宏大和所体现的悖论性而吸引着各学科领域的学者。阿兹特克人举行公共仪式是为了取悦性情无常的诸神，彰显阿兹特克人的文化信仰，激发团结和自豪感，甚至是为了在帝国臣民中间制造恐惧。此般用心，在新火仪式中体现得更是淋漓尽致，让特诺奇蒂特兰众多居民参与还不够，还要让整个墨西哥盆地的人都参与其中。

然而，新火仪式也兼具隐秘的一面。尽管仪式最神圣的环节是在威克萨特兰山顶的神庙平台上进行的，因地势较高而显眼，但在夜色的掩护下，这些活动在很大程度上还是隐蔽的。因此，某些最为神圣的仪式环节，如活人献祭，看似人尽皆知，但其实只有少数高级祭司能够直接观察到。为什么如此重要的仪式需要隐蔽和自然的黑暗环境呢？此外，既然"新火仪式"的很多内容都是公开的，那为何仪式中最重要的时刻——在人牲胸腔中点燃火焰——却要遮遮掩掩呢？

当然，仪式在午夜举行的主要原因是，午夜是上一个52年的立法周期结束和新周期开始的精确分割点。新周期的重启时间不是既定的，阿兹特克祭司需要紧盯昴宿星座，当其到达天顶的一刹那，立即开始祭祀仪式，时间上分毫不差。夜晚是举行祭祀仪式的适宜环境，因为它再现了众神创造第五太阳纪时黑暗而原始的世界状态。此外，祭司装扮成神灵，可以在一定程度上营造出与人类的隔离感，这也是对神创世的一种模拟，因为神进行创世仪式时，还未有当下的人类。最后，仪式选定的时间和黑暗环境模仿了创世仪式的时间阈限性。众神在新旧太阳之间、新旧纪元之间举行仪式，阿兹特克祭司也要在新旧52年历法周期的间隙举行仪式。

毫无疑问，宇宙观和意识形态是决定何时举行新火仪式的关键因素，但夜间环境会使仪式更有影响力，更令人难忘，这反过来又可能会服务于更大的政治议程。几乎可以肯定的是，仪式当晚整个城市的紧张和恐惧感都会加剧。不但52年历法周期的结束意味着人类前途未卜，而且夜晚因家家户户熄灭燃火愈加显得黑暗，各种自然和超自然的凶险充斥其中。

黑夜会令人兴奋。新火仪式每52年举行一次，对许多人来说是一生难逢的经历。要在平时，孩子们可能几个小时前就已入睡，但这天晚上为了见证这场仪式，他们都没有睡觉。不过，新火仪式给人们带来的最重要的感受，或许是第一眼远远望到新火发出光亮时那种欢腾喜悦、如释重负的感觉，因为对特诺奇蒂特兰的居民们来说，这团光亮意味着确认了太阳一定会再次升起。

上述种种感受可能因夜间环境而愈加强烈，这有助于加强新火仪式的长期影响。仪式成功不仅标志着新历法周期的开始，还表明现任统治者有能力赢得神灵的青睐和保护。不难理解，在成功举行新火仪式之后，获得神灵背书的阿兹特克首领们往往会大兴土木。例如1455年，莫特库索马一世在成功举行新火仪式后，大幅扩建了特诺奇蒂特兰的大神庙（Alvarado Tezozómoc［1598］1944，119）。[1]

新火仪式可能有助于在一个地域辽阔、民族多样的地区培养团结意识（Farah

---

[1] 大神庙是阿兹特克首都特诺奇蒂特兰圣地的主要神庙，始建于14世纪中叶，在两个世纪的时间里曾6次重建。

2021）。仪式中最适时的一个环节是传播新火火焰，这些火焰被迅速传播到墨西哥盆地的其他城市，将神庙和房屋中的火堆重新点燃。这一过程具有重要的象征意义，因为照亮阿兹特克都城最高神庙的火焰与温暖帝国最底层村庄平民家庭的火焰出自同一"母"火。因此，阿兹特克人认为，照亮整个帝国的是同一火焰，而遍布墨西哥盆地的火焰则不时提醒着人们。那个夜晚何其重要，阿兹特克的统治者何其不凡。

结论

考古学家通常重视古人白天的活动，而阿兹特克人的新火仪式则提醒我们，古人一些最令人难忘、最具影响力的事件发生在夜晚。新火仪式是阿兹特克人最重要的仪式之一，尽管每52年才举行一次。该仪式确保太阳能够再次升起，同时也是为了祭神，向祂们创造第五太阳纪及人类时所做的牺牲表达敬意。

平日里，特诺奇蒂特兰城热闹非凡，宫殿和神庙里的火光彻夜通明。因此，新火仪式当晚，整个城市笼罩在自然夜色，便与平时形成了鲜明对照。事实上，对于阿兹特克的城市居民来说，正如今天我们这些已经习惯于城市生活的人，黑暗或许显得颇不自然，甚至令人惴惴难安。新火仪式前的准备活动创造出全新的视觉景观——被黑幕包裹的城市，而正常夜间活动的停止也会创造出全新的听觉景观和嗅觉景观。新火仪式之夜中断了人们日常熟悉的生活节奏，对于仪式的经历者来说，可能会产生时间停滞之感：人们屏住呼吸，等待着自己命运的宣判。新火仪式当晚，特诺奇蒂特兰一片漆黑，黑暗使整个城市超越了时空，模拟创世的环境（时空空无）并为再次创世的重要仪式提供了舞台。

与往日不同的特诺奇蒂特兰变成一座黑暗而失真的城市，这对人生难遇的仪式而言，是再合适不过的舞台了，也使见证者产生更强烈的感受。新火仪式的戏剧性效果有可能放大观者的感受，包括恐惧、兴奋以及最终的喜悦。民众大范围的情感呼应会扩大仪式的影响力，令人更加刻骨铭心。对于特诺奇蒂特兰的精英们来说，让民众对新火仪式感受深刻正是重要意图，因为仪式所产生的广泛社会和政治影响有助于巩固他们的权势，随之而来还有诸多利益。

因此，虽然新火仪式以广泛的宗教信仰为基础，但它也服务于社会和政治目的。通过重新激发民众对精英群体的信心，新火仪式有助于在特诺奇蒂特兰城，乃至整个民族多样化的帝国营造团结的氛围。随着帝国两个世纪以来的不断扩张，阿兹特克领导人必须努力凸显自身以及首都的权力和威严。在这一过程中，需要传播以阿兹特克人信仰和理想为核心的共同价值观、意识形态和历史传统。新火仪式便是这些信仰和理想的集中体现，它构建起一个庞大的框架，使特诺奇蒂特兰这座大城市和周边地区的所有人都必须参与其中。阿兹特克精英和新火仪式互相成就，二者又倚赖有影响力的祭司主持仪式，这种复杂关系正是现实社会和政治关系的写照。仪式成功证明了这种关系是公正、公平的，并使广大民众的福祉有了保证。因此，新火仪式及其宏大的排场有利于维持庞大帝国的政治稳定。

致谢

作者感谢南希·贡琳和梅根·E.斯特朗组织这次美国考古学会（SAA）会议，推动了这次合作，并感谢莫妮卡·史密斯（Monica Smith）作为参会讨论者所提出的深刻见解。苏珊·托比·埃文斯感谢与萨拉·麦克卢尔（Sarah McClure）、弗里茨·施瓦勒（Fritz Schwaller）、格伦·斯托里以及大卫·韦伯斯特（David Webster）等进行的颇具启发的交流。

参考文献

[1] Alvarado Tezozómoc, Fernando. (1598) 1944. *Crónica mexicana*. Mexico City: Editorial Leyenda.

[2] Aubin, Joseph Marius Alexis. 1885. *Mémoires sur la peinture didactique et l'écriture figurative des anciens Mexicains*. Paris: Paul Dupont.

[3] Aveni, Anthony F. 2017. "The Measure, Meaning, and Transformation of Aztec Time and

Calendars." In *The Oxford Handbook of the Aztecs*, edited by Deborah L. Nichols and Enrique Rodríguez-Alegría, 107–116. New York: Oxford University Press.

[4]　Boone, Elizabeth Hill. 2007. *Cycles of Time and Meaning in the Mexican Books of Fate*. Austin: University of Texas Press.

[5]　Carrasco, Davíd. 1999. *City of Sacrifice: The Aztec Empire and the Role of Violence in Civilization*. Boston: Beacon Press.

[6]　Carrasco, Davíd, and Kirkhusmo L. Pharo. 2017. "The Aztec Temporal Universe." *Groniek* 49 (212): 243–258.

[7]　Charlton, Thomas. H 1991. "Land Tenure and Agricultural Production in the Otumba Region, 1785–1803." In *Land and Politics in the Valley of Mexico: A Two Thousand Year Perspective*, edited by Herbert R. Harvey, 223–264. Albuquerque: University of New Mexico Press.

[8]　*Codex Borbonicus*. 1974. *Codex Borbonicus, Codices Selecti, 44*. Graz, Austria: ADEVA. *Codex Borgia*. 1976. *Codex Borgia, Codices Selecti, 58*. Graz, Austria: ADEVA. DeJean, Joan. 2006. *The Essence of Style*. New York: Simon and Schuster.

[9]　De Lucia, Kristin. 2014. "Everyday Practice and Ritual Space: The Organization of Domestic Ritual in Pre-Aztec Xaltocan, Mexico," *Cambridge Archaeological Journal* 24 (3): 379–403.

[10]　Diel, Lori. 2008. *The Tira de Tepechpan*. Austin: University of Texas Press.

[11]　Elson, Christina M. 1999. "An Aztec Palace at Chiconautla, Mexico." *Latin American Antiquity* 10 (2): 151–167.

[12]　Elson, Christina M., and Michael E. Smith. 2001. "Archaeological Deposits from the Aztec New Fire Ceremony." *Ancient Mesoamerica* 12 (2): 157–174.

[13]　Evans, Susan Toby. 2013. *Ancient Mexico and Central America*. 3rd rev. ed. London: Thames and Hudson.

[14]　Evans, Susan Toby. 2016. "Location and Orientation of Teotihuacan, Mexico: Water Worship and Processional Space." In *Processions in the Ancient Americas*, edited by Susan Toby Evans, *Occasional Papers in Anthropology* No. 33: 52–121. University Park: Department of Anthropology, Pennsylvania State University. https:// journals.psu.edu/opa/article/view/60114/60001.

[15]　Farah, Kirby. 2017. "Leadership and Community Identity in Postclassic Xaltocan, Mexico."

PhD diss., University of California, Riverside.

[16]　Farah, Kirby. 2021. "The Light Burned Brightly: Postclassic New Fire Ceremonies of the Aztec and at Xaltocan in the Basin of Mexico." In *Night and Darkness in Ancient Mesoamerica*, edited by Nancy Gonlin and David M. Reed. Louisville: University Press of Colorado.

[17]　Fash, Barbara W. 2011. *The Copan Sculpture Museum*. Cambridge: Peabody Museum Press.

[18]　Fash, William L., Alexandre Tokovinine, and Barbara W. Fash. 2009. "The House of New Fire at Teotihuacan and its Legacy in Mesoamerica." In *The Art of Urbanism*, edited by William L. Fash and Leonardo López Luján, 201–229. Washington, DC: Dumbarton Oaks.

[19]　García Garagarza, Léon. 2017. "The Aztec Ritual Landscape." In *The Oxford Handbook of the Aztecs*, edited by Deborah L. Nichols and Enrique Rodríguez-Alegría, 595–604. New York: Oxford University Press.

[20]　Gonlin, Nancy, and Christine C. Dixon. 2018. "Classic Maya Nights at Copan, Honduras, and El Cerén, El Salvador." In *Archaeology of the Night: Life after Dark in the Ancient World*, edited by Nancy Gonlin and April Nowell, 45–76. Boulder: University Press of Colorado.

[21]　Hassig, Ross. 1988. *Aztec Warfare: Imperial Expansion and Political Control*. Norman: University of Oklahoma Press.

[22]　Hassig, Ross. 2001. *Time, History and Belief in Aztec and Colonial Mexico*. Austin: University of Texas Press.

[23]　Hirth, Kenneth G. 2008. "Xochicalco." In *Archaeology of Ancient Mexico and Central America*, edited by Susan Toby Evans and David L. Webster, 828–832. New York: Routledge.

[24]　Maffie, James. 2014. *Aztec Philosophy: Understanding a World in Motion*. Boulder: University Press of Colorado.

[25]　Márquez Morfín, Lourdes, and Rebecca Storey. 2017. "Population History in Precolumbian and Colonial Times." In *The Oxford Handbook of the Aztecs*, edited by Deborah L. Nichols and Enrique Rodríguez-Alegría, 189–200. New York: Oxford University Press.

[26]　McAndrew, John. 1965. *The Open-Air Churches of Sixteenth-Century Mexico*. Cambridge, MA: Harvard University Press.

[27]　Motolinía, Fray Toribio de Benavente. (ca. 1536–1543)1951. *History of the Indians of New Spain*. Translated by F. B. Steck. Washington, DC: Publications of the Academy of American

Franciscan History.

[28]　Oveṙholtzer, Lisa. 2017. "Aztec Domestic Ritual." In *The Oxford Handbook of the Aztecs*, edited by Deborah L. Nichols and Enrique Rodríguez–Alegría, 623–639. New York: Oxford University Press.

[29]　Quiñones Keber, Eloise. 1995. *Codex Telleriano-Remensis: Ritual, Divination, and History in a Pictorial Aztec Manuscript.* Austin: University of Texas Press.

[30]　Sahagún, Bernardino de. (1950) 1982. *General History of the Things of New Spain: Florentine Codex*, edited by Arthur J. O. Anderson and Charles E. Dibble. Salt Lake City: University of Utah Press.

[31]　Sahagún, Bernardino de. 1993. *Primeros memoriales: Facsimile Edition*. Norman: University of Oklahoma Press.

[32]　Sanders, William T., Jeffrey R. Parsons, and Robert S. Santley. 1979. *The Basin of Mexico: Ecological Processes in the Evolution of a Civilization.* New York City: Academic Press.

[33]　Schwaller, John F. 2019. *The Fifteenth Month: Aztec History in the Rituals of Panquetzaliztli*. Norman: University of Oklahoma Press.

11　夜间城市景观：谈古论今

莫妮卡·L. 史密斯

　　城市，无论古今，有条件使人类从自我利益出发，对风、天气、动物和植被等进行调和，从而与大自然和谐共生。甚至，城市建筑物阻挡人的视线，或者投下阴影，提前预示夜晚的来临，从而重构了白天和黑夜对人类的影响。本书的作者们就地球上人类生活中最容易被忽略的一个现实，提出了一系列令人兴奋的关于城市化发展和意义的新课题：昼夜交替，一年重复数百次。这一观察发现正因看似寻常无奇，结果遮蔽了其实不可小觑的影响力。因为如果没有星辉、月光或台灯、灯笼和火把等照明技术的帮助，人类就无法在黑暗中看到东西。事实上，可以说我们所有重要的技术成就，都是通过人类对火进行无畏艰难的探索（包括火的现代化身——电）而实现的，人类以此自欺欺人，即世上"黑夜已死"。这些技术不仅被用来延长工作和娱乐时间，有时还被人利用，刻意在聚集的人群面前制造或美妙或恐怖的奇观，而这恰恰表明，本质上，城市化是一种人类现象。

人类对夜晚的情感

　　在世界各地的诗歌和散文中，人们通过类似失明和死亡之隐喻，以肃然起敬甚至不乏恐惧的文字来描述夜晚。纵使是今天，我们也觉得夜晚不宜出门游逛，因为黑暗中会有不祥的事情发生。凌晨时段进行的工作被称为坟墓班，此时的

"夜晚死一般寂静"。人类灵魂的不可知因素就寄居在这段时间，斯科特·菲茨杰拉德（F. Scott Fitzgerald 1936，35）如是写道："真正的灵魂黑夜，总是在凌晨3点。"但是，不仅仅是黑夜降临这一日常事件会引发人类的哲思，我们还注意到其他一些事件也如同黑夜一般，令人惶惶难安，例如风暴、日食和月食、火山爆发以及椋鸟云[1]、蝗虫群和尘雾。我们对入夜时间本已习以为常，然而却轻易受到一些自然事件和文化事件的扰乱，如在我们非常讨厌的夏令时转换时，拨快时钟本就令人烦恼，而我们对于日出或日落时间的生理和心理预期被突然打乱，更是令人心中不快（例如Ellis et al. 2018）。

当然，早在我们当下的技术时代之前，人类就已经开始适应昼夜交替这一自然现象了。人类对黑暗现实条件的回应体现在物理工具和社会仪式上，我们可以从手工制品、建筑和景观等考古记录中看到这些回应。我们的先祖早在190万年前就开始使用火，这一进步有助于延长白天时间，使人类有机会发展出新的社会交往形式，如烹饪和分享食物（Wrangham 2009）。人们围坐在火炉旁，很容易形成新的娱乐、社区互动和实验方式。人们发现火对食物有单向作用，这种认识最终使得人们利用烟火技术进行其他生产，如火烧石、陶器、冶炼、熟化和玻璃制造等（Smith n.d.）。火炉由此成为集光和热为一身的场所，随后人类又发明了火把和油灯，在黑暗中闪起点点光亮，人类因此能够根据任务要求和季节条件而创造空间（例如McGuire 2018；Nowell 2018）。

不管是过去还是现在，在技术的介入下，日夜更替都成为增进亲情、参与社会活动的契机，因为人类的照明从以太阳光为主的自然光过渡到更柔和的月光、星光以及人类利用技术手段创造的光源。本书各章重点关注日常的昼夜更替，罗玛尔塔·卡布雷拉·罗梅罗和安东尼奥·奥查托马·卡布雷拉在第7章会议版的摘要中如是总结这一自然现象，"每个白昼都搭配着一个黑夜"（我们或许可以再加上一句，"每个黑夜都搭配着一个白昼"）。这种昼夜更替对人类的影响并不局限于视觉，因为伴随昼夜交替更迭，热量、湿度以及白天／夜晚活动的鸟类和

---

[1] 黄昏前，大群的椋鸟在空中齐舞，做出旋转、俯冲等各种动作，看上去就像美丽而变幻莫测的云。——译者注

昆虫节律周期等也发生变化。进食和睡眠是所有移动生命的日常活动,而与之交织在一起的每日的昼夜更替则属于个体体验,证实了生物的感知和行为力随物种、年龄、性别、身体和认知能力的不同而不同。

在昼夜更替这一基本变化之外,天空每天都会提供许多微妙的变量。云、雾和烟等元素会加速或延缓人们预期中自然光的出现(或消失)。随着夕阳的下落,太阳光越来越弱,而星光则越来越灿烂,开始补充亮度,直至太阳完全隐没,而此时离天亮还很早。

虽然在这个光污染时代,我们对星星关注甚少,但古人却很可能惊愕于星星的光亮,从而经常去观察它们(正如弗拉尼奇和史密斯[2018]就提瓦纳库的选址和布局提出的观点,提瓦纳库地处海拔较高,空气稀薄,因此银河看起来更亮)。不管在全世界哪个角落,每到夜晚都会有一轮或缺或盈的月亮,为地球增添一抹亮色。月亮规律性的出现和消失,提高了人类的计算精准度,并成为举行仪式和社会活动的重要校准点,关于这一点,本书多位作者均有论述,例如,罗伯特·S. 韦纳(查科峡谷)、苏珊·M. 阿尔特(卡霍基亚)以及克里斯廷·V. 兰道、克里斯托弗·埃尔南德斯、南希·贡琳(玛雅人政治变革的戏剧性表演)。太阳有时会展现残暴的一面,让人类受点苦头;相比之下,月亮则温和得多,只要人们愿意,完全可以盯着它细细品味。观月的乐趣进入诗歌和审美意趣范畴,如对古希腊月亮女神塞勒涅的赞美诗和17世纪日本江户时代的寺庙手册(Bond 2014)。

人类对黑暗的占用本身就是一场游戏,从最深层次的意义上讲,是为了创造另一种现实而进行的操纵。游戏可以是指定某些活动只能在容易蛊惑人心的夜晚进行,也可以是创造环境,让人类成功地把黑夜变成白天,或把白天变成黑夜。这种非自然的配置需要新技术的支撑:或者通过创新建筑风格,使人类能够摆布黑暗出现的时间和地点;或者通过发明照明技术,使人们能够选择性地照亮那些平日被遮蔽的地方。技术不断革新,普通人也能够神奇地操控白天和黑暗,这一点可以从广泛应用的电和摄影技术中看出来,在人类寻求光操控技术的历史长河中,电和摄影可谓当下最新的技术了。克里斯托·林特里斯和鲁珀特·施塔施

（Christos Lynteris and Rupert Stasch 2019）在研究摄影将"看不见的"变为可见概念时，批判性地审视了图像被捕捉并固定在某处会产生怎样的影响。我们可以认为，无论是前现代时期，抑或当下，夜幕骤降或强光爆发的震撼时刻构成了一种记忆制造事件，创造出我们今天可通过摄影技术间接体验到的"视觉认识论"（Lynteris and Stasch 2019, 5）。

将奇幻的夜间照明事件与摄影进行比较，为我们进一步纵向研究人类夜间体验提供了可能。首先，古人有很多方式可以体验到短暂的照明瞬间，而这种体验与闪光摄影效果很相近。例如采用高度易燃物质的篝火，火焰瞬间升腾；或者闪电倏地划破夜空，闪过一道刺目的光亮。其次，人在脑海中留存下将某一瞬间凝固下来的静止画面，这一概念并不局限于摄影时代，它来自人类对事件的记忆能力，既可以是序列记忆，也可以是片断记忆（后者是将故事和历史事件浓缩为单一图像的重要技能，无论是岩画、希腊装饰瓶还是文艺复兴时期的绘画）。人类能够回想起当初某些特殊的画面，尤其是那些让人感受强烈的画面，这种能力早在摄影出现之前就已经存在；即使在我们这个时代，人们除了对事件整体有记忆之外，还对事件的特定画面有记忆。

随着人类居住地的扩大，村庄、城镇和城市逐渐发展起来，人类关于昼夜交替的体验中，又多了一些奇幻和运动的场景。黑暗中的景观运动是居住地照明方式的动态对应。正如麦琪·L.波普金在第4章中描述的那样，萨莫色雷斯圣殿的古代信徒们沿着火光照亮的道路行进，他们手持的火炬和灯具，在周围大理石建筑光滑表面的反射下显得更加明亮。她进一步指出，火光的短暂性与阳光的稳定性形成了强烈对比；夜晚，团团火焰沿着蜿蜒曲折的石径飘忽闪曳，入教仪式的感官剥夺体验格外强烈。在梅根·E.斯特朗关于埃及的章节中，我们可以看到同样经过精心策划的虔诚之火，每一盏油灯持续时间都很短，这必定会促使仪式加快节奏，紧缩流程。阿尔特认为城市是动态生成的过程，而不是既成物（第8章），与此相关的是，与火有关的表演活动及其隐喻，为人群聚集或露天场所的强烈体验感提供了契机。正如韦纳（第9章）在谈到查科峡谷时所指出的，峡谷中心建筑区与外围聚落节点之间通过仪式联系起来，而仪式离不开沿路的火池，这些火池将周遭景观在视觉上串联起来。其它地方也有类似查科的这般体验：用火传递信号（例如Swanson 2003；Earley-Spadoni，第3章）和传递火本身（例如Elson and Smith 2001）构建起一幅政治景观，并提供了一种线性的、人为创造的类似于想象中的星辰运行轨迹。

城市里不一样的黑暗

人类远在城市出现之前就已对夜晚的火光寄予厚望，但在城市中，对光源的把控和管理变得日益复杂。虽然城里人与乡下人一样，每天都感知到昼夜交替，但他们的感知能力和反应却与后者不同。正如阿尔特在第8章中指出的，城市带给人"大不一样的感受"，而对日夜自然循环的不同体验只是城市环境中被改变——增强、减弱或扭曲——的众多感受之一。对于人口稠密的聚居区来说，无论它们是否属于"城市"，人类对夜幕降临和黎明到来的感受都格外强烈。

在城市这种建筑空间里，人造地形取代了自然地形，导致了新的资源剥夺和获取方式的出现（图11-1）。更高的建筑开拓了新的能见度视野，在广袤开阔的乡村可轻易看到的天体，在城市却难以看到；人为制造的烟、霾与自然云、雾一道，遮蔽了月亮和星星的光辉。特殊的建筑实际上提供了一个地形脚手架，比住宅更重要的建筑在白天和夜晚都耸入空中，正如阿尔特在卡霍基亚，韦纳在查科等章节所描述的那样。这些建筑塑形了夜空的新轮廓，城市居民的新"天穹"（第7章）不再保有遥远的地形轮廓，而是经过建筑棱角的修整和框限。

城市还创造了利用光能效率的新机会。城墙和栅栏创造了新的高地，夜间上面燃起篝火，让居民知道，夜间警戒从不间断（第3章）。城市的垂直性空间可供人们放置火堆和火炬，将公众目光引向空中，这是原本由天体独享的活动领地，如今被人类所占有。在建筑内部，火对人类的影响也被放大了：一座乡间住宅的壁炉可为数人提供光亮，但等量的燃料却可以让几十人在城市的酒吧或工厂中看清周围的环境。对于极端纬度的聚居中心来说，自然的黑暗是漫长冬季的主要特征，这凸显了城市作为友爱和活力之地的重要性（Christophersen 2015）。

古文明之夜

城市人口众多，且居民的社会经济地位各异，这使得敢于创新的人有可能发明新的、深奥的娱乐方式，并利用黑暗来增强娱乐效果。尽管乡村地区可能也会偶尔举办节日庆典或盛宴，但在中心城市，独特的建筑形式（如剧院）借助人工照明，能够在入夜后定期举行盛大的演出活动。在城市环境中，娱乐意识并不限于正式的舞台表演，而是体现在日常活动中。在乡村聚落和城市出现之前，入夜以后，人们的活动仅限于一道门槛：进出居所，或进出洞穴。但只有在城

图11-1 星光之夜的吉原主街（歌川国贞；1852；阿拉米图片社［2B2D4AT］）。图片来源：公共领域

市，由于有各种类型的建筑，人们才能在晚上出入或明或暗的不同空间。城市居民通过黑暗来体现自己的身份；通过人工照明来消解黑暗，以扩张或收缩自己的经济；他们通过自己亲手打造的世界来创造价值、消遣娱乐，而不再受自然条件的摆布。对有些城市居民来说，夜间活动是次优选择，而对另一些人来说，城市就是"夜生活"的代名词，人们尽情享受着只属于夜晚的饮品、音乐、时尚和性爱。夜晚的难以发现和易于隐藏性也使其成为令人沉迷的新冒险行为（如赌博）的温床（Weiner，第9章）。

如果没有人工照明，人们日出而作，日落而息，生活也可以充实而有意义。在乡村，日落以后，除了最简单的手工活以外，所有的工作都停下来，人们也结束了一天的生活。然而，城市则是另一番景象。城市职业的多样性意味着比起"体力工作"，"脑力工作"的数量更为可观。只要有一点光亮，人们就可以阅读文

件，或者判断对话者的反应，所以，当时间由日入夜后，脑力工作丝毫不受影响。格伦·斯托里（Glenn Storey 2018，321）报告了罗马帝国的抄写员夜间阅读和写作的做法。在罗马帝国，橄榄油灯的使用延长了行政工作时间。正如斯特朗在关于古埃及的章节（第2章）中所指出的，抄写员白天书写，但要在晚上阅读。其实可以这样说，中产阶层所从事的会计、书写和其他形式的记录工作越来越多，就是因为官僚机构的工作永无休止，需要投入更多的时间（这一考古观察让我们对自己这份忙碌无休的职业有了更深刻的认识；Smith 2018）。财富、阶级和性别等也是影响人们从事何种夜间活动，以及如何应对夜晚利弊的因素，这在讲究等级的城市建筑中体现得很明显：为了应对伴随夜晚而来的盗贼、恐惧感和死亡厄运，精英们为住所修上围墙，把自己保护起来，而本书曾提到过的瓦里古城，其宫殿四周的围墙足有8米高（第7章）。

正如南希·贡琳和梅根·斯特朗在第1章的介绍部分所讲，精英们利用黑暗来炫耀他们在燃料和其他资源方面的富有。现代人以金钱为媒介进行交易，产生的电费账单或杂货账单将资源的价值抽象化。古人则不同，他们在食物和公用事业方面的交易更直接考虑资源价值，因为灯油可能包括费用不菲的动物脂肪和植物油等可食用物质（第2章；关于照明成本的历史视角，Brox 2010；Nordhaus 1996）。虽然下等的城市居民可能会盘算着添加照明燃料而不是为自己添加营养来延长他们的工作日，然而富人们则以铺张浮夸的夜间灯光秀来显示自己的社会地位，无论是出于宗教目的，抑或世俗目的，就像他们举办宴会，食物浪费是主人意料之中的应有之义。统治者和其他精英也会慷慨地将光亮施予他人享用，例如提供道路公共照明，以及馈赠实火（如中美洲的新火仪式）等。在新火仪式中，祭司在地势最高处点燃的火焰，随后会在全城传递，不管穷富家庭，都可以分享到（第10章）。

即使普通人也有很多方法来丰富城市夜间体验，比如用心制作和装饰的火盆、香炉和壁炉，可以用之取暖、照明和净化灵魂（图11-2）。从许多城市考古遗址中发现的成堆的废弃黏土灯具来看，最基本的照明技术似乎非常普及（第4章；Elson and Smith 2001）。

古文明之夜

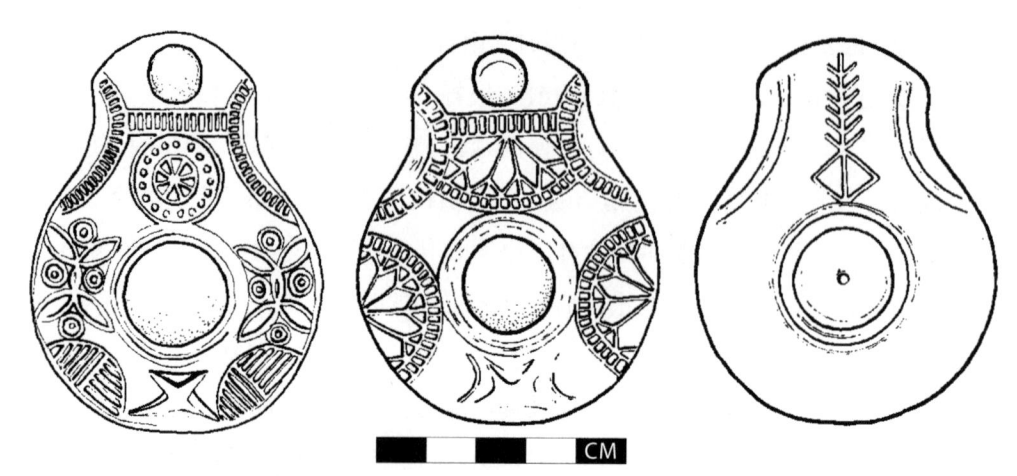

图11-2 阿波罗尼亚（Apollonia）出土的罗马-拜占庭晚期灯具，展示出这种常见陶器的部分装饰图案。绘图来源：Sussman（1983，79），泰勒与弗朗西斯出版社（Taylor and Francis）授权。

　　与其他器皿和工具一样，照明物质文化通过装饰为文化编码提供了机会。正如波普金（第4章）通过对希腊时期黏土灯和大理石灯的比较发现，挥霍燃料时，盛放燃料的容器或许也在炫耀财富。有些灯罩是放在平面上的，如中美洲带有凶猛面部图案的香炉，或带有俏皮孔洞的罗马灯。有些则悬挂在空中，如日本江户时代的灯笼。每一盏台灯和灯笼都是人类掌控黑夜势力的小小缩影，并且上面有大量装饰性图案，可供考古学家钻研其独特的艺术风格，就像考古学家在研究其它器物，诸如用来饮酒、烹饪和储藏等实用性器皿时，会涉及装饰性图案和艺术风格领域。

　　城市的规模经济使得多项活动同时协作开展成为可能，因此光（及其必然会产生的热量）是计算多方资源的结果。艾伦·让桑等人（Ellen Janssen et al.2017）认为，在罗马帝国时期，大型公共浴室必须一天24小时营业，因为浴室要想达到理想的温度，需要消耗大量燃料，所以夜间保持火燃不熄，更节省成本。我们从其他资料来源得知，罗马人习惯于夜间进行社交活动，无论是为了娱乐还是商业目的。在公元前1世纪的罗马，皇帝尤利乌斯·恺撒（Julius Caesar）下令马车运输货物只可在夜间进行，白天要把街道留给行人（Favro 2011Storey 2018）。

人类对城市夜晚的改造并不局限于照亮黑暗。正如城市通过人工照明来延长白天，城市也通过创造无光亮空间来延长夜晚。城市中有许多地方，如下水道、地下储藏室和建筑物内部最深处，即使在白天也是晦暗不明的，因此照明技术并不局限于夜晚。人类为战胜黑暗，付出了百般努力，其中就包括努力维持某个特定点的光源，不过这点光源相对单薄，被淹没于周围无际的黑暗中。然而，反向操作却容易得多。正如斯特朗和阿尔特在他们所撰章节中所讲，人类只需关上内室的门，立马就能从明亮模式切换到黑暗模式。乡村中当然可能有暗室，但城市建筑的规模和体量更为宏大，确保了建筑物最幽深处任何时候都犹如夜晚般黑暗。其中有些空间属于实用、世俗功能，而有些空间则与查科世界的半地穴式基瓦、查文德万塔尔[1]古老的神庙，或者基督教地下墓穴的石窟一样，被赋予了宗教意义。

在城市这种白天制造黑暗，夜晚进行照明的人工空间，人们将昼夜更替的自然规律抛到一边，不去理会。这蕴含着一种人类控制自然世界的隐喻，它一面使权贵者更高高在上，另一面使卑微的工作更加下贱（例如Wright and Garrett 2018）。通过操控照明实现的人造黑暗空间，可以让非法或社会"见不得光"的活动参与者长时间沉溺其中，如韦纳（第9章）提到的赌博行为，以及其他社会边缘行为。有的职业受时间限制，需要利用夜晚来生产白天使用的产品，如贡琳和斯特朗在第1章中讲到，面包烘焙师要在天亮前将产品准备好，这就证明了夜晚作为日常工作时间的可行性。

城市背景下的昼夜交替可能每天都通过超自然的权威标志来实现，如蒂亚瓦纳科的石碑，被自然而然地认为在夜间是"活着的"（第5章）。美索不达米亚的夜晚属于巫师、邪术家和其他形形色色心肠恶毒之人，他们用失眠和心理疾病摧残折磨着普罗大众，但那些擅长治愈巫术创伤的祭司，则是他们的克星（第3章）。顾名思义，天文学家需要在夜晚进行天体观测，这关涉仪式和政治运势等重要问题。盗贼和合法商人都从黑暗中获益，因为黑暗是运送贵重货物的天然掩

---

1 Chavín de Huántar，现今位于秘鲁境内的一个重要查文文化考古遗迹。——译者注

护。每个人都需要光来进行夜间仪式，而这些仪式在城市可能会更为隆重，因为城市里大量的人和亡灵为夜间仪式提供了空间，如埃及文化的案例（第2章）。

有大量考古证据表明，城市通过"表演性空间"现象，将夜晚用于政治和庆祝活动（第1章）。兰道及其同事关于玛雅文明的历法研究（第6章）表明，政治领袖热衷于根据月相来安排登基仪式的时间，目的是最大限度地获得神祇的认可（但在满月时，或许也是为了让更多的人参与和体验仪式，这一过程可能类似于印度的"darshan"［得福］[1]概念——看到神灵并被神灵看到）。在第10章中，柯比·法拉、苏珊·托比·埃文斯讨论了特诺奇蒂特兰的新火仪式。新火在特诺奇蒂特兰南部的祭台上点燃，开启了一个新的历法周期，那是极富戏剧性的一幕，特诺奇蒂特兰也因此成为焦点和中心。火在城市仪式中兼具照亮者和毁灭者双重角色，例如卡布雷拉·罗梅罗和奥查托马·卡布雷拉在第7章关于瓦里帝国首都的描述中提到，火被用于建筑物弃用仪式。

夜间照明是所有古代城市的共性，但有些城市夜间会格外明亮。西蒙·埃利斯（Simon Ellis 2004）在关于罗马时期的一篇题为《安条克（Antioch）肮脏的一面》的文章中指出，这座地中海东部城市以街道照明而闻名，且据作家利巴尼乌斯（Libanius）记载，有人专门负责确保街灯正常燃烧。尽管考古学家经常讨论古代城市的食物供应问题，但对燃料的研究同样可以使我们对城市正常运转背后庞大的乡村资源输出系统做出深刻评价。在前现代时期，照明燃料来源十分多样，例如木材，既包括直接从森林中采伐的，还能从旧家具、工具手柄和栅栏中回收。此外，还有蜂蜡，以及各种各样的油，有的来自动物脂肪，有的来自谷物作物（亚麻、亚麻籽、棉花、向日葵、橄榄），有的通过可再生的副产品资源获得，比如黄油，而黄油还能进一步提炼成酥油。

关于城市照明，除了上面关于实用性和庆祝性功能的阐述，最后有一点不得不提：火光失控的危险。在电发明之前，所有夜间照明形式都基于燃火：灯、火把、火盆和壁炉，都通过燃烧机制发出光和热，出现任何异常，都可能导致毁灭

---

[1] 因见到重要或显赫人物，比如宗教领袖，而沾光、得福。——译者注

性的火灾，因此，城市居民的集体责任感不断增强，人们意识到再微弱的一点火焰都可能酿成巨大祸患（Smith n.d.；Storey 2018）。考古学家在发现火烧废墟层时，通常会去辨别是意外失火，还是人为纵火。被人为大火摧毁的聚居地包括新大陆的阿瓜特卡（Aguateca）（Inomata et al.2001），旧大陆的哈索尔（Hazor）和美吉多（Megiddo）（Zuckerman 2007），但从居民的角度来看，不管大火因何而起，都可谓灭顶之灾。城市里房屋密集，建筑材料易燃性高，火势一旦失控，数以百计的住宅和商铺顷刻间便化为乌有，这是来自历史的教训（FEMA 1997）。今天，我们正在享受着电带来的巨大便利，只消按下开关，电灯便会亮起，但我们同时也不能忘记，比起古人，我们的夜间照明要安全得多。

结论：朦胧的夜色

在本书中，作者们对照明和黑暗问题的关注，为我们通过探索日常现象的影响来研究城市化，带来了大量富有成效的潜在焦点。除了照明和黑暗问题，城市空间密集的人口和建筑也集中了其他引人注目、转瞬即逝的现象。本书的几位作者曾提到伴随着古代仪式活动出现的烟雾、烟尘和香气，这些事物在黑暗中似乎更为强烈（例如Popkin for Samothrace, Landau et al.波普金关于萨莫色雷斯的研究，兰道等人关于玛雅地区的研究；关于香气考古的更多信息，请参见Smith 2019a）。约翰·韦恩·雅努塞克和安娜·根格里奇在第5章关于蒂亚瓦纳科的讨论中，一方面提到了城市最初选址与星星明亮度的关系，另一方面提到了地形因素，这些因素导致了雾气包和骆驼科动物粪便燃料造成的烟雾包，使城市具有别样的外观和感觉。

城市的声音考古是怎样的情形呢？城市里不仅音乐形式迭出，语言五花八门，而且总体上更加嘈杂。在乡村，人与人之间的对话、牛羊的咩叫和家庭的喃喃轻语最终都扩散和消于建筑之间；而在城市，人们居住更为集中，声音可谓"多重奏"。城市中的人类声音缓解了黑暗带来的孤独和恐惧，但声音也是群体参与"非空间性的空间占有方式"的一种途径，并宣告其在城市中存在的合理性（Streicker 1997，116）。甚至动物在城市中也会改变自己的发声机制：鸟儿的歌唱"更响亮"，曲目也不同于乡村的鸟类（Slabbekoorn and den Boer-Visser 2006）。那城市触觉考古学又如何呢？城市中的触觉不仅来自更频繁的潜在性接触，包括想要的和不想要的性接触，而且还来自每天在拥挤的走廊和通道中不经意撞见的陌生人。最后，还有可能出现转变考古学，包括人们在刚踏入城市、适应城市更快的生活节奏时，身体动作上的转变；城市建筑外面一会儿风一会儿雨带来的天气感受的转变；以及人们来到城市时在性别、身份、阶级和能力（或缺陷）展示上的转变（例如Sneed 2020）。

夜晚对中心城市的影响要大于地球上任何其他地方，这不仅是因为城市的规模经济，还因为夜晚的照明状况使城市体验与众不同。如今，反映全球城市发展的最直观的卫星图像并非来自白天，因为在白天的图像中，高楼大厦不知不觉间变成了棕绿色景观区；而在夜间，黑暗的地球上，有多少电灯亮起，便能直观反映城市的发展情况。对人口稠密地区夜晚具体情况进行更深入的研究，例如人为设计建筑朝向"月球停变期"所在的位置（第8章），可用来比较城市建筑和乡村建筑。如果古代统治者利用月相周期的界限时刻来统治国家，或命令他们的庆典性建筑与星座对齐，那么我们也应考虑官员们和其他规划者在世俗建筑问题上，多大程度地考虑了世俗的现实情况，如重力、财产所有权和特殊的建筑依存性残留情况（Till，2009）。

本书关于白昼结束、夜色降临的论述较多，而关于黎明这一反向概念则着墨不多，黎明是天色渐亮的一个再平衡过程（参见韦纳关于查科的论述，雅努塞克和根格里奇关于蒂亚瓦纳科的论述）。我们建议后续考古工作要对黎明现象展开研究，对此前人有很多文学作品和经验之举可供参考：诗歌和散文反映了伴随着充满希望的新的一日到来，可怕的黑暗对世界的控制慢慢放松这一主题；许多房屋、宗教场所和广场的开口朝向东方，这表明建筑规划的灵感来自太阳的升起，而不是太阳的消隐。在周而复始的日夜更替中，黎明总是如约而来，这是令人振奋的一刻，它寄托着人们对未来的美好期待，也是对人类从怀孕、出生、成长到死亡这一单线人生体验的重要补偿。

本书作者关于城市黑暗问题的一些观点，也给我们提出了一些难题，但这些难题都可以通过考古研究来解决。其一，斯特朗在第2章关于古埃及的部分指出，照明对于普通家庭来讲开支不菲，根本无力担负，果真如此吗？我们的人类学同行经常提醒我们，人们会根据个人观念和符合文化规约的自身需求做出消费决定，而这种决定在"极大极小经济模式"[1]下可能不够"理性"（例如Wilk 1998; Diner 2001; Fielding-Singh 2017）。作为考古学家，我们可以通过计算出土的灯具和香炉碎片来了解人们在城市照明方面投入了多少资金和资源。我们还可以对到处可见的、用来制作灯具的黏土，以及燃木、植物油、动物粪便和脂肪的景观规模进行评估。其二，人们果真如我们通常认为的那样恐惧黑暗吗？洞穴（阿尔特在第8章卡霍基亚部分提到过洞穴，另外洞穴也是特奥蒂瓦坎等地区的基础元素）以及许多城市建筑中幽深内室的存在，都表明先人对这种主动性的感官剥夺乐此不疲，并颇为认可黑暗能让人好好休息、驱乏解劳的作用。其三，既然人人都能不费吹灰之力便可观察到月亮和星星，那为何又要说天文历法知识仅被少数宗教和政治精英所把持呢？

最后，一点哲学思考：正如贡琳和斯特朗在导论（第1章）中所讲，我们人类总是抱怨有些自然现象无法掌控：死亡、天气和黑暗。虽然今天有了电和人工照明，但我们仍属于昼出夜息的生物，因为我们大部分活动都首选在白天进行（Smith 2019b，232-233）。日出—日落、白昼—黑夜，这是我们作为人类感受到的最重要的变化之一：它比多数疾病—健康之间的转变速度更快，比节日或集市更有规律，比几乎任何其他生态现象更为频繁。我们对于日夜交替时间的测算和记录日益精确，但这一自然现象仍然是人类无法改变的，不管是现在，还是将来。即使城市所容纳的世界人口比重越来越高，昼夜更替对人类的重要性永不会衰减。

---

[1] 极大极小是博弈论用语，指使损失或风险的极大值达到最小的策略采用。——译者注

致谢

我要感谢南希·贡琳和梅根·E. 斯特朗邀请我参与这次非常有趣的专题研讨会，以及后续的论文出版。我在印度的研究经历使我对昼夜更替现象有了更深刻的理解。在印度，黎明和黄昏被赋予了特殊含义：清晨人们集体向太阳致敬（Surya Namaskar）；日落时点燃熏香；晚上，按照民间说法，不要准备叶菜；月亮、行星和恒星按照固定的方式周期性运动。

参考文献

[1] Bond, Kevin. 2014. "The 'Famous Places' of Japanese Buddhism: Representations of Urban Temple Life in Early Modern Guidebooks." *Studies in Religion* 43 (2): 228–242.

[2] Brox, Jane. 2010. *Brilliant: The Evolution of Artificial Light*. New York: Houghton Mifflin Harcourt.

[3] Christophersen, Axel. 2015. "Performing Towns: Steps towards an Understanding of Medieval Urban Communities as Social Practice." *Archaeological Dialogues* 22 (2): 109–132.

[4] Diner, Hasia R. 2001. *Hungering for America: Italian, Irish and Jewish Foodways in the Age of Migration*. Cambridge, MA: Harvard University Press.

[5] Ellis, David A., Kirk Luther, and Rob Jenkins. 2018. "Missed Medical Appointments during Shifts to and from Daylight Saving Time." *Chronobiology International* 35(4): 584–588.

[6] Ellis, Simon. 2004. "The Seedier Side of Antioch." In *Culture and Society in Late Roman Antioch*, edited by Isabella Sandwell and Janet Huskinson, 126–133. Oxford: Oxbow.

[7] Elson, Christina M., and Michael E. Smith. 2001. "Archaeological Deposits from the Aztec New Fire Ceremony." *Ancient Mesoamerica* 12 (2): 157–174.

[8] Favro, Diane. 2011. "Construction Traffic in Imperial Rome: Building the Arch of Septimius Severus." In *Rome, Ostia, Pompeii: Movement and Space*, edited by Ray Laurence and David J. Newsome, 332–360. Oxford: Oxford University Press.

[9] FEMA. 1997. *Fire Death Rate Trends: An International Perspective*. Federal Emergency Management Agency, United States Fire Administration, National Fire Data Center.

[10] Fielding-Singh, Priya. 2017. "A Taste of Inequality: Food's Symbolic Value across the Socioeconomic Spectrum." *Sociological Science* 4: 424–448.

[11] Fitzgerald, F. Scott. 1936. "Pasting It Together." *Esquire* March, 35, 182. Inomata, Takeshi, Daniela Triadan, Erick Ponciano, Richard Terry, and Harriet F. Beaubien. 2001. "In the Palace of the Fallen King: The Royal Residential Complex at Aguateca, Guatemala." *Journal of Field Archaeology* 28 (3/4): 287–306. Janssen, Ellen, Jeroen Poblome, Johan Claeys, Vincent Kint, Patrick Degryse, Elena Marinova, and Bart Muys. 2017. "Fuel for Debating Ancient Economies: Calculating Wood Consumption at Urban Scale in Roman Imperial Times." *Journal of Archaeological Science: Reports* 11: 592–599.

[12] Lynteris, Christos, and Rupert Stasch. 2019. "Photography and the Unseen." *Visual Anthropology Review* 35 (1): 5–9.

[13] McGuire, Erin Halstad. 2018. "Burning the Midnight Oil: Archaeological Experiments with Early Medieval Viking Lamps." In *Archaeology of the Night: Life After Dark in the Ancient World*, edited by Nancy Gonlin and April Nowell, 265–284. Boulder: University Press of Colorado.

[14] Nordhaus, William D. 1996. "Do Real-Output and Real-Wage Measures Capture Reality? The History of Lighting Suggests Not." In *The Economics of New Goods*, edited by Timothy F. Bresnahan and Robert J. Gordon, 29–66. Chicago: University of Chicago Press.

[15] Nowell, April. 2018. "Upper Paleolithic Soundscapes and the Emotional Resonance of Nighttime." In *Archaeology of the Night: Life After Dark in the Ancient World*, edited by Nancy Gonlin and April Nowell, 27–44. Boulder: University Press of Colorado.

[16] Slabbekoorn, Hans, and Ardie den Boer-Visser. 2006. "Cities Change the Songs of Birds." *Current Biology* 16 (23): 2326–2331.

[17] Smith, Monica L. 2018. "Urbanism and the Middle Class: Co-emergent Phenomena in the World's First Cities." *Journal of Anthropological Research* 74 (3): 299–326. Smith, Monica L. 2019a. "The Terqa Cloves and the Archaeology of Aroma." In *Between Syria and the Highlands*, edited by Stefano Valentini and Guido Guarducci, 373–377. Rome: Arbor Sapientiae.

[18] Smith, Monica L. 2019b. *Cities: The First 6,000 Years*. New York: Viking. Smith, Monica L. n.d. "Fire as an Agentive Force, from Forest to Hearth to Forest Again." In *The Power of Nature:*

Agency and the Archaeology of HumanEnvironmental Dynamics, edited by Monica L. Smith. In press, University Press of Colorado.

[19] Sneed, Debby. 2020. "The Architecture of Access: Ramps at Ancient Greek Healing Sanctuaries." *Antiquity* 94 (376): 1015–1029.

[20] Storey, Glenn Reed. 2018. "All Rome Is at My Bedside: Nightlife in the Roman Empire." In *Archaeology of the Night: Life After Dark in the Ancient World*, edited by Nancy Gonlin and April Nowell, 307–331. Boulder: University Press of Colorado.

[21] Streicker, Joel. 1997. "Spatial Reconfigurations, Imagined Geographies, and Social Conflicts in Cartagena, Colombia." *Cultural Anthropology* 12 (1): 109–128.

[22] Sussman, Varda. 1983. "The Samaritan Oil Lamps from Apollonia–Arsuf." *Tel Aviv* 10 (1): 71–96.

[23] Swanson, Steve. 2003. "Documenting Prehistoric Communication Networks: A Case Study in the Paquimé Polity." *American Antiquity* 68 (4): 753–767.

[24] Till, Jeremy. 2009. *Architecture Depends*. Cambridge, MA: MIT Press.

[25] Vranich, Alexei and Scott C. Smith. 2018. "Nighttime Sky and Early Urbanism in the High Andes." In *Archaeology of the Night: Life After Dark in the Ancient World*, edited by Nancy Gonlin and April Nowell, 121–138. Boulder: University Press of Colorado.

[26] Wilk, Richard. 1998. "Emulation, Imitation, and Global Consumerism." *Organization and Environment* 11 (3): 314–333.

[27] Wrangham, Richard. 2009. *Catching Fire: How Cooking Made Us Human*. New York: Basic Books.

[28] Wright, Rita P., and Zenobie S. Garrett. 2018. "Engineering Feats and Consequences: Workers in the Night and the Indus Civilization." In *Archaeology of the Night: Life After Dark in the Ancient World*, edited by Nancy Gonlin and April Nowell, 287–306. Boulder: University Press of Colorado.

[29] Zuckerman, Sharon. 2007. "Anatomy of a Destruction: Crisis Architecture, Termination Rituals and the Fall of Canaanite Hazor." *Journal of Mediterranean Archaeology* 20 (1): 3–32.

撰稿人简介

苏珊·M. 阿尔特是印第安纳大学伯明顿分校的人类学教授兼美洲原住民研究中心主任,研究兴趣为水、土地、性别、仪式和人类社会的本体论关系。其考古学研究以俄亥俄州南部和密西西比州中部谷地为重点地区,特别是原住民城市卡霍基亚及其高地神殿和聚落群。她发表过大量文章,编辑或撰写过3部书,其中包括《卡霍基亚的复杂社会》(Cahokia's Complexities)(2018年)。

玛莎·卡布雷拉·罗梅罗曾获秘鲁圣克里斯托瓦尔·德·瓦曼加大学(the National University of San Cristóbal de Huamanga, Peru)考古学学士学位和人类学硕士学位,目前为该校社会科学系考古学教授。她主持过多个考古研究项目,涉及前哥伦布时期遗址、历史遗址和殖民遗址等。她作为主要作者或合著者的文章和书籍,主要涉及宗教和军国主义(Andean Archaeology II,Springer)、先人崇拜、象征主义和丧葬建筑等研究(日本人类学研究所研究论文;秘鲁文化部门官方通讯)。自2012年以来,她一直在瓦里遗址进行考古研究,重点是仪式建筑和丧葬建筑。

蒂凡尼·尔利-思帕多尼是中佛罗里达大学(the University of Central Florida)历史系副教授。她是亚美尼亚瓦约茨佐尔(Vayots Dzor)要塞景观项目的负责人,也是古代近东田野考古学家和历史学家。她曾获约翰斯·霍普金斯大学博士学位。

苏珊·托比·埃文斯是一位专门研究阿兹特克人和阿兹特克宫廷生活,以及中美洲文化演变史的考古学家。其著作《古代墨西哥和中美洲》(Ancient Mexico and Central America)(2013年,第3版)是获得美国考古学会图书奖的唯一一部关于重要考古文化区域完整历史的著作。

柯比·法拉是葛底斯堡学院（Gettysburg College）人类学助理教授。法拉的研究和教学围绕考古学、民族史学和批判性文化遗产研究的交叉领域展开，以后古典时期墨西哥盆地聚落认同和社会凝聚为重点。目前她正撰写《永远的记忆与团结：墨西哥萨尔托坎的前世今生》（Memory and Solidarity at Past and Present Xaltocan, Mexico）一书，在该书中，法拉研究萨尔托坎现代居民如何基于共同的历史来构建当地人身份，考察过去数十年的考古研究成果、民族主义意识形态变迁、日益全球化的市场等因素，在塑造当地人如何看待和评价萨尔托坎前哥伦布时期遗产方面所起的作用。

南希·贡琳专门研究夜晚和黑暗的考古，本书是她编辑的第三本关于该主题的专著，前两本分别为《夜晚考古学》（Archaeology of the Night）（2018年）和《古代中美洲的夜晚与黑暗》（Night and Darkness in Ancient Mesoamerica）（2021年）。她发表了大量关于古代家庭和古代玛雅平民的文章。贡琳是《古代中美洲》（Ancient Mesoamerica）杂志的联合编辑，也是华盛顿贝尔维学院（Bellevue College）的人类学教授。

安娜·根格里奇是埃克德学院（Eckerd College）人类学助理教授。她在秘鲁和玻利维亚从事人类与环境关系以及特定地区社会建构方面的研究，包括家庭和纪念性建筑、政治生态学以及人文景观等一系列主题。她是坦比约考古项目（Tambillo Archaeology Project，位于秘鲁查查波亚斯［Chachapoyas］）的负责人。

克里斯托弗·埃尔南德斯是芝加哥洛约拉大学（Loyola University Chicago）的助理教授，2017年获西北大学人类学博士学位，曾在伊利诺伊大学芝加哥分校（the University of Illinois–Chicago）从事国家科学基金会（NSF）资助下的社会、行为和经济科学博士后研究。其主要研究兴趣包括战争、社会不平等、景观、文化遗产和社区考古学。他目前正与墨西哥恰帕斯州门萨巴克的当代玛雅社区合作，结合文献、图像分析、激光雷达（光探测和测距）测绘和防御工事发掘等方法，评估古代玛雅的战争趋向。

约翰·韦恩·雅努塞克曾任范德堡大学（Vanderbilt University）人类学副教

授。30年来，他在玻利维亚的高原和东部山谷地区指导了许多研究项目，包括最近关于孔霍-万卡内形成期遗址的"贾查马查卡（Jach'a Machaca）项目"。其工作重点是从城市和政治生态、万物有灵论以及人类与景观关系等诸多角度，对安第斯高地城市化的起源进行研究。

克里斯廷·V. 兰道是芝加哥洛约拉大学人类学系的访问学者，也是阿肯色大学（the University of Arkansas）高级空间技术中心SAROI（Spatial Archaeology Residential and Online Institute）研究员。她是科潘街区考古项目负责人，从城市街区角度研究整个城市的政治和经济动态。兰道2007年获科尔盖特大学（Colgate University）学士学位，2016年获西北大学博士学位。其最近发表的文章包括《玛雅国家进程动态：洪都拉斯科潘圣卢卡斯社区的综合视角》（The Dynamics of Maya State Process：An Integrated Perspective from the San Lucas Neighborhood of Copán, Honduras）（美国人类学家［*American Anthropologist*］，第123卷第1期［2021年］）。

J. 安东尼奥·奥查托马·卡布雷拉先后获秘鲁天主教大学（the Pontificia Universidad Católica del Perú）考古学学士和硕士学位。他曾参与秘鲁安第斯山脉雅莫班巴（卡哈马卡）、帕纳马卡（安卡什）、科托什（瓦努科）和瓦里（阿亚库乔）等遗址的考古研究项目，以及内皮纳山谷（安卡什）调查工作。他曾利用遥感和航空摄影测量技术对秘鲁的考古遗址进行勘测、绘图和法律划界，现受雇于秘鲁文化部，负责文化遗产监测。

麦琪·L. 波普金是凯斯西储大学（Case Western Reserve University）的罗布森初级教授和艺术史副教授，也是美国萨莫色雷斯考古发掘项目的资深成员。她著有《罗马的凯旋建筑：纪念碑、记忆与身份》（*The Architecture of the Roman Triumph:Monuments, Memory, and Identity*，剑桥大学出版社，2016年）和《古罗马帝国的纪念品与体验》（*the Experience of Empire in Ancient Rome*，剑桥大学出版社，2022年）。她关于希腊和罗马艺术与建筑的研究成果发表在多部编著和期刊上，包括《美国考古学杂志》（*the American Journal of Archaeology*）、《赫斯皮里亚》（*Hesperia*）、《建筑历史学家学会杂志》（*the Journal of the Society of*

Architectural Historians）《古代晚期杂志》（the Journal of Late Antiquity）等。

莫妮卡·L. 史密斯是加州大学洛杉矶分校（UCLA）人类学系和环境与可持续发展研究所的教授，并担任纳文和普拉蒂玛·多希印第安研究（Navin and Pratima Doshi Chair in Indian Studies）教授。过去15年来，她与德干学院（浦那）（Deccan College [Pune]）的莫汉蒂（R. K.Mohanty）教授共同负责完成了印度东部奥里萨邦（Odisha）的西素帕勒格勒赫遗址（Sisupalgarh）及其周边地区的田野考古项目。她还在孟加拉国负责过田野考古项目，并参与了埃及、意大利、马达加斯加、突尼斯和土耳其的考古挖掘。她的著作包括《普通人的史前史》（A Prehistory of Ordinary People）、《印度中部一个历史早期城镇的考古学》（The Archaeology of an Early Historic Town in Central India）以及《西素帕勒格勒赫遗址的考古发掘》（Excavations at Sisupalgarh，与R. K.莫汉蒂合著）。其新作《城市：最初6000年》（Cities: The First 6,000 Years），从考古学的角度探讨了世界范围内城市化的发展。

梅根·E. 斯特朗是一名考古学家和艺术史学家，专门研究古埃及和近东文化。她是凯斯西储大学古典学系的兼职助理教授，也是克利夫兰自然历史博物馆（the Cleveland Museum of Natural History）的副研究员。其研究领域涵盖感官考古学、仪式表演、物质文化研究和古代照明研究。其新作《神圣火焰》（Sacred Flames）探讨了公元前3000年至公元前1000年古埃及人工照明的力量。

罗伯特·S. 韦纳是科罗拉多大学博尔德分校（the University of Colorado Boulder）人类学博士候选人。其收录进本书的论文探讨了查科峡谷乃至美国西南部地区古代时期纪念性道路的历史、用处和意义。其在布朗大学的硕士论文以考察查科社会赌博活动的证据为重点，后来发表在《美国文物》（American Antiquity）期刊上。他涉猎广泛，涵盖了宗教、纪念性、认知与心智以及跨文化比较等多个领域。